Logistics Management

现代物流管理系列教材

丛书主编　谢家平

物流学概论

（第二版）

张书源　张文杰　主编

复旦大學 出版社

总　序

　　工业革命以来，决定企业产品竞争力的因素主要经历了由基于"价格、质量、品种"的传统竞争向基于"货期、服务和环保"的现代竞争转变，这些因素在不同历史时期对企业竞争力的影响是不同的。在工业化发展初期，居民消费水平较低，产品只要便宜、可用，就有市场，决定竞争力的主要因素是价格，竞争策略主要集中在降低生产过程和流通过程的成本方面。于是，大规模生产成为主流的生产方式，推动式物流运作模式开始采用。后来，随着技术进步和经济发展，人们的消费水平日益提高，质量和品种成了影响产品竞争力的关键因素，日本企业的全面质量管理和精细生产方式成为这一时期的竞争典范，拉动式物流的运作模式应运而生。自20世纪90年代以来，随着世界范围内全球市场的形成，人们的消费观念发生了深刻的变化，多样化和个性化的市场需求成为主流，企业经营环境的不确定性增加，竞争优势逐渐转移到了交货时间和客户服务上，谁能迅速适应市场环境的变化，谁就能赢得市场，敏捷化的物流运作成为这一时期的主要模式。进入21世纪，环保和低碳成为社会主流，物流运作模式向绿色物流和回收物流转变。正是在需求拉动、技术推动和竞争驱动综合作用下，企业经营理念和竞争策略不断调整，生产方式随之变革，最终带来了物流运作模式相应的不断更新。

　　经济全球化条件下，中国作为"世界制造中心"的地位进一步确立，企业单纯考虑内部资源的重新组合已经不能适应全球化竞争的需要，必须充分利用和虚拟整合外部资源，既要关注企业内部所有职能部门之间的密切联系，又要强调构建企业之间的战略联盟。也就是说，企业取得竞争优势不仅取决于企业内部的资源利用效率，还取决于该企业与上下游企业和客户构成的供应链体系的资源利用效率。企业竞争的组织模式由企业之间的竞争转变为企业供应链之间的竞争。构建一条高效的供应链，将为企业在市场竞争中占据主动地位提供保障，而有效的物流运作，被认为是供应链高效运行的基础。国际跨国公司的成功实践充分说明了这一点。沃尔玛正是成功构建了一条以高效的信息系统支撑的先进物流运作模式，才使其整条供应链的资源利用率大大提高，进而提高了其竞争力。

正是由于物流职能在供应链竞争中的主导作用，物流作为企业新的利润源泉和取得核心竞争优势的手段越来越受到重视，物流业在社会经济中的作用也越来越重要。以企业物流为对象，以发挥企业的核心竞争力为立足点，研究供应物流、生产物流、分销物流和回收物流的协调组织管理就变成了现代物流管理的主要侧重点，以求快速响应客户的需求并降低物流总成本。物流业作为现代服务经济的重要支柱，必将成为中国经济一个重要的发展引擎和增长点。

经过20多年的发展，物流热潮持续升温：国内许多企业都已开始介入物流行业；各地政府也支持建立了物流园区；众多运输仓储公司纷纷转向现代物流公司；各类院校也开始设立与物流相关的专业，并投入大量的科研力量开展物流理论和实践应用方面的研究。这都推动了我国的物流产业迅速崛起，物联网络不断壮大。随着网购等网络商业模式的发展，对快递物流子领域的需求也越来越旺盛。物流不论在学术层面还是在实践层面都欣欣向荣。

但是，我国的物流人才资源结构不合理却成了物流行业发展的"短板"，低端的物流操作人员过剩，中高端的物流管理人才严重不足。这种物流人力资源结构的不合理，急切需要提高我国物流教育水平，为企业提供具有全球化视野，同时掌握国际先进物流理念的中高端人才。物流管理专业知识作为现代管理理论的前沿内容，在物流管理和工商管理专业学员的学习中具有重要的地位。

这套现代物流管理系列教材正是为了培养中高端物流人才而设的。教材中没有堆砌复杂的理论模型，而是基于对现代物流管理直觉的经验判断，结合形象的图形和案例分析，以适合的深度和广度全面生动地描摹了物流管理的理论和方法;在关注对大专生基本理论知识培养的同时,积极探索"重视基础,拓展视野"的创新特色;力图实现教材体系完整,内容丰富新颖,每章设有教学要点、导引案例、教学内容、本章小结、复习思考题和案例分析;重点建设"多媒体课件演示""网上习题解答""网上案例讨论""网上试题测验""前沿文献共享"等在线功能。因此,无论从内容还是结构上,更具系统性和逻辑性,在普及理论知识的同时突出了实践性,从内容广度和深度而言,相比国内同类教材更具有商科类的应用性特色。

系统的理论和逻辑构架、完整翔实的知识点、深入浅出的表达方式、简洁流畅的行文风格,使这套现代物流管理系列教材受众面较广,既可以作为物流管理专业的大专生教材,也可以作为工商管理、市场营销、国际贸易、财务管理等各商科专业学生的参考书,还可以供理工科大专生自学使用。我愿意向商科的物流管理和工商管理类相关大专学生的教学推荐这套系列教材。

上海财经大学物流管理博士生导师　谢家平
2011 年元月于上海财经大学

前　言

发展现代物流、构建现代供应链,以相对较低的成本获得尽可能大的市场空间,并形成适应未来市场需要的,以下游需求为导向的产、供、销系统,正成为诸多企业面向 21 世纪的战略选择。物流是"第三方利润源泉",在 21 世纪,谁掌握了物流和配送,谁就掌握了市场。

随着上海金融中心和航运中心的确立,长三角地区对物流及物流金融人才的需求越来越迫切,物流管理专业已成为热门专业。本教材的主要特色:

面向物流专科学生,突出实践性和应用性

本教材面向上海地区物流专业的专科层次的学习者,这一层次的教育目标定位于物流现场管理,这一岗位的从业人员既要懂得物流的一般理论,更要能掌握物流的操作技能。本教材创新之处在于加入了物流金融的内容,更加适合上海地区的学生。另外,我们在编写教材时尽量将理论写得简明扼要,易于学生理解和应用,突出学生实际动手能力的培养。在编写体例上,结合大量助理物流师中的理论部分,以满足学生的物流师相关证书的需要。

针对教与学的规律,满足教与学的双向需求

本教材提供配套教学课件、电子教学文件,满足广大教师备课需求;提供大量主客观习题及答案,帮助学生有针对性地学习,多种渠道掌握教学内容,加强学科的学习能力。

本教材由上海财经大学谢家平教授担任编委主审,负责对全书框架结构的设计及最后定稿。张书源担任主编,负责确定编写大纲,并对全书进行审阅和修改。张文杰对全书框架结构提出了较为重要的意见。参加编写情况如下:第一章由上海电视大学的张书源编写;第二章、第三章、第五章由上海电视大学闽二分校的陈莉鸿编写;第六章、第八章由上海电视大学的邓彦龙编写;第四章、第七章、第九章由上海工会干部管理学院的张文杰编写。

  在编写过程中,我们参阅了大量同行专家的有关著作、论文、教材及案例,在此表示感谢。现代物流管理的理论与方法,当前还在发展与不断探索中,虽然我们为编写《物流学概论》一书付出了艰辛的努力,但由于水平有限,难免出现疏漏和差错,恳请读者批评指正。

编 者
2011 年 1 月于上海

目 录

第一章 物流概述 ··· 1
  第一节 物流的内涵与作用 ···································· 3
    一、物流概念的发展 ······································ 3
    二、物流的作用 ·· 9
    三、物流的分类 ··· 15
  第二节 物流学科理论体系 ··································· 19
    一、物流学科体系框架 ··································· 19
    二、物流与流通的关系 ··································· 20
    三、物流与生产的关系 ··································· 23
    四、典型的物流学说 ····································· 24
  第三节 现代物流管理理论 ··································· 28
    一、物流管理的发展历程 ································· 28
    二、现代物流管理的范围 ································· 31
    三、现代物流管理的特征 ································· 32
    四、物流管理的主要目标 ································· 35
  第四节 物流管理发展现状 ··································· 37
    一、美国物流管理发展现状 ······························· 37
    二、日本物流管理发展现状 ······························· 39
    三、欧洲物流管理发展现状 ······························· 41
    四、我国物流管理发展现状 ······························· 44

第二章 包装与装卸搬运 ·· 58
  第一节 包装的含义 ··· 60

一、包装的概念 ……………………………………………… 60
　　　二、包装的功能 ……………………………………………… 61
　　　三、包装的分类 ……………………………………………… 63
　　　四、包装材料、容器与装备 ………………………………… 66
　　第二节　包装技术与包装合理化 ………………………………… 73
　　　一、包装技术 ………………………………………………… 73
　　　二、包装合理化 ……………………………………………… 75
　　第三节　装卸搬运的含义 ………………………………………… 78
　　　一、装卸搬运的内涵 ………………………………………… 78
　　　二、装卸搬运的类型 ………………………………………… 79
　　　三、装卸搬运承载器具与机械 ……………………………… 82
　　第四节　装卸搬运原则及其合理化 ……………………………… 85
　　　一、装卸搬运的原则 ………………………………………… 85
　　　二、装卸搬运的合理化 ……………………………………… 87

第三章　运输 …………………………………………………………… 97
　　第一节　运输的含义 ……………………………………………… 99
　　　一、运输的概念 ……………………………………………… 99
　　　二、运输的功能 ……………………………………………… 101
　　　三、运输的分类 ……………………………………………… 101
　　第二节　运输的基本方式 ………………………………………… 104
　　　一、公路运输 ………………………………………………… 104
　　　二、铁路运输 ………………………………………………… 105
　　　三、水路运输 ………………………………………………… 107
　　　四、航空运输 ………………………………………………… 110
　　　五、管道运输 ………………………………………………… 111
　　第三节　运输的合理化 …………………………………………… 113
　　　一、运输合理化的影响因素 ………………………………… 113
　　　二、不合理运输的表现形式 ………………………………… 114
　　　三、运输合理化的途径 ……………………………………… 116

第四章　仓储 · 127

第一节　仓储概述 · 133
一、仓储的概念与性质 · 133
二、仓储的意义 · 134
三、仓储的作用 · 137
四、仓储的任务与要求 · 139

第二节　仓储的功能与种类 · 141
一、仓储的功能 · 141
二、仓储的种类 · 143

第三节　仓储合理化与现代化 · 146
一、仓储的基本原则 · 146
二、仓储作业的组织原则 · 147
三、仓储管理的现代化 · 148
四、影响仓储未来发展的九大趋势 · 150

第四节　仓储与仓库 · 153
一、仓库的概念 · 153
二、仓库的功能 · 153
三、仓库的布局 · 155

第五章　流通加工与配送 · 164

第一节　流通加工的含义 · 166
一、流通加工的概念 · 167
二、流通加工的作用 · 168
三、流通加工的类型 · 170

第二节　流通加工的合理化 · 172
一、流通加工不合理的表现 · 172
二、流通加工合理化的措施 · 173

第三节　配送的含义 · 175
一、配送的概念 · 175
二、配送的作用 · 177

三、配送的分类 …………………………………… 178
第四节　配送的合理化 …………………………………… 180
　　一、配送合理化的评判标志 …………………………… 180
　　二、不合理配送的表现形式 …………………………… 182
　　三、配送合理化的实现 ………………………………… 184
第五节　配送中心 …………………………………………… 185
　　一、配送中心的概念 …………………………………… 185
　　二、配送中心的分类 …………………………………… 186
　　三、配送中心的作业流程 ……………………………… 187

第六章　物流信息管理 ………………………………………… 197
　第一节　物流信息概述 …………………………………… 198
　　一、信息的概念与特征 ………………………………… 198
　　二、物流信息的概念 …………………………………… 199
　　三、物流信息的分类 …………………………………… 200
　　四、物流信息的特征 …………………………………… 201
　第二节　物流信息技术 …………………………………… 201
　　一、条形码技术 ………………………………………… 201
　　二、电子数据交换技术(EDI) ………………………… 205
　　三、电子订货系统(EOS) ……………………………… 206
　　四、地理信息系统(GIS) ……………………………… 207
　　五、全球定位系统(GPS) ……………………………… 208
　第三节　物流信息的发展 ………………………………… 210
　　一、国外物流信息发展的现状 ………………………… 210
　　二、我国物流信息发展的现状 ………………………… 212
　　三、我国物流信息化建设中存在的问题 ……………… 213

第七章　第三方物流 …………………………………………… 222
　第一节　物流外包 ………………………………………… 223
　　一、物流外包的概念和内涵 …………………………… 223

二、物流外包的优势…………………………………………224
　　三、物流外包的风险类型……………………………………225
　　四、物流外包模式……………………………………………227
　　五、物流外包的实施步骤……………………………………228
第二节　第三方物流概述…………………………………………229
　　一、第三方物流的含义………………………………………230
　　二、第三方物流的特征………………………………………231
　　三、第三方物流与传统物流模式比较………………………232
　　四、第三方物流的分类………………………………………235
第三节　第三方物流企业运作……………………………………236
　　一、第三方物流企业的特征…………………………………236
　　二、第三方物流企业的业务运作……………………………237
　　三、第三方物流企业的战略选择……………………………238
　　四、我国第三方物流企业的运作现状………………………241

第八章　新型物流……………………………………………………249
第一节　应急物流…………………………………………………250
　　一、应急物流的概念…………………………………………250
　　二、应急物流的特点…………………………………………251
　　三、应急物流系统的结构……………………………………253
　　四、应急物流系统的主要组成部分及职能…………………254
　　五、应急物流系统的保障机制………………………………256
第二节　绿色物流…………………………………………………258
　　一、可持续发展的含义及其本质……………………………258
　　二、绿色物流的概念…………………………………………260
　　三、绿色物流的内涵…………………………………………260
　　四、绿色物流的特征…………………………………………262
第三节　逆向物流…………………………………………………264
　　一、逆向物流的概念…………………………………………264
　　二、逆向物流的内涵…………………………………………265

三、逆向物流形成的原因……………………………………266
四、逆向物流的分类…………………………………………268
五、逆向物流的特点…………………………………………270

第四节 冷链物流………………………………………………271
一、冷链物流的概念…………………………………………272
二、冷链物流的构成…………………………………………273
三、冷链物流的特点…………………………………………274
四、冷链物流的关键技术支撑要素…………………………275

第九章 物流金融……………………………………………286

第一节 物流金融概述…………………………………………288
一、物流金融服务产生的背景………………………………289
二、物流金融的含义…………………………………………290
三、物流金融服务的效用……………………………………291

第二节 物流金融模式…………………………………………293
一、资产流通模式……………………………………………293
二、资本流通模式……………………………………………295
三、综合运作模式……………………………………………298

第三节 物流金融服务的运作…………………………………298
一、物流金融服务的内容……………………………………298
二、物流金融服务的风险……………………………………300
三、我国物流金融服务的发展现状…………………………305
四、我国物流金融服务运作面临的问题……………………306
五、我国物流金融服务发展的对策…………………………310

参考文献……………………………………………………319

参考答案……………………………………………………322

第一章

物流概述

 学习目标

- 了解物流概念的发展
- 掌握物流的内涵和作用
- 理解物流的分类
- 理解物流学体系构成及主要观点
- 掌握物流管理的含义、目标
- 掌握现代物流管理的特征
- 了解物流管理的发展现状

 导引案例

物流就在我们身边

当一位顾客手推购物车，在某大卖场的货架上拿下一打面巾纸、一瓶洗手液、一件衬衫、一组可乐、一只电饭煲……，不一而足；当他离开这家大型超市时，他的手上还有一个时间、地点由他决定的冰箱送货提货单（当然是由超市免费送货的）时，这个画面可能是每一个消费者都曾亲身经历过的熟悉的一幕。可你是否思考过，这一切要经过几方怎样的运作才能实现？让我们来分析一下，至少要有如下方面：

1. 消费者的需求。当你为满足生活需求之时，你会用你的可支配收入到市场上寻求你所需要的商品。如果有一个能满足你所需的场所，就会使消费者的需求成为现实。

2. 生产企业。当预测到人们的某种需求没有被满足，企业又有技术、有能力生产出这种产品，并同时又实现了企业的盈利，生产产品满足市场需求就成为企业运作的常态。

3. 商业企业。它是企业生产出的产品与消费者需求得以方便实现的媒介。在这里，企业的产品有了销售的市场，消费者的需求得到了满足。商业企业也通过满足生产与消费的需求而实现了自我盈利，得以不断存在下去，生产企业、消费者需求各方都愿意为各自所接受的服务支付货币。

4. 物流服务商。生产企业生产产品，要不断地降低成本，商业企业提供销售亦面临多方竞争。作为消费者，其对商品的需求总是不断地在各种商品中选择其认为价值最大的产品，即性价比最高的商品，这就为生产企业和商业企业提出了一个要求：降低成本、提供物美价廉的产品和服务。

当消费者从商场的货架上随手取下一件商品，你能想到这件商品从走下流水线那一刻起，到你拿到手中为止，中间究竟需要多少次仓储和转运，被多少辆卡车运转到多少个物流配送中心？历经多少道批发商以及多少人的手才被送上货柜？它要经过多少道工序才变成你看到的样子？更重要的是，需要怎样做才能更经济地将这件商品送到零售店里去？

在这每一道工序或环节中起到衔接、转运和增值作用的就是我们要说的"物流"。而且，这一物流现象与人们的日常生活息息相关，在一年的 52 周、一周的 7 天和一天的 24 小时内物流始终存在。例如，家中的纯净水用完了，电话预约后，配送工会按时送来，并装到饮水机上；身在异地的大学生，在父母生日之时，可以通过快递公司送去一束保鲜的鲜花（还可以货到付款）；工厂里半成品工件由上道工序传到下道工序、由一个车间传到另一个车间，搬运小车在车间里穿来穿去；仓库里装卸车在忙着把货物从汽车上卸下来又堆放到仓库的货垛上；商店里，店员把从仓库里提出来的货物上到货架上，由售货员向顾客销售货物，并按顾客的要求包装好，交到顾客手中，说声谢谢。诸如此类人们习以为常

第一章 物流概述

的现象,都是物流现象。可以说如果没有物流的支持,生产和营销活动将大为逊色。

自从物流概念诞生以来,对人们的生产及生活就产生了重大影响:企业因为重视了物流而降低了成本,提高了竞争力;社会因引入了物流管理而节约了大量资源,促进了宏观经济的发展,提高了国家实力;人们因为物流产业的发展而享受更加方便快捷的服务。人类进入21世纪,物流将会从更多的方面改变世界。

请你思考问题:
1. 什么是物流?
2. 物流管理的主要目标有哪些?

第一节 物流的内涵与作用

一、物流概念的发展

人们对物流的最早认识是从流通领域开始的。从经济运行的角度(生产、流通和消费的关系)来看物流的产生。经济运行由生产、流通和消费组成,在生产和消费之间存在着社会间隔(生产者和消费者不同)、空间间隔(生产地和消费地不同)、时间间隔(生产时间和消费时间不同),是流通将生产和消费之间的这些间隔联系起来。流通是以货币为媒介的商品交换行为。在具体的流通活动中,消费者用货币取得商品所有权的过程,即购销过程,称之为商流过程。而在买卖成交、商流完成之后,还需要把商品运送到消费者所在地,这个过程就是物流过程,即从包装开始,通过装卸、运输、储存等环节,将商品送达买者的全过程。

物流现象虽然早已存在,但直到20世纪初,物流的概念才最早在美国被正式提出。从20世纪初到现在近一个世纪的时间内,物流的产生与发展经历了以下几个阶段:

(一)物流概念的产生阶段(20世纪初—20世纪50年代)

物流起源于美国,所以首先介绍美国对"物流"定义的演变。美国对物流经济活动的认识,最初产生于1901年,约翰·F·格鲁威尔(John F. Crowell)在美国政府报告《农产品流通产业委员会报告》中,第一次论述了对农产品流通产生影响的各种因素和费用,其中包括物流因素。

对物流的研究可追溯到20世纪20年代,1915年阿奇·萧在《市场流通中的若干问题》(Some Problems in a Market Distribution)一书中提出"物流是与创造需求不同的一个问题",并提到"物资经过时间和空间的转移,会产生附加价值"。这里物资的时间和空间的转移后来被称作"实物流通",是指商品销售过程中的物流。

其后在20世纪30年代,在一部关于市场营销的基础教科书《市场营销的原则》中,开始涉及与物资运输、物资储存等业务相关的名词"Physical Supply",即实物供应。该书将市场营销定义为:"影响产品所有权转移和产品实物流通的活动。"很显然,这里的实物流通与现代意义上物流的含义是相同的。

1935年,美国销售协会最早对物流的定义是:"物流(Physical Distribution)是包含于销售之中的物资资料和服务从生产地到消费地流动过程中伴随的种种活动。"可见,物流一开始的出现是与商品流通和市场密切相关的。

此时,人们从有利于商品销售的愿望出发,探讨如何进行"物资的配给"和怎样加强对"物资分布过程"的管理。对这一概念,1905年美国少校琼西·贝克(Chauncey Baker)从军事角度提出Logistics;第二次世界大战期间,美国根据军事上的需求对军人的运输、补给、存储等进行全面管理,并将运筹学用于军事管理,率先采用了"后勤管理"(Logistics Management)一词。战后"后勤管理"概念被引入商品流通领域。至此,物流概念的萌芽阶段形成了。

从20世纪初到20世纪50年代,这一阶段是物流概念的孕育和提出阶段。其特点如下:一是局部范围,主要是在美国。二是少数人,是几个人提出来的。三是意见不统一,主要有两种意见、两个提法:其一是美国市场营销学阿奇·萧(Arch Shaw)于1915年提出的名为Physical Distribution(PD)的物流概念。他是从市场分销的角度提出的;其二是美国少校琼西·贝克(Chauncey Baker)于1905年提出的名为Logistics的物流概念。他是从军事后勤的角度提出的。

应该说,这两个概念的实质内容是不一样的。阿奇·萧是从市场营销的角度来定义物流,Physical Distribution直译应该是"实体分配",即"分销物流"。它实际上就是把企业的产品怎么样分送到客户手中的活动。而Logistics是后勤的意思,主要是指物资的供应保障、运输储存等。这两个不同的概念之所以都分别能存续下来,是因为它们都分别在各自的专业领域中得到了一定程度的响应、应用和发展,还因为这两个概念都在各自的专业领域中独立运用,两者之间没有发生冲突,也没有一个统一的物流学派来进行统一规范,也不需要得到社会广泛一致的公认。

(二) 物流概念的确立阶段(20世纪60年代—70年代末)

20世纪60年代以后,世界经济环境发生了深刻的变化。科学技术的发展,尤其是管理科学的进步,生产方式、组织规模化生产的改变,大大促进了物流的发展。物流逐渐为管理学界所重视,企业界也开始注意到物流在经济发展中的作用,并将改进物流管理作为激发企业活力的重要手段。

在美国,由于现代市场营销观念的形成,使企业意识到顾客满意是实现企业利润的唯一手段,顾客服务成为经营管理的核心要素,物流在为顾客提供服务上起到了重要的作用。物流,特别是配送得到了快速的发展。

1963年美国物流(PD)管理协会成立,从管理的角度定义物流,实际上是定义了物流管理:物流管理是为了计划、执行和控制原材料、在制品库存及制成品从起源地到消费地的有效率的两种或多种活动的集成。这些活动,如顾客服务、需求预测、运输、库存控制、物料搬运、订货处理、零件及服务支持、工厂及仓库选址、采购、包装、退货处理、废弃物回收、运输、仓储管理等。

这一阶段的基本特征,是分销物流(Physical Distribution)的概念发展并占据了统治地位,继而从美国走向了全世界,为世界各国一致公认,形成了一个比较统一的物流概念。

分销物流学主要是把物流看成运输、储存、包装、装卸、加工(包括生产加工和流通加工)、物流信息等各种物流活动的总和。在分销物流学中,主要研究这些物流活动在分销领域的优化问题。同时在各个物流专业理论和应用发展上取得了很大的进展,例如系统理论、运输理论、配送理论、仓储理论、库存理论、包装理论、网点布局理论、信息化理论以及它们的应用技术等,形成和发展了物流管理学,因而也形成了物流学派、物流产业和物流领域。

日本物流观念的形成虽然比美国晚很多,但发展十分迅速。日本自1956年从美国引入物流概念以来,在对国内情况进行调研的基础上,将物流称为"物的流通"。直至1965年,"物流"一词正式被理论界和实业界全面接受。"物的流通"一词包含了运输、配送、装卸、仓储、包装、流通加工和信息传递等各种活动。

1. Physical Distribution 概念不断完善

Physical Distribution 概念继续在美国得到发展和完善,基本形成了比较完整的物流管理学。1961年斯马凯伊(Edward W. Smykay)、鲍尔素克斯(Donald J. Bowersox)和莫斯曼(Frank H. Mossman)撰写了《物流管理》,这是世界上第一本物流管理的教科书,建立起了比较完整的物流管理学科。60年代初期,密歇根州立大学以及俄亥俄州立大学分别在大学部和研究生院开设了物流课程。

1963年成立了美国物流管理协会,该协会将各方面的物流专家集中起来,提供教育、培训活动,这一组织成为世界第一个物流专业人员组织。

2. Physical Distribution 概念广泛传播

这一概念从美国走向世界,成为世界公认的物流概念,在世界范围内形成了物流管理学的理论体系。50年代中期,美国的PD(Physical Distribution)概念传到了日本,在日本得到了承认、发扬和光大,以后又逐渐传到了欧洲、北美,70年代末也传到了中国。这样,基本上全世界各个国家都接受了这样的物流概念和物流管理学。

3. 物流管理理论和信息技术得到发展

在分销领域,各专业物流理论竞相发展的同时,企业内部物流理论异军突起。1965年美国J·A·奥列基博士(Dr. Joseph A. Orlicky)提出独立需求和相关需求的概念,并指出订货点法的物资资源配置技术只适用于独立需求物资,而企业内部的生产过程相互之间的需求则是一种相关需求,应当用MRP技术。

20世纪五六十年代日本丰田公司创造的准时生产技术(Just In Time,JIT)以及相应的看板技术是生产领域物流技术的另一朵奇葩。它不仅在生产领域创造了一种革命性的哲学和技术,而且为整个物流管理学提供一种理想的物流思想理论和技术,现在已经应用到物流的各个领域。

企业内部另一个重要的物流领域是设施规划与工厂设计,包括工厂选址、厂区布局、生产线布置、物流搬运系统设计等,也都成为物流学强劲应用和发展的领域,形成了物流管理学一个非常重要的分支学科。

20世纪60年代中期至70年代初是日本经济高速增长、商品大量生产和大量销售的年代。随着这一时期生产技术向机械化、自动化方向发展以及销售体制的不断改善,物流已成为企业发展的制约因素。于是,日本政府开始在全国范围内进行高速道路网、港口设施、流通聚集地等基础设施的建设。这一时期是日本物流建设的大发展时期,原因在于社会各方面对物流的落后和物流对经济发展的制约性等问题上都有了共同的认识。

所有这些企业内部物流理论和技术的强劲发展,逐渐引起了人们的关注。分销物流的概念显然不能涵盖它们,这使原来只关注分销物流的人们意识到,单纯使用分销物流(Physical Distribution)的概念已经不太合适了。特别是到80年代中期,随着物流活动进一步集成化、一体化、信息化地发展,改换物流概念的想法就更加强烈了,于是进入了物流概念发展的新阶段。

(三)现代物流学发展(1980年代至今)

从20世纪80年代中期开始,直至现在,叫做现代物流学(Logistics)阶段。第二阶段物流业的发展,使全世界都自然意识到,物流已经不仅仅限于分销领域,而已经涉及包括企业物资供应、企业生产、企业分销以及企业废弃物再生等全范围和全领域。原来的分销物流 Physical Distribution 概念,已经不适应这种形势,应该扩大物流概念的内涵,因此决定放弃使用 Physical Distribution,而采用 Logistics 作为物流的概念。

值得指出的是,这个时期的物流概念 Logistics 虽然和第一阶段的军事后勤学上的物流概念 Logistics 字面相同,但是意义已经有了很大差别:第一个阶段军事后勤学上的 Logistics 概念主要是指军队物资供应调度上的物流问题,而新时期的 Logistics 概念则是在各个专业物流全面高度发展的基础上基于企业供、产、销等全范围、全方位物流问题,无论是广度、深度以及涵盖的领域、档次都有不可比拟的差别,因此这个阶段的 Logistics,不能译为后勤学,更不能译为军事后勤学,而应当译为现代物流学。它是一种适应新时期所有企业(包括军队、学校、事业单位)的集成化、信息化、一体化的物流学概念。主要体现在:

20 世纪 80 年代中期以来,企业内部的集成化物流。在 MRP 发展的基础上,提出 MRPⅡ,以把生产管理与生产能力管理、仓储管理、车间管理、采购管理、成本管理等集成起来。受 MRP 思想原则的启发,20 世纪 80 年代又产生了应用于分销领域的 DRP(Distribution Requirement Planning)技术,把分销计划、客户管理、运输管理、配送管理、车辆管理、仓储管理、成本管理等集成起来。在 MRP 和 DRP 发展的基础上,为了把两者结合起来运用,90 年代又出现了 LRP(Logistics Resources Planning)技术和 ERP(Enterprise Resources Planning)技术等。LRP 是把 MRP 和 DRP 集成起来;ERP 是把 MRPⅡ 与人事管理、设备管理、行政办公等系统集成起来。

物流外包和第三方物流的产生,进一步导致物流专业化、技术化和集成化,实现了生产和物流的分工合作,提高了各自的核心竞争力。20 世纪 90 年代供应链管理理论的诞生、供应链管理系统的形成进一步导致物流管理的联合化、共同化、集约化和协调化。因此,现代物流是以满足消费者的需求为目标,把制造、运输、销售等市场情况统一起来考虑的一种战略措施,这与传统物流把它仅看作是"后勤保障系统"和"销售活动中起桥梁作用"的概念相比,在深度和广度上的含义又有了进一步的发展。

联合国物流委员会对物流做出了界定:"物流是为了满足消费者需要而进行的从起点到终点的原材料、中间过程库存、最终产品和相关信息有效流动和储存计划、实现和控制管理的过程。"这个定义,有利于各个国家、各个学派及产业界对物流认识的统一和规范。

我国国家标准(GB/T18354—2001)中的物流定义:物流是指物品从供应地向接收地的实体流动过程,根据实际需要,将运输、储存、装卸、搬运、包装、流通加工、配送、信息处理等基本功能有机结合,形成完整的供应链,为用户提供多功能、一体化的综合性服务。本教材采用这一定义为物流概念。

总之,物流是一个发展的,或者说是动态的概念,它将随着社会经济的不断进步向更高层次扩展,但无论如何扩展都将永远围绕全方位服务于用户这一核心功能。

二、物流的作用

(一) 物流的总体职能效用

物流作为一种社会经济活动,对社会生产和生活活动的效用主要表现为创造时间效用和创造空间效用两个方面。

1. 物流创造时间效用

物品从供给者到需要者之间本身就存在一段时间差距,由改变这一时间差创造的价值,称作时间效用。物流获得的时间效用形式有以下几种:

(1) 缩短时间。缩短物流时间,可获得多方面的益处,如减少物流损失、降低物流消耗、加速物资的周转、节约资金等。物流周期的结束是资本周转的前提条件。这个时间越短,资本周转越快,表现出资本的较高增值速度。从全社会物流的总体来看,加快物流速度,缩短物流时间,是物流必须遵循的一条经济规律。

(2) 弥补时间差。经济社会中,需要和供给普遍存在着时间差,例如,粮食集中产出,但是人们的消费是一年365天,天天有需求,因而供给和需求之间出现时间差。类似情况不胜枚举。

供给与需求之间存在时间差,可说是一种普通的客观存在,正是有了这个时间差,商品才能取得自身最高价值,才能获得十分理想的效益,才能起到"平丰歉"的作用。但是商品本身是不会自动弥合这个时间差的。如果没有有效的方法,集中生产出的粮食除了当时的少量消耗外,会损坏掉、腐烂掉,而在非产出时间,人们就会找不到粮食吃。物流便是以科学的、系统的方法进行弥补,有时是改变这种时间差,以实现其时间效用。

(3) 延长时间差。在某些具体物流活动中也存在人为地、能动地延长物流时间来创造价值的。例如,秋季集中产出的粮食、棉花等农产品,通过物流的储存、储备活动,有意识地延长物流的时间,以均衡人们的需求;配合待机销售的囤积性营销活动的物流便是一种有意识地延长物流时间、有意识地增加时间差来创造价值的方式。

2. 物流创造空间效用

物品从供给者到需求者之间有一段空间差距,供给者和需求者之间往往处于不同的空白点。由于改变物品的不同空间存在位置而创造的价值称做空间效用。

物流创造空间效用是由现代社会产业结构、社会分工所决定的,空间效用有以下几种具体形式:

(1) 从集中生产地流入分散需求地。现代化大生产的特点之一,往往是通过集中的、大规模的生产以提高生产效率,降低成本。在一个小范围集中生产的产品可以覆盖大面积的需求地区,有时甚至可覆盖一个国家乃至若干个国家。通过物流将产品从集中生产的低价值区转移到分散于各处的高价值区往往可以获得很高的利益。物流的空间效用也依此决定。

从分散生产地流入集中需求地,这是和上面情况相反的一种情况,在现代社会中也不少见。例如粮食是在一亩地一亩地上分散生产出来的,而一个大城市的需求却相对大规模集中;一个大汽车厂的零配件生产也分布得非常广,但却集中在一个大厂中装配,这也形成了分散生产和集中需求,物流便依此取得了空间效用。

（2）在低价值生产地流入高价值需求地。现代社会中供应与需求的空间差比比皆是。除了大生产所决定之外,有不少是自然地理和社会发展因素决定的,例如农村生产粮食、蔬菜而异地于城市消费,南方生产荔枝而异地于各地消费,北方生产高粱而异地于各地消费,等等。现代人每日消费的物品几乎都是相距一定距离甚至十分遥远的地方生产的。如此复杂交错的供给与需求的空间差都是靠物流来弥合的,当然物流也从中取得了利益。

在经济全球化的浪潮中,国际分工和全球供应链的构筑,一个基本选择是在成本最低的地区进行生产,通过有效的物流系统和全球供应链,在价值最高的地区销售,信息技术和现代物流技术为此创造了条件,使物流得以创造价值,得以增值。

（二）物流对宏观经济的作用

随着现代科学技术的迅猛发展,全球经济一体化的趋势加强,各国都面临着前所未有的机遇和挑战。大量数据和事实表明,物流在国民经济中处于一个十分重要的地位。早在20世纪70年代初,世界上爆发了第一次石油危机,以石油为首的能源、原料、材料、劳动力价格全面上涨。传统的以原材料、能源、人力为第一、第二利润源泉已经变成了企业的成本负担,这就迫使人们去寻找新的利润源泉。在这种情况下,人们发现当企业有效地利用物流系统技术和现代物流管理方式之后,能有效地缓解原材料、能源、人力成本上扬的压力,从而使人们认识到物流还具备非常重要的降低成本的价值,物流作为"第三利润源泉"就是在这种情况下被发现的。

物流作为一个产业在发达国家已有了几十年的发展历史,许多国家和地区已经从这一新兴的产业中获得了巨大的效益。根据美国物流专家罗伯特·德兰雷在《2000年美国年度物流状况报告》中给出的数据,美国在1980年、1990年物流成本占全年GDP的比例分别为15.7％和11.4％,而在20世纪末期美国只占8.99％,德国只占7.2％,日本11.4％,世界平均水平也只有12％。又如东南亚经济危机和金融风暴后,人们在分析和总结情况时发现,以物流为重要支柱产业的新加坡、香港有较强的抵御危机的能力。这就是说,物流不仅对企业有非常重要的意义,而且对国家经济发展也有非常重要的意义。物流作为一个产业,它能够起到完善结构、提高国民经济总体质量和抵御危机的作用。这表明物流产业的发展将改善国民经济的运行效率,提高全社会的经济效益,进而提高国际竞争力。此外,物流产业能促进国民经济各产业部门的健康发展。

与欧美等发达国家相比,中国的物流产业作为新兴的服务部门正处在起步阶段,在相当一些领域和地区已经表现出快速发展的趋势和潜力,但物流活动的成本在 GDP 中却占有相当的份额,20 世纪末期中国物流总成本约占 GDP 的 18%,近年来尽管中国物流业发展迅速,但物流成本居高不下仍是一个制约物流业发展的主要问题。据有关专家估计,到 2010 年,中国的物流成本仍有可能占到 GDP 的 17% 左右,距离发达国家先进水平和世界平均水平仍有很大差距,但同时也说明了一个问题,即我国物流成本有很大的下降空间。

近年来,中国各地兴起了发展物流的热潮。如何正确认识物流在国民经济或区域经济中的地位和作用,是发展现代物流的首要问题。因为这将直接决定对它的重视和投入程度,将关系到它对经济发展的贡献水平。现代物流是 21 世纪国民经济的基础性产业,也是支柱性和综合性产业之一。目前,许多地方都在关注和重视发展现代物流业,对其地位的认识不尽一致。如深圳市把物流作为与金融、高新技术并驾齐驱的 21 世纪三大支柱产业之一;有的地方把它作为交通运输业,由交通管理部门负责;有的地方把它作为外贸现代综合物流。

现代物流业具有很强的产业关联度和带动效应,不仅涉及水路、公路、铁路、航空、管道等五大运输方式的经营企业,还涉及交通、运输、仓储、包装、通信等设备的制造和经营;不仅涉及农业、工业、货代、仓储、包装、堆场、电子商务、邮政、银行、保险、消费者等生产、经营和物流服务的企业以及客户,还涉及政府、税收、海关、检验检疫等管理部门。因此,现代综合物流几乎涵盖了国民经济三个产业的所有领域和部门,在广度和深度上都具有很好的发展前景,是国民经济的综合性和支柱性产业。

1. 物流是国民经济的基础之一

这是从物流对国民经济的动脉作用这一点而言的。物流通过不断输送各种物资产品,使生产者不断获得原材料、燃料以保证生产过程的正常进行,又不断将产品运送给不同需要者,以使这些需要者的生产、生活得以正常进行,这些互相依赖的存在,是靠物流来维系的,国民经济也因此才得以成为一个有内在联系的整体。经济体制的核心问题是资源配置,资源配置不仅要解决生产关系问题,而且必须解决资源的实际运达问题,物流正是保证资源配置最终实现的重要环节。物流还以其本身的宏观效益支持国民经济的运行,改善国民经济的运行方式和结构,促使其优化。

2. 物流关系到国民经济运行质量

物流现代化可以改善国民经济运行的水平,有效地改善国民经济的产业结构。由于"粗放式"生产还很普遍,尤其作为支撑国民经济运行的"物流平台"问题更为突出,如各种物流方式分立,物流基础设施不足,物流技术落后等问题。如果能够得到全面、系统的改善,就可以使国民经济运行的水平得到很大提高。

物流产业是物流资源在各个领域重新整合后形成的一种复合型和聚合型产业。如运输资源的产业化就形成了物流运输业,仓储资源的产业化就形成了物流仓储业等。与此同时,这些物流资源,也分散在多个领域,包括制造业、流通业等,把产业化的物流资源加以整合,就形成了新的物流服务业,它也是一种复合型产业。物流产业可以有效地改善国民经济的产业结构。

3. 特定条件下物流是国民经济的支柱

在特定的国家或特定的产业结构条件下,物流在国民经济和地区经济中能够发挥带动和支持整个国民经济的作用,能够成为国家或地区财政收入的主要来源,是主要的就业领域,能成为科技进步的主要发源地和现代科技的应用领域。例如欧洲的荷兰、亚洲的新加坡和中国香港地区、美洲的巴拿马等,特别是日本以流通立国,物流的支柱作用显而易见。

(三) 物流对企业运营的作用

1. 企业生产经营的前提保证

从企业这一微观角度来看,物流对企业的作用有:

① 物流为企业创造经营的外部环境。一个企业的正常运转,必须有这样一个外部条件:一方面要保证按企业生产计划和生产节奏提供和运达原材料、燃料、零部件;另一方面,要将产品和制成品不断运离企业,这个最基本的外部环境正是要依靠物流及有关的其他活动创造和提供保证的。

② 物流是企业生产运行的保证。企业生产过程的连续性和衔接性,靠生产工艺中不断的物流活动,有时候生产过程本身便和物流活动结合在一起,物流的支持保证作用是不可或缺的。

③ 物流是发展企业的重要支撑力量。企业的发展,靠质量、产品和效益。物流作为全面质量的一环,是接近用户阶段的质量保证手段。更重要的是,物流通过降低成本,间接增加企业利润,通过改进物流直接取得效益,这些都会有效地促进企业的发展。

2. 降低物流作业成本而提高利润

物流合理化有大幅降低企业经营成本的作用,对改善我国经济运行的环境,降低和解决企业的困难有重要作用。我国当前许多企业困难的重要原因之一是成本过高。发展物流产业,能够有效降低社会流通成本,从而降低企业供应及销售的成本,起到改善企业外部环境的作用;企业生产过程的物流合理化,又能够降低生产成本,这对于解决我国企业当前的困难无疑是非常有利的。

物流活动的合理化,可以通过降低生产的经营成本间接提高利润,这只是物流利润价值的一个表现。对于专门从事物流经营活动的企业而言,通过有效的经营,可以为生产企业直接创造利润。

许多物流企业,在为用户服务的同时,还可以起到自己的"利润中心"作用,可以成为企业和国民经济新的利润增长点。国民经济中过去把许多物流活动当作公益活动来办,投入没有回报,组织不合理、服务水平低、技术落后,这些领域采用现代物流的组织、管理和技术之后,可以成为国民经济新的利润源;企业中许多物流活动,例如连锁配送、流通加工等,都可以直接成为企业利润新的来源。

3. 对营销策略具有重要支撑作用

企业的发展,靠质量、产品和效益。物流作为全面质量的一环,是接近用户阶段的质量保证手段。更重要的是,根据"第三利润源泉"的理论,物流通过降低成本,间接增加企业利润,通过改进物流直接取得效益,这些都会有效地促进企业的发展。

物流可以提供良好的服务,这种服务有利于参与市场竞争,有利于树立企业和品牌的形象,有利于和服务对象结成长期的、稳定的战略性合作伙伴,这对企业长远的、战略性的发展有非常重要的意义。物流的服务价值,实际上就是促进企业战略发展的价值。

三、物流的分类

(一) 按物流活动的经济属性分

1. 宏观物流(External Logistics)

宏观物流是指社会再生产总体的物流活动,是从社会再生产总体的角度来研究物流活动。宏观物流主要研究社会再生产过程中物流活动的运行规律以及活动的总体行为。

2. 微观物流(Internal Logistics)

微观物流是指消费者、生产者企业所从事的实际的、具体的物流活动。在整流活动过程中,微观物流仅涉及系统中的一个局部、一个环节或一个地区。

由此可见,微观物流是更贴近具体企业的物流,其研究领域十分广阔。

上述两者的区别在于:前者是从国民经济宏观角度划分的物流范围,后者是从企业的微观角度划分的物流业务范围。

(二) 按物流活动的空间范围分

1. 城市物流

城市物流是众多企业的微观物流向城市之间的宏观物流的一种过渡,即输入城市的宏观物流通过城市物流将其分散成成千上万的微观物流,而成千上万的企业输出的微观物流又必须通过城市物流汇集成输出城市的宏观物流。

城市物流要研究的问题很多。例如,一个城市的发展规划,不但要直接规划物流设施及物流项目,如建设公路、桥梁、物流基地、仓库等,而且需要以物流为约束条件来规划整个市区,如工厂、住宅、车站、机场等。物流已成为世界上各大城市规划和城市建设研究的一项重点工程。

在城市形成之后,整个城市的经济活动、政治活动也是以物流为依托的,所以城市物流还要研究城市生产、生活所需商品如何流入,又如何以更有效的形式供应给每个工厂、每个机关、每个学校和每个家庭,城市巨大的耗费所形成的废物又如何组织回收物流、废弃物物流等。可以说,城市物流的内涵十分丰富,很有研究价值。

2. 区域物流

在一个国家范围内、一个经济区域内乃至一个城市内的物流都处于同一法律、规章、制度之下,都受相同文化及社会因素的影响,都处于基本相同的科学技术水平和装备水平之中,因而,都有其相同的特点,即区域性。

区域物流是指为全面支撑区域可持续发展总体目标而建立的适应区域环境特征,提供区域物流功能,满足区域经济、政治、自然、军事等发展需要,具有合理空间结构和服务规模,实现有效组织与管理的物流活动体系。区域物流主要由区域物流网络体系、区域物流信息支撑体系和区域物流组织运作体系组成。

3. 国内物流

国内物流是指在一个主权国家内从事的物流活动。一个国家物流应有科学合理的发展规划,而国家物流基础的建设和相关法律法规的制定也需要政府的介入并提供优惠的政策。

4. 国际物流

国际物流(International Logistics)是指在两个或两个以上的国家(或地区)之间进行的物流活动。当前世界经济发展的主流是一体化,国家与国家之间的经济交往越来越频繁,如果一个国家不投身于国际经济大环境中,那么本国的经济技术也得不到良好的发展。目前各国的工业生产、商业贸易和服务业已走向了社会化和国际化,出现了许多跨国公司,一个企业的经济活动范围可以遍及世界各大洲。国家之间、洲际之间的原材料与产品的流通越来越畅通。因此,国际物流的研究已成为现代物流研究的一个重要课题。

区域物流和国际物流的不同在于物流活动的地域不同。前者是在一个地域内的,后者是在国际间的。从跨地域到跨国不是物流简单的地域或空间放大的问题,而是国内社会经济发展与对外经济发展的程度的体现。

(三) 按从事物流作业的主体分

1. 第一方物流

第一方物流是指需求方(生产企业或流通企业)为满足自己企业在物流方面的需求,由自己完成或运作的物流业务,也称买方物流。

2. 第二方物流

第二方物流是指供应方(生产厂家或原材料供应商)由专业物流企业提供运输、仓储等单一或某种物流服务的物流业务,也称卖方物流。

3. 第三方物流

第三方物流(Third Party Logistics,TPL)是指由物流的供应方与需求方以外的物流企业提供物流服务,即由第三方专业物流企业以签订合同的方式为其委托人提供所有的或一部分的物流服务,所以第三方物流也称为合同制物流。

4. 第四方物流

第四方物流(Fourth Party Logistics,FPL)是一个供应链的集成商,是供需双方及第三方的领导力量。它不是物流的利益方,而是通过拥有的信息技术、整合能力以及其他资源提供一套完整的供应链解决方案,以此获得一定的利润。它帮助企业降低成本和有效整合资源,并且依靠优秀的第三方物流供应商、技术供应商、管理咨询以及其他增值服务商,为客户提供独特的和广泛的供应链解决方案。

(四) 按企业物流活动环节分

1. 供应物流

供应物流(Supply logistics)是指为确保生产企业正常运转,不断发生的原材料、零件或其他物品的采购、供应等物流活动。生产企业、流通企业或消费者购入原材料零部件或商品的物流过程,就是物品在供需双方的实体流动。对于生产企业而言,是指生产活动所需要的原材料、备品备件等物资的采购、供应活动所产生的物流;对于流通企业而言,是指交易活动中从买方角度出发的交易行为所产生的物流。

2. 生产物流

生产物流(Production logistics)是指在生产过程中,从原材料采购到在制品、半成品等各道生产程序的加工,直至制成品进入仓库的全过程的物流活动。生产物流和生产流程同步,是从原材料购进开始直到产成品发送为止的全过程的物流活动。原材料、半成品等按照工艺流程在各个加工点之间不停顿地移动、转移,形成了生产物流。它是制造产品的生产企业所持有的活动,如果生产中断了,生产物流也就随之中断了。生产物流的发展历经了人工物流—机械化物流—自动化物流—集成化物流—智能化物流五个阶段。

3. 销售物流

销售物流(Distribution logistics)是指生产企业、流通企业出售商品时,物品在供方与需方之间的实体流动。

4. 回收物流

回收物流(Returned logistics)是针对在生产、供应和销售过程中产生的各种边角余料、废料、残损品的处理等发生的物流活动。对回收物料的处理如果不当会造成资源浪费或污染。

5. 废弃物流

废弃物流(Waste material logistics)是指将经济活动中失去原有使用价值的物品,根据实际需要进行收集、分类、加工、包装、搬运、储存等,并分别送到专门处理场所时形成的物品实体流动。它仅从环境保护的角度出发,不管对象物有没有价值或利用价值,而将其妥善处理,以免造成环境污染。

第二节 物流学科理论体系

一、物流学科体系框架

（一）物流学科的构架

物流学科体系框架分为四个层次：

1. 物流学科体系的核心层

物流学科体系的核心是物流系统的基本概念，这是由一组最关键的核心概念组成的，如物流、配送、物流园区、配送中心等等。要理解物流，必须借助于这些概念，物流学科体系的所有其他组成部分都是通过这些概念来表现并且由此展开的。这一层次是物流学科体系的基本内核。

2. 物流学科体系的支柱层

物流学科体系由四大支柱构成，即基本假设、基本原理、基本技术和基本方法，这四大支柱与物流学科体系的核心概念一起演绎出物流学科体系的基本框架。这一层次是物流学科体系的基本内涵。

3. 物流学科体系的理论基础层

与物流学科构成最紧密联系的理论主要有四类：系统论、运筹学、经济学和管理学。系统论提供物流学科最根本的思维方法和逻辑；运筹学提供实现物流系统优化的技术与工具，它是系统论在物流中应用的具体方法；经济学提供物流系统资源配置的基本理论，物流系统的资源配置服从经济学的假设、原理和规律；管理学提供物流系统具体运作的基本假设、原理和规律。这些理论本身也成为物流科学体系的一部分，它们是互相联系的。

4. 物流学科体系的相关学科层

物流学被称为跨学科的学科领域，特别是现代物流的运作和管理依赖于现代化的技术手段和条件，如机械工程学、电子及信息类学科对现代物流的作用越来越显著。

以上四个层次形成的物流学科体系框架与供应、制造、流通和消费四大环节具有紧密的联系，因为物流活动发生在供应、制造、流通和消费所有环节，所以，物流学科的研究对象就是供应、制造、流通和消费活动中的物流问题。

（二）物流学的研究对象

物流学科的研究对象是物流系统。物流本身是一个非常复杂的系统，它包括供应物流系统、生产物流系统、销售物流系统、回收和废弃物流系统等，物流学科研究从原材料采购到生产、流通直至消费的供应链全过程中的"物"的时间和空间转移规律。

二、物流与流通的关系

（一）流通与物流的内涵

流通的经济功能是填补生产与消费之间的间隔。沟通生产与消费之间社会间隔的商业或贸易的流通称为商流。商流活动一般称为贸易或交易。商品通过交易由供给方转让给需求方，这种转让是按价值规律进行的。对商流的考察包含了商品交换的全过程，具体包括市场需求预测、计划分配与供应、货源组织、订货、采购调拨、销售等。其中既包括贸易决策，也包括具体业务及财物的处理。

而联结场所、时间间隔的则是物流（物的流通），是物品由生产者向消费者的转移，创造场所性价值和时间性价值，如运输和保管。物流中的"物"泛指一切物质资料，有物资、物体、物品的含义；而物流中的"流"泛指一切运动形态，包含了物的移动、运动、流动和静止。

物流系统中的"物"不改变其性质、尺寸、形状。反之，它克服供给方和需求方在空间维和时间维方面的距离，创造空间价值和时间价值。例如，深埋于地下的煤炭，只有经过采掘、输送到其他地方才能更好地用来作为发电、取暖的燃料，成为重要的物资。它的使用价值是通过运输克服了空间距离才得以实现的，这就是物流的空间效应。

又如，大米的种植和收获是季节性的，多数地区每年收获一次。但是对消费者而言，作为食品，每天都要消耗，必须进行保管以保证经常性的需要，通过供人们食用以实现其使用价值。这种使用价值又是通过保管克服了季节性生产和经常性消费的时间矛盾才得以实现的,这就是物流的时间效应。

(二) 商流和物流的关系

商流和物流是同一个生产资料流通过程中相伴发生的两个方面,表现在流通领域中生产资料商品的价值和使用价值的运动,所以商流和物流是相互依存的关系。但是,商流和物流又有不同的内容、特点和规律性,因此可以把商流和物流作为两个独立的范畴加以研究。

一般来讲,商流和物流是前后继起的运动。在商品经济的条件下,商流是物流的前提,而物流是商流的继续和完成。只有通过商流,才能实现产品所有权、支配权、使用权的转移;而在商流的基础上必须通过物流才能实现产品由生产领域向消费领域的运动。因此,物流要受商流的制约,而商流要靠物流来完成。它们之间的相互关系,主要表现在:

(1) 商流反映一定的生产关系,决定着生产资料流通的社会性质,也决定着物流的社会性质。

(2) 流通的实质是实现商品价值和使用价值,商流是实现商品价值形式的更替;物流是实现商品使用价值位置的变换,它们共同保证商品价值和使用价值在流通领域顺利地实现。

(3) 商流的价值运动方向和规模,决定着物流运动的方向和规模,而物流的交通运输、储存、保管、包装等条件,也制约着商流交换中人们彼此接触的范围和广度。

(4) 商流阻塞、停滞会直接涉及物流的顺畅与发展,而物流阻塞、不通畅也会直接影响商品到达消费者手中的速度和商品价值实现的时间,影响商流的发展。

(三) 商流和物流的分离

商流和物流也有其不同的物质基础和不同的社会形态。从马克思主义政治经济学角度看,在流通这个统一体中,商流偏重于经济关系、分配关系、权力关系,因而属于生产关系范畴。而物流偏重于工具、装备、设施及技术,因而属于生产力范畴。所以,商物分离实际是流通总体中的专业分工、职能分工,是通过这种分工实现大生产式的社会再生产的产物,这是物流科学中重要的新概念。物流科学正是在商物分离的基础上才得以对物流进行独立的考察,进而形成的科学。但是,商物分离也非绝对,在现代科学技术有了飞跃发展的今天,优势可以通过分工获得,优势也可以通过趋同获得,"一体化"的动向在原来许多分工领域中变得越来越明显。在流通领域中,发展也是多形式的,绝对不是单一的"分离"。

企业为提高物流效率,趋向于将商流与物流区分开来;将物流设施及有关物流的功能从商业流通领域中分离出来,设置物流据点,集中处理若干商品流通的物流业务。由于"商物分离"可以向物流据点大量运送商品、补充库存,又因为商品库存较集中可以增多品种、减少库存,提高配送效率,以使商品流通据点集中精力从事运营。

综上所述,在合理组织流通活动中,实行商物分离是提高社会经济效益的客观需要,也是企业现代化发展的趋势。

1. 商物分离模式的特征

(1) 库存方面。取消总公司仓库和营业仓库分散库存方式而代之以配送中心集中库存。

(2) 输送方面。原先是从工厂仓库到总公司仓库,再到批发站仓库,最后到零售店,是商物合一的三段输送。而在商物分离模式中是由工厂仓库至配送中心,然后直接送至零售店的两端输送。

(3) 配送方面。原是分别向各零售店送货,现改为回路配送。

(4) 信息系统方面。不再由总公司、批发站和工厂分头处理,而是以信息中心集中处理方式,用现代化通讯系统进行各环节的控制。

2. 商物分离的方法

(1) 订货与配送相分离,把自备卡车与委托运输或共同运输联系在一起,降低运输费用,减少固定资产投资。

(2) 把在同一系统的负责一定范围的物流据点合并,加强物流管理,压缩流通库存,减少交叉运输,提高物流系统效率。

(3) 减少物流中间环节,流通路线实施从工厂经流通中心到客户手中,甚至由工厂直接运货给客户。

三、物流与生产的关系

1. 生产系统的组成

任何生产系统都是为了适应社会对某种产品的需求而形成的。也就是说,向社会提供一定的产品是生产系统存在的必要条件。生产系统为了制造产品,必须占据一定的生产空间,拥有一定数量的生产设备、人员、运行方式以及管理上的各种规章制度,这样才能有条件按照制造工序逐步将原材料制成半成品或成品。

2. 物流对生产系统的影响

(1) 物流为生产的连续性提供了保障。如前所述,原材料的供应、半成品在加工点之间的流转、成品的运出,只有依赖物流系统才能不间断地进行,使生产活动得以继续下去。

(2) 生产系统为了自身的存在,除了产品要适应社会的需要之外,还应考虑从社会得到必要的回报,以作为生产过程所消耗费用的补偿,其盈余部分即是企业的利润。从社会得到补偿和利润是企业再生产和发展的必要条件。由于产品价格受到市场竞争机制的限制,从企业内部挖掘潜力,降低成本是企业面临的重要课题之一。

(3) 物流状况对生产环境和生产秩序起着决定性的影响。在生产空间中,加工点处于固定位置,只要加工设备能正常运转,就不会对系统产生干扰,而物流在生产空间中始终是处于运动的状态,物流路线纵横交错,上下升降,形成了遍布生产空间的立体动态网络。物流路线不合理,运行节奏不协调,都会造成生产秩序的混乱。物流活动不正常,物流系统中物料堆放不规则,也将对生产环境造成影响。因此,有的企业家认为,一个企业的物流状况是最能体现其管理水平高低的标志。

3. 现代生产模式变革对物流的要求

(1) 20世纪40年代前,社会经济不很发达,市场低迷,消费水平也很低。这一时期生产的特点是产品种类少、数量小。如20年代福特公司的T型车;又如,可口可乐公司长期只生产一种饮料,甚至容器也不改变,它希望这种饮料适合于每个人。与此相对应,生产规模也较小、物流量更少,生产对物流基本没有要求,物流只是作为生产加工的附属活动而存在。

(2) 20世纪50年代以后,由于科技进步,科学管理的开展,导致社会进入了大量生产、大量销售的时代。生产力大发展的结果,使生产设施、加工设备的专用化程度大大提高,以汽车为代表的工厂普遍采用了自动生产流水线。这样生产对物流的要求和依赖程度加强了,物流系统化、现代化被提到了日程上,物流机械和物流技术也得到进一步的发展,如装卸机械、运输车辆、配送技术、POS等,也在不断地改进和发展。

(3) 20世纪70年代起,社会需求呈现出多样化、个性化的特点,顺应这一趋势生产也向多品种、小批量方向发展,生产加工设备也从专用加工设备的流水生产线,转向采用计算机集成制造(CIM),以至于只要调整控制系统的计算机软件就可以达到更换产品品种的要求。生产中的物流系统为了适应这种变化也趋向多频率化和自动化,从而推动了现代化物流机械、设施和技术的创新,自动升降机械、自动立体化仓储设施、自动识别技术、射频技术(RF)和EDI等开始被广泛应用。

(4) 20世纪90年代起至今,随着全球经济一体化的进展,全球生产、全球采购和按需设厂成为必然趋势。随着生产技术的高速发展,产品寿命周期的缩短,生产向订制生产、一对一生产转型,推动制造业向柔性制造(FM)、敏捷制造(AM)、虚拟制造(VM)、绿色制造(GM)和高效快速重组生产(LAF)等全新模式变革。其结果在物流运作上,要求建立高效的物流系统,采用高新技术,如信息网络技术、GPS技术、EOS技术、动态仿真技术等,以维持最低的库存水平,甚至零库存、完美服务等。

四、典型的物流学说

(一) 黑大陆和物流冰山说

著名的管理学权威P·F·德鲁克曾经讲过:"流通是经济领域里的黑暗大陆",德鲁克泛指的是流通,但是,由于流通领域中物流活动的模糊性尤其突出,是流通领域中人们更认识不清的领域,所以,"黑大陆"说法现在转向主要针对物流而言。

在黑大陆中,如果理论研究和实践探索照亮了这块黑大陆,那么摆在人们面前的可能是一片不毛之地,也可能是一片宝藏之地。"黑大陆"说是对20世纪中在经济界存在的愚昧的一种反对和批判,指出在当时资本主义繁荣和发达的状况下,科学技术也好,经济发展也好都远未有止境;"黑大陆"说也是对物流本身的正确评价;这个领域未知的东西还很多,理论和实践皆不成熟。

在某种意义上来看,"黑大陆"说是一种未来学的研究结论,是战略分析的结论,带有很强的哲学的抽象性,这一学说对于研究这一领域起到了启迪和动员作用。

物流冰山说是日本早稻田大学西泽修教授提出来的。他在专门研究物流成本时发现,现行的财务会计制度和会计核算方法都不可能掌握物流费用的实际情况,因而人们对物流费用的了解是一片空白,甚至有很大的虚假性,他把这种情况比作"物流冰山"。冰山的特点是,大部分沉在水面下,而露出水面的仅是冰山的一角。物流便是一座冰山,其中沉在水面以下的是我们看不到的黑色区域,而我们看到的不过是物流的一部分。

西泽修先生用物流成本的具体分析论证了德鲁克的"黑大陆"说,事实证明,物流领域的方方面面对我们而言还是不清楚的,在黑大陆中和冰山的水下部分正是物流尚待开发的领域,正是物流的潜力所在。

(二) 商物分流说

商物分流是物流学赖以存在的先决条件。所谓商物分离,是指流通中两个组成部分——商业流通和实物流通各自按照自己的规律和渠道独立运动。

社会进步使流通从生产中分化出来之后,并没有结束分化。现代大生产的分工和专业化是向一切经济领域中延伸的。列宁在谈到这个问题时,提出"分工""不仅把每一种产品的生产,甚至把产品的每一部分的生产都变成专门的工业部门——不仅把产品的生产,甚至把产品制成消费品的各个工序都变成专门的工业部门"。这种分化、分工的深入也表现在流通领域,比专业化流通这种分工形式更重要的分工是流通职能的细分。流通统一体中实际上有不同的运动形式,这一点,马克思早已有所论述,并将之区分为"实际流通"和"所有权转让",他说:"要使商品实际进行流通,就要有运动工具,而这是货币无能为力的。商品的实际流通,在空间和时间上,都不是由货币来实现的。货币只是实现商品的价格,从而把商品所有权转让给买主,转让给提供交换手段的人。货币使之流通的不是商品,而是商品所有权证书。"

本来,商流、物流是紧密地结合在一起的,进行一次交易,商品便易手一次,商品实体便发生一次运动,物流和商流是相伴而生并形影相随的,两者共同运动,取同样过程,只是运动形式不同而已。在现代社会诞生之前,流通大多采取这种形式,甚至今日,这种情况仍不少见。

所以,商物分离实际是流通总体中的专业分工、职能分工,是通过这种分工实现大生产式的社会再生产的产物。这是物流科学中重要的新观念。物流学正是在商物分离基础上才得以对物流进行独立的考察,进而形成的科学。

(三) 第三个利润源说

"第三个利润源"的说法主要出自日本。"第三个利润源",是对物流潜力及效益的描述。经过半个世纪的探索,人们已肯定对"黑大陆"虽不清楚,但绝不是不毛之地,而是一片富饶之源。尤其是经受了1973年石油危机的考验,物流已牢牢树立了自己的地位,今后的问题便是进一步开发了。

从历史发展来看,人类历史上曾经有过两个大量提供利润的领域。第一个是资源领域,第二个是人力领域。资源领域起初是廉价原材料、燃料的掠夺或获得,其后则是依靠科技进步,节约消耗、节约代用、综合利用、回收利用乃至大量人工合成资源而获取高额利润,习惯称之为"第一个利润源"。人力领域最初是廉价劳动,其后则是依靠科技进步提高劳动生产率,降低人力消耗或采用机械化、自动化来降低劳动消耗从而降低成本,增加利润,这个领域习惯称作"第二个利润源"。

在前两个利润源潜力越来越小、利润开拓越来越困难的情况下,物流领域的潜力被人们所重视,按时间序列排为"第三个利润源"。

这三个利润源注重于生产力的不同要素:第一个利润源的挖掘对

象是生产力中劳动对象,第二个利润源的挖掘对象是生产力中的劳动者,第三个利润源则主要挖掘生产力要素中劳动工具的潜力,与此同时又挖掘劳动对象和劳动者的潜力,因而更具全面性。

第三个利润源的理论最初认识是基于两个前提条件:

第一,物流是可以完全从流通中分化出来的,自成一个独立运行的系统,有本身的目标、本身的管理,因而能对其进行独立的总体的判断;

第二,物流和其他独立的经营活动一样,它不是总体的成本构成因素,而是单独赢利因素,物流可以成为"利润中心"型的独立系统。

第三个利润源的理论,反映了日本人对物流的理论认识和实践活动,反映了他们与欧洲人、美国人的差异。一般而言,美国人对物流的主体认识可以概括为"服务中心"型,而欧洲人的认识可以概括为"成本中心"型。显然,服务中心和成本中心的认识和利润中心的差异很大。"服务中心"和"成本中心"主张的是总体效益或间接效益,而第三个利润源的利润中心的主张,指的是直接效益。但是如果广义理解第三个利润源,把第三个利润源不仅看成直接的谋利的手段,而特别强调它的战略意义,特别强调它是在经济领域中潜力将尽的情况下的新发现,是经济发展的新思路,也许会对今后经济的推动作用如同经济发展中曾有的廉价原材料的推动作用一样,这恐怕是现在学术界更多人的认识,第三个利润源的真正价值恐怕是从直接利润延伸的战略意义了。

(四)效益背反说和物流的整体观念

"效益背反"是物流领域中很经常、很普遍的现象,是这一领域中内部矛盾的反映和表现。

"效益背反"指的是物流的若干功能要素之间存在着损益的矛盾,也即某一个功能要素的优化和利益发生的同时,必然会存在另一个或另几个功能要素的利益损失,反之也如此。这是一种此涨彼消、此盈彼亏的现象,虽然在许多领域中这种现象都是存在着的,但在物流领域中,这个问题似乎尤其严重。

"效益背反"说有许多有力的实证予以支持,例如,包装问题,在产品销售市场和销售价格皆不变的前提下,假定其他成本因素也不变,那么包装方面每少花一分钱,这一分钱就必然转到收益上来,包装越省,利润则越高。但是,一旦商品进入流通之后,如果节省的包装降低了产品的防护效果,造成了大量的损失,就会造成储存、装卸、运输功能要素的工作劣化和效益大减,显然,包装活动的效益是以其他的损失为代价的。我国流通领域每年因包装不善出现的上百亿元的商品损失,就是这种效益背反的实证。单纯认识物流可以具有与商流不同特征而独立运动这一点,是物流科学走出的第一步。在认识效益背反的规律之后,物流科学也就迈出了认识物流功能要素这一步,在寻求解决和克服功能要素效益背反现象。当然,或许也曾有过追求各个功能要素全面优化的企图,但在系统科学已在其他领域形成和普及的时代,科学的思维必将导致人们寻求物流的总体最优化。不但将物流细分成若干功能要素来认识物流,而且将包装、运输、保管等功能要素的有机联系寻找出来,成为一个整体来认识物流,进而有效解决"效益背反",追求总体效益,这是物流科学的一大发展。

(五)物流成本削减的乘法效应理论

物流成本削减的乘法效应理论是指物流成本下降后会引起销售额成倍的增长。例如,假定销售额为 100 亿元,物流成本为 10 亿元,如物流成本下降 1 亿元,就可得到 1 亿元的收益。这个道理是不言自明的。现在假定物流成本占销售额的 10%,如物流成本下降 1 亿元,销售额将增加 10 亿元,这样,物流成本的下降会产生极大的效益。这个理论类似于物理中的杠杆原理,物流成本的下降通过一定的支点,可以使销售额获得成倍的增长。

第三节 现代物流管理理论

一、物流管理的发展历程

物流管理作为现代供应链管理思想的起源,同时也是供应链管理的一个重要组成部分,与传统的物流管理有着很大的区别。因此,了解物流管理的形成和发展,对于理解供应链管理思想的实质以及供应链管理中的物流管理的作用很有必要。

（一）后勤管理阶段

后勤管理（Logistics Management）最初起源于战时物资的供应管理。第二次世界大战时，美国根据军事上的需要，在对军火进行供应时，首先采用了后勤管理这一词。后来后勤管理逐渐形成一个独立的学科，不断发展形成后勤工程（Logistics Engineering）、后勤管理（Logistics Management）、后勤分销（Logistics Distribution）。

战后这些技术被广泛应用于工业领域，并极大地提高了企业的运作效率，为企业赢得了众多客户。当时的物流管理主要针对企业的配送部分，即在成品生产出来后，如何快速而高效地经过配送中心把产品送达客户，并尽可能维持最低的库存量。美国物流管理协会那时名为"实物配送管理协会"，而加拿大供应链与物流管理协会则名为"加拿大实物配送管理协会"。

在这个初级阶段，物流管理只是在既定数量的成品生产出来后，被动地去迎合客户需求，将产品运到客户指定的地点，并在运输的领域内去实现资源最优化使用，合理设置各配送中心的库存量。准确地说，这个阶段企业还没有一个独立的物流管理业务部门，只是被当作制造活动的一部分，有的只是运输管理、仓储管理、库存管理，也没有职业物流人员和关于这方面的学术研究。直到20世纪60年代物料管理（Materials Management）和物资配送（Physical Distribution）出现后，情况才发生变化。

（二）物流管理阶段

现代意义上的物流管理（Logistics Management）出现在20世纪80年代。人们发现利用跨职能的流程管理方式去观察分析和解决企业经营中的问题非常有效。通过分析物料从原材料运到工厂，流经生产线上每一个工作站，产出成品，再运送到配送中心，最后交付给客户的整个流通过程，企业可以消除很多看似高效率却实际上降低了整体效率的局部优化。因为每个职能部门都想尽可能地利用其产能，没有留下任何富余，一旦需求增加，则处处成为瓶颈，导致整个流程的中断。又比如运输部作为一个独立的职能部门，当然是设法降低其运输成本，但若因此将一笔需加快的订单交付海运而不是空运,虽然省下了运费,却失去了客户,导致整体的失利。所以传统的垂直职能管理已不适应现代大规模工业化生产,而横向的物流管理却可以综合管理每一个流程上的不同职能,以取得整体最优化的协同作用。由此出现了集成物流的概念(Integrated Logistics),即把企业的输入与输出物流管理以及部分市场和制造功能集成在一起。

在这个阶段,物流管理的范围扩展到除运输外的需求预测、采购、生产计划、存货管理、配送与客户服务等,以系统化管理企业的运作,达到整体效益的最大化。高德拉所著的《目标》一书风靡全球制造业界,其精髓就是从生产流程的角度来管理生产。

(三) 供应链管理阶段

20世纪90年代,随着全球一体化的进程,企业分工越来越细化。各大生产企业纷纷外包零部件生产,把低技术、劳动密集型的零部件转移到人工最廉价的国家去生产。以美国的通用、福特、戴姆勒-克莱斯勒三大车厂为例,一辆车上的几千个零部件可能来自十几个不同的国家,几百个不同的供应商。这样一种生产模式给物流管理提出了新课题:如何在维持最低库存量的前提下,保证所有零部件能够按时、按质、按量,以最低的成本供应给装配厂,并将成品车运送到每一个分销商。

这已经远远超出一个企业的管理范围,它要求与各级供应商、分销商建立紧密的合作伙伴关系,共享信息,精确配合,集成跨企业供应链上的关键商业流程,才能保证整个流程的畅通。由此诞生了集成供应链概念(Integrated Supply Chain),即企业是由相互间提供原材料、零部件、产品和服务的供应商、合作商、制造商、分销商、零售商、顾客等集成起来所形成的网络。集成供应链的管理对象是贯穿供应链始终的"三流":信息流、物流、资金流,供应链管理就是对供应链中的信息流、物流和资金流进行设计、规划和控制。集成供应链管理的目标是实现供应和需求匹配,提高客户满意度和降低总的交易成本,并寻求两者之间的平衡,即在满足服务水平的同时,使整个供应链的成本最小,并保证在正确的时间把正确的产品或服务送到正确的地方。供应链管理的最终发展,将覆盖从供应商的供应商到顾客的顾客的全部过程,包括供应商、合作商、制造、分销、库存管理、运输、仓储、顾客服务等。

二、现代物流管理的范围

(一) 现代物流管理的概念

现代物流管理,从宏观上来讲就是运用管理的基本原理和方法,以物流系统为研究对象,研究现代物流活动中的技术问题和经济问题,以实现物流系统最佳经济效益。从微观上讲,现代物流管理就是运用计划、组织、控制三大管理职能,借助现代物流理念和现代物流技术,通过运输、搬运、储存、保管、包装、装卸、流通加工和物流信息处理等物流基本活动,对物流系统各要素进行有效组织和优化配置,来解决物流系统中供需之间存在的时间、空间、数量、品种、价格等方面的矛盾,为物流系统各类客户提供满足要求的物流服务。

(二) 现代物流管理的层次

从企业经营的角度讲,物流管理是以企业的物流活动为对象,为了以最低的成本向用户提供满意的物流服务,对物流活动进行的计划、组织、协调和控制。根据企业物流活动的特点,企业物流管理可以从三个层次展开:

1. 物流战略管理

企业物流战略管理就是站在企业长远发展的立场上,就企业物流的发展目标、物流在企业经营中的战略定位、物流服务水准以及物流服务内容等问题做出整体规划。

2. 物流系统设计与运营管理

企业物流战略确定以后,为了实施战略必须要有一套得力的实施手段或工具,即物流运作系统。作为物流战略制定后的下一个实施阶段,物流系统设计与运营管理的任务是设计物流系统和物流能力,对物流系统运营进行监控,并根据需要调整系统。

3. 物流作业管理

根据业务需求,制订物流作业计划,按照计划要求对物流作业活动进行现场监督和指导,并对物流作业的质量进行监控。

(三) 现代物流管理的内容

现代物流管理的主要内容包括：

1. 物流基本活动管理

包括运输管理、搬运管理、储存管理、保管管理、包装管理、装卸管理、流通加工管理和物流信息管理等。

2. 物流基本职能管理

包括物流战略管理、物流计划管理、物流组织管理、物流运行监控等。

3. 物流基本要素管理

包括人力资源管理、物流技术管理、物流设施管理、物流成本管理等。

三、现代物流管理的特征

随着现代物流的发展，现代物流管理表现出许多特点。

(一) 以实现顾客满意为第一目标

现代物流是基于企业经营战略基础，从顾客服务目标的设定开始，进而追求顾客服务的差别化战略。在现代物流中，顾客服务的设定优先于其他各项活动，并且为了使物流顾客服务能有效地开展，在物流体系的基础建设上，要求物流中心、信息系统、作业系统和组织构成等条件的具备与完善。因而要求物流系统必须做到：

1. 物流中心网络优化

即要求工厂、仓库、商品集中配送加工等中心的建设（规模、地理位置等）既要符合分散化的原则，又要符合集约化的原则，从而使物流活动能有利于顾客服务的全面展开。

2. 物流主体的合理化

从生产阶段到消费阶段的物流活动主体，常常有单个主体和多个主体之分，另外也存在着自己承担物流和委托物流等形式的区分，物流主体的选择直接影响到物流活动的效果或实现顾客服务的程度。

3. 信息系统的高度化

能及时、有效地反映物流信息和顾客对物流的期望。

4. 物流作业的效率化

即在配送、装卸、加工等过程中应当运用什么方法和手段,使企业能最有效地实现商品价值。

(二) 关注整个流通渠道的商品运动

以往认为的物流是从生产阶段到消费者阶段商品的物资运动,物流管理的主要对象是"销售物流"和"企业内物流"。而现代物流管理的范围不仅包括销售物流和企业内物流,还包括调拨物流、退货物流以及废弃物物流。另外,现代物流管理中的销售物流概念也有新的延伸,即不仅是单阶段的销售物流(如厂商到批发商、批发商到零售商、零售商到消费者的相对独立的物流活动),而且是一种整体的销售物流活动,也就是将销售渠道的各个参与者(厂商、批发商、零售商和消费者)结合起来,来保证销售物流行为的合理化。

(三) 以企业物流整体最优为目的

商品市场发生了新的变化,如商品生产周期的缩短,顾客要求高效而经济的输送,商品流通地域的扩大等。在这种状况下,如果企业物流仅仅追求"部分最优"或"部门最优",将无法在日益激烈的企业竞争中取胜。从原材料的调拨计划到向最终消费者移动的物的运动等各种活动,不仅是部分和部门的活动,而且是将各部分和各部门有效结合,发挥出综合效益。现代物流所追求的费用、效益,是针对调拨、生产、销售、物流等全体最优而言的。在企业组织中,以低价格购入为主的调拨理论,以生产增加、生产合理化为主的生产理论,以追求低成本为主的物流理论,以增加销售额和扩大市场份额为主的销售理论等,各理论之间仍然存在着分歧与差异。跨越这种分歧与差异,力图追求全体最优的正是现代物流理论。例如,从现代物流管理理念来看,海外当地生产的展开或多数工厂生产的集约化,虽然造成了输送成本的增加,但是由于这种生产战略有效降低了生产成本,提高了企业竞争力,因而是可取的。但是,追求全体最优化并不是可以忽略物流的效率化,物流部门在充分知晓调拨理论、生产理论和销售理论的基础上,在强调全体最优的同时,应当与现实相对应,彻底实现物流部门的效率化。

(四)注重物流作业的效率和效果

现代物流管理首先在物流手段上,从原来重视物流的机械、机器等硬件要素转向重视信息等软件要素。在物流活动领域方面,从以前以运输、储存为主的活动转向物流部门的全体,也就是向包含调拨在内的生产、销售领域或批发、零售领域的物流活动扩展。现代物流从原来的作业层次转向管理层次,进而向经营层次发展。在物流需求的对应方面,原来强调的是运力的确保、降低成本等企业内需求的对应,现代物流则强调物流服务水准的提高等市场需求的对应,进而发展到重视环境、交通、能源等有关可持续发展的社会需求的对应。从成果的角度来看,有些活动虽然使成本上升,但如果它能有利于整个企业战略的实现,那么这种物流活动仍然是可取的。

(五)立足信息和需求的商品供应体系

现代物流认为物流活动不是单个生产、销售部门或企业的事,而是包括供应商、批发商、零售商等有关企业在内的整个统一体的共同活动,因而现代物流通过供应链强化了企业间的关系。供应链通过企业计划的连接、企业信息的连接、在库风险承担的连接等机能的结合,使供应链包含了流通过程的所有企业,从而使物流管理成为一种供应链管理。所谓供应链管理,就是从供应商开始到最终用户的整个流通过程中,全体商品运动的综合管理。如果说部门间的产、销、物结合追求的是企业内经营最优的话,那么供应链管理则是通过所有市场参与者的联盟追求流通生产全过程效率的提高。供应链管理带来的一个直接效应是产需的结合在时空上比以前任何时候都要紧密,并带来了企业经营方式的改变,即从原来的投机型经营(生产建立在市场预测基础上的经营行为)转向实需型经营(根据市场的实际需求生产),同时伴随着经营方式的改变。在经营、管理要素上,信息已成为物流管理的核心,因为没有高度发达的信息网络和信息的支撑,实需型经营是无法实现的。

(六)有效实现对商品运动的一元化管理

现代物流从供应商开始到最终顾客,整个流通阶段所发生的商品运动是作为一个整体来看待的。伴随着商品实体的运动,必然会出现"场所移动"和"时间推移"这两种物流现象,其中"时间推移"在当今产销紧密联系、流通整体化和网络化的过程中,已成为一种重要的经营资源。从物流时间形态上来看,主要有从订货到送达消费者手中的时间、在库的时日数、材料工程滞留时间等。任何局部问题的解决都无法真正从根本上实现时间的效率化。只有整体地、全面地把握控制相关的各种要素和生产经营行为,并将之有效地联系起来,才能实现时间缩短化的目标。显然,这要求物流活动的管理应超越部门和局部的层次,实现高度的统一管理。现代物流所强调的就是如何有效地实现一元化管理,真正把供应链思想和企业全体观念贯彻到管理行为中去。

四、物流管理的主要目标

物流管理在本质上还是要实现下列的功能目标:快速响应、最小变异、最低库存、整合资源、质量保证、生命周期的支持等。

(一) 快速响应

快速响应关系到一个厂商是否能及时满足客户的服务需求的能力。信息技术提高了在最近的可能时间内完成物流作业和尽快地交付所需存货的能力。这样就可减少传统上按预期的客户需求过度地储备存货的情况。快速响应的能力把作业的重点从根据预测和对存货储备的预期,转移到以从装运到装运的方式对客户需求做出反应方面上来。不过,由于在还不知道货主需求和尚未承担任务之前,存货实际上并没有发生移动,因此,必须仔细安排作业,不能存在任何缺陷。

(二) 最小变异

变异是指破坏系统表现的任何意想不到的事件,它可以产生于任何一个领域的物流作业,诸如客户收到订货的期望时间被延迟、制造中发生意想不到的损坏、货物到达客户所在地发现受损,或者把货物交付到不正确的地点——所有这一切都将使物流作业时间遭到破坏,对此,必须予以解决。物流系统的所有作业领域都容易遭受潜在的变异,减少变异的可能性关系到内部作业和外部作业。传统的解决变异的办法是建立安全储备存货或使用高成本的溢价运输。当前,考虑到这类实践的费用和相关风险,它已被信息技术的利用所取代,以实现积极的物流控制。在某种程度上,变异已可减少至最低限度,作为经济上的作业结果是提高了物流生产率。因此,整个物流表现的基本目标是要使变异减少到最低限度。

(三) 最低库存

最低库存的目标涉及资产负担和相关的周转速度。在企业物流系统设计中,由于存货所占用的资金是企业物流作业的最大的经济负担,在保证供应的前提下提高周转率,意味着存货占用的资金得到了有效的利用。因此,保持最低库存的目标是要把存货配置减少到与客户服务目标相一致的最低水平,以实现最低的物流总成本。"零库存"是企业物流管理的理想目标,伴随着"零库存"目标的接近与实现物流作业的其他缺陷也会显露出来。所以企业物流系统设计必须将库存占用和库存周转速度当成重点来控制。

(四) 整合资源

最重要的物流成本之一是运输。运输成本与产品的种类、装运的规模以及距离直接相关。许多具有溢价服务特征的物流系统所依赖的高速度、小批量装运的运输,是典型的高成本运输。要减少运输成本,就需要实现整合运输。一般说来,整个装运规模越大以及需要运输的距离越长,则每单位运输成本就越低。这就需要有创新的规划,把小批量的装运聚集成集中的、具有较大批量的整合运输。这种规划必须得到超越整个供应链的工作安排的帮助。

(五) 质量保证

第五个物流目标是要寻求持续的质量改善。如果一个产品变得有缺陷或者如果服务承诺没有得到履行,那么,物流并没有增加什么价值。事实上,当质量不合格时,像物流表现那样的典型的需要就会被否定,然后还需要重新做一遍。物流本身必须履行所需的质量标准。管理上所面临的实现"零缺陷"的物流表现的挑战被这样的事实强化了,即物流作业必须在日夜24小时的任何时间、跨越广阔的地域来履行。而质量上的挑战被这样的事实强化了,即绝大多数的物流工作是在监督者的视线外完成的。由于不正确装运或运输中的损坏导致重做客户订货所花的费用,远比第一次就正确地履行所花费的费用多。因此,物流是发展和维持全面质量管理不断改善的主要组成部分。

第四节 物流管理发展现状

一、美国物流管理发展现状

美国是物流最发达、最先进的国家。从1901年美国政府的《工业委员会关于农场产品配送的报告》中首次提到影响农产品配送成本这一物流因素开始,至今分别经历了物流管理的萌芽阶段(20世纪初—40年代)、物流管理的实践与推广阶段(20世纪50—70年代)、物流管理现代化阶段(70年代末—80年代中期)到物流国际化、信息化及迅速发展的四个阶段(20世纪80年代中期至今)。

20世纪80年代以来,随着科技进步和经济发展步伐加快,以及全球经济一体化的深入发展,国际贸易量大大增加。20世纪90年代早期,美国在进出口贸易方面在世界上占据领先地位。另外,为降低成本,不少企业纷纷把加工厂转移到劳动力相对便宜的国家和地区。为了促进产品的销售,诸多企业也热衷于建设自身的全球网络。如可口可乐、百事可乐等都通过遍及全球的物流网络拓展服务范围。沃尔玛(Wal-Mart)和其他的主要零售商建立了其自己的自由贸易区。国际物流量的增加,使物流业在美国占有越来越重要的地位。20世纪90年代以来,第三方物流(TPL)在美国得到迅速发展,整个美国TPL的收入从1994年的约160亿美元增长到1995年的250亿美元。

近年来,随着美国服务经济(service economy)的发展,美国经济增长的百分比主要归功于提供服务而不是商品制造,使物流对国民经济和企业的发展起到了更大的作用,也使大多数物流领域围绕着产品有序流动的组织和管理来发展。服务存在于国际、国内市场之内,存在于运输、仓储等物流服务之中。然而,目前服务经济发展的服务不只是货物的流动,可能服务的提供者也是流动的,或者是被服务者是流动的。过去,物流过程的服务离不开存储,但目前有的服务需求如信息咨询服务是不能被储存的。另外,服务工厂(service factory)概念的产生,企业柔性制造、小批量、多品种的生产方式及顾客对物流业快速反应的要求也对物流业的服务水平提出了更高的要求,这些都促使物流业向信息化、自动化及决策上的智能化(如专家系统的应用)方向发展。为了满足物流国际化、服务形式多样化和快速反应的要求,物流信息系统和电子数据交换(EDI)技术,以及 Internet、条形码、卫星定位系统(GPS)、无线电射频技术在物流领域中得到越来越广泛的应用。1998年,R.B. Footlik 在《运营、包装和配送》(*Performance Packaging and Distribution*)一文中指出,过去,配送循环是由物资的流动来左右的,今天,它的推动力是信息的传递。

D. L. Anderson 和 R. G. House 在 1991 年发表的《90 年代的物理》(*Logistics in the 1990s*)一文中提出,到 2000 年,将有约 2 150 亿美元花费到信息系统中,而存储费用却是 2 050 亿美元,这种情况表现了物流战略方向的转变,它从原来的资产密集型战略(如许多的仓库及高的存量水平)向着信息密集的控制系统转变。由于信息交换特别是EDI 的应用,实现了企业和企业之间、计算机到计算机之间的数据传输,使企业能与所有的合作伙伴,不仅是顾客,而且包括供应商、运输方、公共仓库及其他方面进行信息传递。由于 EDI 技术应用的飞速发展,除了使企业本身节省大量物流费用、提高竞争能力外,在物流领域也促进了供应链及其管理的理论与实践的发展。物流国际化使企业的物流成本大大提高。据统计,美国国内产品销售的物流费用约占总成本的 5%—6%,而国际性产品的物流费用则占总成本的 10%—25%。服务多样性及服务水平的高要求,也对物流管理提出了更高的要求。因此,在物流理论和决策方法的研究,如物流总成本分析、供应链管理及一体化、物流服务水平的含义及评估方法、人工智能及专家系统在物流决策中的应用等方面都取得了许多成果。在《美国运输部 1997—2000 财务年度战略规划》中,美国运输部长 R. E. Slater 提出,美国应建设一个国际性的以多式联运为主要形式、以智能为特征并将环境包含在内的运输系统,该系统将是世界上最安全、最易得、最经济和最有效的系统。他同时指出,数据及信息的收集和传播、知识的创新和共享对国际运输业的发展是非常重要的。该报告对推动美国运输业和物流业的发展起到了重要的指导作用。在物流管理发展方面,欧洲与美国有异曲同工之处。

二、日本物流管理发展现状

日本的物流概念虽然在20世纪50年代才从美国引入,但发展迅速,而且形成了自身独特的管理经验和方法。日本已发展成为现代物流的先进国家,分别经历了物流概念的引入和形成阶段(1953—1963年);以流通为主要的发展阶段(1963—1973年);物流合理化阶段(1973—1983年)和物流现代化阶段(20世纪80年代中期至今)。

在物流合理化阶段,日本经济发展迅速,并进入了以消费为主导的时代。虽然物流量大大增加,但由于成本的增加,使企业利润并没有得到期望中的提高。因此,降低经营成本成为经营战略的重要课题,降低物流成本更成为其重要内容,物流合理化与最优化是这一阶段的主要特点。所以说,这一时期是物流合理化的时代。首先,担当物流合理化作用的物流专业部门开始出现在企业管理中,从而真正从系统整体的观点来开展降低物流成本的活动。同时,物流子企业也开始兴起。这一时期的物流合理化主要是改变以往将物流作为商品蓄水地或集散地的观念,从而在经营管理层次上发挥物流的作用。这集中反映在"物流利润源学说",即物流到目前为止并没有提升到管理范围,从而使流通过程的"黑暗大陆"阻碍因素很多,只有去除这些阻碍因素才可能实现成本降低,为利益增加作贡献。也就是说,在企业第一利润源销售额无法实现的情况下,物流成为企业增加利润的唯一来源。很显然,"物流利润源学说"揭示了现代物流的本质,使物流能在战略和管理上统筹企业生产、经营的全过程,并推动物流现代化的发展。

在推进物流合理化的过程中,全国范围内的物流联网也在蓬勃发展。其宗旨在于推进订货、发货等业务的快捷化,以及削减物流人员,降低劳动力成本。特别是以大型量贩店为中心的网上订货、发货系统的应用在这一时期最为活跃。1983年,日本物流企业已经发展到5万多家,从业人员约105万人,货运量达34亿吨,货运周转量达4 223亿吨/千米;一般较大的物流企业都在全国各地设有自己的分企业或支社,面向全国乃至国外开展物流业,如通运公司、两派公司、大和运输等。这样,在日本形成了多渠道、多层次、多形式、工商齐办的现代化物流系统网络。在物流管理政策方面,1977年,日本运输省流通对策部公布了《物流成本计算统一标准》,这一政策对于推进企业物流管理有着深远的影响。原因是当时许多企业正热衷于从事物流成本控制研究,各个企业都制定了自己独特的成本控制体系,因而出现了成本概念不一致的状况,各企业所计算出的成本缺乏相互对比的基础。另外,在一般企业中,尽管物流成本的核定是以物流合理化为前提的,但是由于缺乏统一、明确的会计成本核算标准和方法,对物流成本的计算是不完全的,进而影响了物流合理化的发展。正是在这种状况下,日本运输省制定了《物流成本计算统一标准》。由于企业和政府的共同努力,使物流管理得到了飞跃性的发展,也使日本迅速成为物流管理的先进国家。在这一时期,日本物流学会成立,同时有关物流的科研工作也得到了较大发展。通过建立专门的物流研究所,召开全国性、地区性或国际性物流会议、物流奖励大会等,宣传物流的重要意义,讨论和解决理论与实践中的问题。

20 世纪 80 年代以来,日本企业的生产经营发生了重大变革,消费需求差异化的发展,尤其是 20 世纪 90 年代日本泡沫经济的破灭,使以前那种大量生产、大量销售的生产经营体系出现了问题,产品的个性化、多品种和小批量成为新时期的生产经营主流。这使得市场的不透明度增加,在库盘存的观念越来越强,其结果是整个流通体系的物流管理发生了变化,即从集化物流向多频度、少量化、短时化物流发展。在销售竞争力不断加剧的情况下,物流服务作为竞争的重要手段在日本得到了高度重视,这表现在 20 世纪 80 年代后期日本积极倡导高附加值物流和 Just-in-time 物流等方面。但是,随着物流服务竞争多样化,高昂的物流成本已成为这一时期的特征。在日本,有把这一时期称为"物流不景气"时代的说法,即由于经营战略的要求,使物流成本上升、出现赤字。因此,如何克服物流成本上升、提高物流效率,是 20 世纪 90 年代日本物流面临的一个最大的问题。1997 年 4 月 4 日,日本政府制定了一个具有重大影响力的《综合物流施策大纲》。该大纲是根据

1996年12月17日日本政府《经济构造的变革和创造规划》中有关"物流改革在经济构造中是最为重要的课题之一"而制定的。大纲中指出,到2001年为止,既要达到物流成本的效率比,又要实现不亚于国际水准的物流服务,为此,各相关机关要联合起来共同推进物流政策和措施的制定。该大纲是日本物流现代化发展的指南针,对于日本物流管理的发展具有重要的历史意义。大纲提出了到2001年日本物流发展的三项基本目标:① 在亚太地区实现便利且充实实力的物流服务;② 实现对产业竞争不构成阻碍的物流成本;③ 减轻环境负荷。为实现上述目标,大纲中还制定了实施措施的三项原则,包括:通过相互合作来制定综合措施;为确保适应消费者需要的有效运输体系,以及创造良好的交通环境,由公路、航空、铁路等交通机构合作共同制定综合交通措施;通过竞争促进物流市场活性化。大纲中提出的具体措施有:实现社会资本的合作与集中使用,消除物流瓶颈,建设国际港口、机场及相应的用于疏港疏场的高规格道路,推进主要干线铁路、公路的建设,提高运输能力;建设大都市圈物流中心,在法规和政策上进一步推动物流的效率化;物流系统要实现信息化、标准化;实施无纸贸易;对都市内物流,要建立道路交通的畅通机制,提高汽车装载效率,提高物流服务质量,减轻环境负担;对地域之间的物流,要进一步完善多种方式运输的竞争条件,实现多式联运,促进水路、铁路货运,建立区域性物流中心及道路;对于国际物流,要进一步缩短物流的时间和成本,纠正内外价格差,提高产业地区的竞争力。值得一提的是,大纲中特别提到要建立各机构、各部门合作的政策推进体制,推进各政府机关、地方团体、物流业者和货主联合采取物流现代化措施,形成整体效应。

三、欧洲物流管理发展现状

欧洲物流发展的鲜明特点是服务和覆盖范围不断扩大,形成了不同的物流发展阶段。

(一) 工厂物流(Factory Logistics)阶段(20世纪50—60年代)

这一时期,欧洲各国为了降低产品成本,开始重视工厂范围内的物流过程的信息传递,对传统的物料搬运进行变革,对工厂内的物流进行必要的规划,以寻求物流合理化途径。在这一阶段,储存与运输分离,各自独立经营,是物流发展的初级阶段。

(二) 综合物流(Integrate Logistics)阶段(20 世纪 70 年代)

这一时期,欧洲经济快速发展,商品生产与销售进一步扩大,多个工厂联合的企业集团或大企业内部物流已经不能满足集团对物流的要求,因此出现了综合物流,即基于工厂集成的物流。为了适应制造业对物流服务的快节奏需求,仓库已经不再是静止、封闭的储存模式,而是动态的配送中心,需求信息不只看订单,还从配送中心的装运情况获得信息。物流的来源出现了由承运人提供的新模式,从而为物流成本的降低探索了一条新途径。

(三) 供应链物流(Supply Chain Logistics)阶段(20 世纪 80 年代)

20 世纪 80 年代,在欧洲开始应用供应链物流概念,这主要源于随着经济和流通的发展,不同企业都在进行物流革新,建立物流系统,由于流通渠道中各经济主体都拥有不同的物流系统,必然会在经济主体的联结点产生矛盾。为了解决这一问题,有必要发展联盟型的物流新体系,供应链物流应运而生。通过供应链物流的合作来提高效率是这一时期的特点。

(四) 全球物流(Globalization Logistics)阶段(20 世纪 90 年代)

20 世纪 90 年代以来,全球经济一体化的发展趋势十分强劲,欧洲企业纷纷在国外特别是在劳动力比较低廉的亚洲地区建设生产基地,生产零部件,甚至根据市场预测和地区优势分析在国外建立总装厂。由于从国外生产基地直接向需求国发送的商品增加迅速这一趋势大大增加了国与国之间的商品流通量,又由于国际贸易的快速增长,全球物流应运而生。全球物流就是全球消费者(一般指国家)和全球供货源之间的物资流和信息流,这一时期欧洲的供应链着眼于提供产品和物流服务的整体能力。当时欧洲制造业已发展到精益制造(Lean Manufacturing),客户的物流服务要求及时供货。这一时期物流中心的建设迅速发展,并形成了一批规模很大的物流中心。例如荷兰的鹿特丹港物流中心,石油加工配送量为 6 500 万吨/年,汽车分销量为 300 万辆/年,橙汁与水果分销量为90万吨/年,已成为欧洲最重要的综合物流中心之一。这一时期的欧洲物流在供应链管理上采用供应链集成的模式,供应方、运输方通过交易寻求合作伙伴。由于主导者和主导权是供应链管理的前提条件,主导权模糊不清,就无法维系整个供应链的运转,建立起强有力的管理组织。因此,20世纪90年代,欧洲提出设立首席物流主管(Chief Logistics Officer)作为供应链管理的主导者,这一时期物流的需求信息直接从顾客消费点获取,信息交换采用EDI,产品跟踪应用射频标志技术,信息处理广泛应用Internet和物流服务方提供的软件。这一时期是欧洲实现物流现代化的重要阶段。

(五) 电子物流(E-logistics)阶段(20世纪90年代末至今)

目前,基于互联网和电子商务的电子物流正在欧洲兴起,以满足客户越来越苛刻的物流需求。物流采用电子商务服务,它是由供应方提供并实现供应/运输交易的最优化供应链管理的进一步扩展,可实现物流的协同规划、预测和供应。组织机构采用横向供应链管理模式,需求信息直接从顾客消费点获取,采用在运输链上实现组装的方式,使库存量实现最小化,信息交换采用数字编码分类技术和无线因特网,产品跟踪利用激光制导标志技术。从国外物流发展过程中可得到如下启示:① 物流和物流业的发展必须在政府的宏观指导下进行。政府对物流发展作出规划和提出实施原则,以指导行业的发展,同时又要制定必要的政策法规对物流进行监控、协调和管理,从而促进市场经济及物流业的发展。从美国、日本、欧洲物流发展的过程中可以清楚地看到政府在上述方面所起到的强有力的作用。如《美国运输部1997—2002财政年度战略规划》已成为美国物流现代化发展的一个指南。日本政府1997年制定的《综合物流施策大纲》成为日本物流现代化发展的指针。欧洲提出首席物流主管模式解决供应链管理中的主导者和主导权问题,强化了政府对物流的管理。② 相应的物流管理组织对物流业发展起到了良好的促进作用。它们可以是政府组织的,也可以是民间组织的,如美国成立的国家实物配送管理委员会(后更名为国家物流管理协会)、欧洲成立的协作物流委员会等。③ 政府重视物流基础设施的规划与建设,采用政府投资和社会集资相结合的方式,有重点地加快物流基础设施建设。例如,日本政府在物流近代化和现代化阶段均在全国范围内开展高速道路网、港口设施、流通聚集地、大都市圈物流中心等物流设施的建设,使日本在较短的时间内就成为物流先进国家。物流业的发展不仅取决于经济的发展水平,而且也取决于科学技术的发展水平,欧洲物流发展的5个阶段充分说明了这一点。例如没有网络和电子信息技术就不可能出现电子物流。

四、我国物流管理发展现状

我国从20世纪70年代末从国外引入"物流"概念,80年代开展物流启蒙和宣传普及,90年代物流起步,21世纪初物流"热"开始升温。根据我国物流现状和蓬勃发展的趋势来看,可以说,我国的物流已经从起步阶段转向发展阶段。

(一)现代物流发展的政策环境日趋完善

1. 领导重视我国现代化物流的发展

如2002年2月25日,江泽民、朱镕基等同志在"国际形势与WTO"专题研究班上的讲话指出,要大力支持和推动集中配送等现代流通方式;同年,吴仪同志在国家经贸委举办的"跨国零售企业采购会"上作了重要讲话;2003年7月15日,吴仪同志在"2003年跨国公司对华投资座谈会上的讲话"着重指出:"随着经济全球化和科学技术的发展,物流环境已经成为制约全球特别是高新技术企业国际竞争力的重要因素,尤其是跨国公司,更加注重便捷的现代物流环境。"

2. 制定政策推动现代物流业的发展

2001年,原国家经贸委会同铁道部、交通部、信息产业部、原外经贸部、民航总局联合发布了《关于加快中国现代物流发展的若干意见》;2002年,原国家经贸委等六部门联合颁布了《关于加快发展我国集装箱运输的若干意见》;2002年,原国家经贸委发布了《关于开展试点外商投资物流企业工业工作有关问题的通知》;商务部在加强连锁企业内部配送中心建设、促进国际货运代理发展和物流市场有序开放等方面采取了诸多措施。

继2004年9月国家发改委联合九部委推出的《关于促进我国现代

物流业发展的意见》之后，又一部中国现代物流发展的重要文件——由国家发展和改革委员会编制的、我国第一部国家级的现代物流发展规划《我国现代物流发展规划》，在经过近3年的不断补充、修订、完善和近20稿的反复推敲后，于2005年正式出台。在这份规划中，对我国现代物流发展的指导方针、发展目标、主要发展任务和现代物流发展的重点区域和城市，进行了较为详尽的规划，对于我国现代物流发展的前景具有十分重要的指导和推进意义。

3. 物流市场更加接近全面开放

2004年12月11日以后，我国在WTO协议中承诺的涉及物流的大部分领域已经全面开放，中国物流市场更加接近全面开放。这一方面有效支持了我国国内与国际物流领域的进一步活跃和繁荣，促使物流需求更加旺盛，但同时也面临国外企业进入国内物流服务市场所引发的严峻局面。外资企业为这一时机的来临已经苦心经营多年，并已取得了一定的市场基础和运作网络，国外物流企业的进入，将加剧已经趋近白热化的物流服务市场竞争。与此同时，借助CEPA实施和泛珠江三角洲"9+2"协作发展的契机，香港地区的物流企业也将积极赴内地发展，更加全面地进入内地物流服务市场。到目前为止，世界知名的跨国物流企业如马士基、APL、TNT、FEDEX、UPS、DHL等，都已经进入中国市场并获得较快发展。从2005年开始，国外物流企业将发挥自身的资金、技术和人员优势，通过投资的扩大与机构的提升逐步向独资经营迈进，并开始根据需要并购国内物流企业，以加快构筑其在中国的运作网络。

4. 物流标准逐步建立

中国标准化协会物流技术标准化工作组的成立，为各部门、各行业和企业提供了一个协商、讨论、研究和协同制定技术标准的平台，标志着我国物流技术标准化工作进入了一个新的发展阶段，将对我国物流技术发展产生积极的推动和促进作用。

(二) 物流基础设施建设继续推进

经过多年发展，目前我国已经在交通运输、仓储设施、信息通讯、货物包装与搬运等基础设施建设方面取得了长足的发展，为物流业的发展奠定了必要的物资基础。据统计,1991—2002年,铁路营运里程从5.78万千米上升到7.19万千米,增长了24.4%,年均增长2%;公路营运里程从104.1万千米上升到176.5万千米,增长了69.5%,年均增长约5.79%;内河航道营运里程从10.97万千米上升到12.16万千米,增长了10.8%,年均增长约1%;民用航空线营运里程从55.91万千米上升到163.77万千米,增长了近2倍,年均增长16%;输油管道营运里程从1.62万千米上升到2.98万千米,增长了近84%,年均增长7%。在此期间,民用货运汽车拥有量从398.62万辆上升到812.22万辆,增长了1倍多,年均增长8.6%;铁路货车拥有量从370 054辆上升到459 017辆,增长了24%,年均增长2%。

2003年,我国铁路营运里程达7.3万千米,比1978年增加41%;公路营运里程达179.6万千米,比1978年增加102%,其中高速公路3万千米;内河航道营运里程12.2万千米。我国还建成了一批铁路、公路站场和货运枢纽、海运和内河港口以及机场。2003年,沿海港口万吨级及以上深水泊位达近600个。运输线路和作业设施有了较大的改善。以发展现代物流为核心的物流园区、物流中心、配送中心等大批涌现。

(三) 区域物流合作趋势逐渐增强

珠三角、长三角和环渤海地区,是我国最主要的经济发达地区,也是现代物流最为强劲的"增长极"。

1. CEPA触发珠三角物流新的整合

内地与香港地区和澳门地区相继签署的《关于建立更紧密经贸关系的安排》(简称CEPA),意味着内地对港澳地区提前实施承诺,也是"大珠三角"物流区域更紧密合作的新机遇。香港作为世界性的物流枢纽,一直是广东省最大的贸易伙伴,香港处理的集装箱有70%来自广东省或华南地区,同时,广东省很大一部分贸易业务来自香港。

从目前中国物流市场的构成来看,相当一部分制造业和商业仍在采用自营物流模式来满足自身的经营需要,很大一部分物流需求有待释放,相关物流企业的进入则有助于使这种转变成为现实。香港地区物流企业的服务水平首先会促进内地一部分思维观念较为先进的工商企业释放自营物流,随着先进企业示范效应的不断扩大,逐渐会有更多的内地工商企业将自营物流外包出去,但香港作为特别行政区,市场供给的扩张能力毕竟有限。因此,从长远来看,CEPA的开放承诺将为内地物流企业带来更多机遇。

2. "长三角物流圈"被提到议事日程

长三角的崛起,始于轰轰烈烈的浦东开发和开放。良好的工业基础、独特的区位优势和国际都市地位,使上海在长三角区域处于龙头地位。以上海为龙头,由江苏、浙江两省14个城市组成的长三角经济圈,以共赢为目标,努力突破行政区划限制,通过区内资源的整合与调配,初步形成了不同城市的定位和分工,区域核心竞争力明显增强。

目前,全球最大的20多家班轮企业已进驻上海口岸,境外航运商在上海设立子公司或办事处已达100多家、货运代理2 500多家,跨国企业设立的采购机构达200多家。如何促进长三角物流一体化发展,被提到议事日程上。2003年8月,江苏、浙江、上海三地物流主管部门齐聚杭州,召开会议,共同探讨"长三角物流圈"有关事宜。会议决定,建立长三角物流合作联系制度,实现长三角物流区的突破、行政区域禁锢的突破,打破各种界限与壁垒,实现"无障碍物流"、"无缝隙服务",促进长三角物流走向全国前列。2009年3月25日国务院总理温家宝主持召开国务院常务会议,审议并原则通过关于推进上海加快发展现代服务业和先进制造业、建设国际金融中心和国际航运中心的意见。上海加快发展现代服务业和先进制造业,建设国际金融中心和航运中心,对于发挥上海的比较优势和示范带动作用,更好地服务长三角地区、服务长江流域、服务全国,具有重要意义。

3. 环渤海地区物流逐步向"东北亚经济圈"融合

环渤海地区紧邻日韩"东北亚经济圈",背靠东北和华北广大腹地,有着无可替代的物流优势,这里成为日资和韩资企业登陆中国的首选地。目前,韩国三星电子集团在天津投资设立的企业有17家之多。其他知名的日韩企业,如丰田、富士、爱普生、大宇重工等纷纷在环渤海地区落户。在烟台,韩国开办的独资、合资企业达2 500家。这些企业成为当地物流企业重点开发的客户资源,许多物流项目已成功实施。在天津空港开设国际航班的航空公司有国航、大韩航空、全日空和日航四家。以快递和空运代理起家的大通国际运输有限公司在前三家中的货运量均居第一位。在大通天津企业物流客户中,以韩国三星集团为代表的电子类企业占据主流。积极融入东北亚经济圈,在东北亚物流中发挥更大作用,是环渤海物流发展的明显趋势。

 本章小结

物流是指物品从供应地向接收地的实体流动过程,根据实际需要,将运输、储存、装卸、搬运、包装、流通加工、配送、信息处理等基本功能有机结合,形成完整的供应链,为用户提供多功能、一体化的综合性服务。

物流的总体效用主要表现为创造时间效用和创造空间效用两个方面。

物流对宏观经济的作用表现为:

1. 物流是国民经济的基础之一
2. 物流现代化可以改善国民经济运行的水平,有效地改善国民经济的产业结构
3. 特定条件下,物流是国民经济的支柱

物流对企业的作用是:

1. 物流是企业生产的前提保证
2. 物流可以降低成本,提高企业利润
3. 物流是发展企业的重要支撑力量

物流按经济属性可划分为宏观物流(External Logistics)和微观物流(Internal Logistics);按活动的空间范围可划分为城市物流、区域物流、国内物流、国际物流;按照从事物流的主体可划分为第一方物流、第二方物流、第三方物流和第四方物流;按物流活动在企业中的地位可划分为供应物流(Supply Logistics)、生产物流(Production Logistics)、销售物流(Distribution Logistics)、回收物流(Returned Logistics)和废弃

物物流(Waste Material Logistics)。

物流学科体系框架分为四个层次：第一,物流学科体系的核心层；第二,物流学科体系的支柱层；第三,物流学科体系的理论基础层；第四,物流学科体系的相关学科层。

物流学科的研究对象是物流系统,物流系统本身是一个非常复杂的系统,它包括供应物流系统、生产物流系统、销售物流系统、回收和废弃物物流系统等。物流学科研究从原材料采购到生产、流通直至消费的供应链全过程中的"物"的时间和空间转移规律。

物流学的主要观点：

1. 黑大陆和物流冰山说
2. 商物分流说
3. 第三个利润源说
4. 效益背反说和物流的整体观念
5. 物流成本削减的乘法效应理论

物流管理的发展经历了：

1. 后勤管理(Logistics Management)阶段
2. 物流管理(Logistics Management)阶段
3. 供应链管理(Supply Chain Management)阶段

现代物流管理,从宏观上来讲就是运用管理的基本原理和方法,以物流系统为研究对象,研究现代物流活动中的技术问题和经济问题,以实现物流系统的最佳经济效益。从微观上讲,现代物流管理就是运用计划、组织、控制三大管理职能,借助现代物流理念和现代物流技术,通过运输、搬运、储存、保管、包装、装卸、流通加工和物流信息处理等物流基本活动,对物流系统各要素进行有效组织和优化配置,来解决物流系统中供需之间存在的时间、空间、数量、品种、价格等方面的矛盾,为物流系统各类客户提供满足要求的物流服务。

物流管理在本质上还是要实现下列的功能目标：快速响应、最小变异、最低库存、整合资源、质量保证、生命周期的支持等等。

思考题

1. 举例说明，日常生产生活中，你看到了哪些物流活动？
2. 结合实际说明物流对企业的作用。
3. 物流的类型。
4. 物流学科体系框架。
5. 物流学科的研究对象。
6. 物流学的主要观点。
7. 现代物流管理的内容。
8. 现代物流管理目标。

练 习 题

一、单项选择题

1. 从20世纪初到现在近一个世纪的时间内，物流概念的产生与发展经历了三个阶段。其中，物流概念的产生阶段是（　　）。

   A. 20世纪初—20世纪30年代
   B. 20世纪初—20世纪50年代
   C. 20世纪30年代—20世纪70年代末
   D. 20世纪60年代—20世纪70年代末

2. 从20世纪初到现在近一个世纪的时间内，物流概念的产生与发展经历了三个阶段。其中，物流概念的确立阶段是（　　）。

   A. 20世纪初—20世纪30年代
   B. 20世纪初—20世纪50年代
   C. 20世纪30年代—20世纪70年代末
   D. 20世纪60年代—20世纪70年代末

3. 物流学科的研究对象是（　　）。

   A. 物流作业　　　　　　　B. 物流现象
   C. 物流技术　　　　　　　D. 物流系统

4. 针对在生产、供应和销售过程中产生的各种边角余料、废料、残损品的处理等发生的物流活动是（　　）。
　　A. 废弃物流　　　　　　B. 回收物流
　　C. 第三方物流　　　　　D. 第四方物流
5. 由物流的供应方与需求方以外的物流企业提供物流服务是指（　　）。
　　A. 第一方物流　　　　　B. 第二方物流
　　C. 第三方物流　　　　　D. 第四方物流
6. 下列关于商流和物流之间关系的描述中,错误的是（　　）。
　A. 商流和物流是同一个生产资料流通过程中相伴发生的两个方面。
　B. 一般来讲,商流和物流是前后继起的运动。
　C. 商流要受物流的制约,而物流要靠商流来完成。
　D. 商流的价值运动方向和规模,决定着物流运动的方向和规模。

二、多项选择题
1. 物流作为一种社会经济活动,对社会生产和生活活动的效用主要表现为创造（　　）。
　　A. 直接效用　　　　　　B. 间接效用
　　C. 边际效用　　　　　　D. 时间效用
　　E. 空间效用
2. 物流对宏观经济的作用主要表现为（　　）。
　　A. 物流是国民经济的基础之一
　　B. 物流是企业生产的前提保证
　　C. 特定条件下,物流是国民经济的支柱
　　D. 物流关系到国民经济运行质量
　　E. 物流对营销策略有重要支撑作用
3. 物流对企业运营的作用主要表现为（　　）。
　　A. 能降低企业物流作业成本而提高利润
　　B. 物流是企业生产经营的前提保证
　　C. 物流能提高物资利用率

D. 物流能弥补生产领域不足

E. 物流对营销策略有重要支撑作用

4. 按物流活动经济属性的不同,可以将物流分为(　　)。

A. 供应物流　　　　　　B. 生产物流

C. 销售物流　　　　　　D. 宏观物流

E. 微观物流

5. 按物流活动空间范围的不同,可以将物流分为(　　)。

A. 城市物流　　　　　　B. 乡村物流

C. 国内物流　　　　　　D. 国际物流

E. 区域物流

6. 按从事物流作业的主体的不同,可以将物流分为(　　)。

A. 第一方物流　　　　　B. 第二方物流

C. 第三方物流　　　　　D. 第四方物流

E. 第五方物流

三、是非题(A 为正确,B 为错误)

1. 物流过程,是从包装开始,通过装卸、运输、储存等环节,将商品送达买者的全过程。(　　)

2. 物流现象虽然早已存在,直到 19 世纪初,物流的概念才最早在美国被正式提出。(　　)

3. 宏观物流是更贴近具体企业的物流,其研究领域十分广阔。(　　)

4. 第二方物流是指供应方(生产厂家或原材料供应商)由专业物流企业,提供运输、仓储等单一或某种物流服务的物流业务,也称卖方物流。(　　)

5. 废弃物流是针对在生产、供应和销售过程中产生的各种边角余料、废料、残损品的处理等发生的物流活动。(　　)

6. 第三方物流也被称为合同制物流。(　　)

第一章 物流概述

案例分析题

美的电器的第三方物流

从20世纪90年代末期开始的家电行业价格战,一方面把家电这一原来百姓眼中的"几大件"变成了普及的物品,另一方面此起彼伏的价格战也把整个行业拖进了深渊。

成本的过快增长在相当程度上抵消了销售额的增长,直接成为利润下降的罪魁祸首。以2000年为例,空调大战导致美的公司主营业务利润从上一年同期的22.19%降至17.89%。彩电大战使行业老大、老二绩优不保,四川长虹、深圳康佳净利润分别下降40.69%及40.53%,毛利率分别降至17.34%及17.28%。深圳康佳甚至出现了大额的亏损。

在这种情况下,各家电企业纷纷采取措施进行自救。由于物流能够大幅降低成本,物流成了很多家电企业的"救命稻草"。其中比较典型的有两种类型:一种是以海尔公司为代表的通过成立物流本部,进行事业部层面的供应链整合,来提高物流效率;另一种就是以美的为代表的通过第三方物流的专业化管理来降低物流成本。

1. 五年三大步

供应链上物流的速度以及成本一直是令中国企业苦恼的"老大难"问题。据统计,中国制造企业有90%的时间花费在物流上,只有10%用于制造;中国企业物流仓储成本占据了总销售成本的30%—40%。中国企业本来在基于产品创新的超额赢利方面较之发达国家企业就不占优势,而供应链上的支出又使得原本不丰厚的利润变得更加微薄。

中国有其特定的国情,落后的基础设施、破碎且混乱的分销体系、不成熟的3PL能力、地方保护主义、不稳定且不严格执行的法律都给中国企业供应链体系的成熟与完善设置了障碍。

在上市以后,美的公司(000527)为了既可满足消费者对产品越来越苛刻的差异化需求和愿意支付的价格,又可确立在接近饱和的中国家电业生存空间中的独特地位,在管理层融资收购改革(MBO)的同时,用 5 年的时间进行了一场"低成本差异一体化"的物流完善之路,即通过不断完善的物流设计保证公司总成本领先,又能实行适度差异化。

美的集团进行改组,使用"事业部制"和分级法人提高反应速度。各"事业部"均通过相对独立的后勤体系来覆盖市场。

2. 1998—1999 年虚拟物流中心

空调、风扇这样季节性强的产品,断货或者压货是常有的事。各事业部的上千个型号的产品,分散在全国各地的 100 多个仓库里,有时一个仓库甚至就是只存两三种商品的"窗口",光是调来调去就是一笔巨大的开支。而且因为信息传导渠道不畅,传导链条过长,市场信息又常常误导工厂的生产,造成生产过量或紧缺。

为减少无效物流,在保证事业部销售的前提下,美的在 1998—1999 年走出了物流完善的第一步,开始建立"内部虚拟物流中心",通过物流中心内部整合资源,初步改善物流环节中不合理方面,并为长期物流发展作准备。内部虚拟物流中心以满足事业部所有日常销售的仓储运输要求为最高目标。

内部虚拟物流中心以各事业部原有物流人员与操作流程为基础,并分别运作以保证与现在工作的连续性。物流中心的组织定位是行政上隶属集团,业务上服务于事业部。

虚拟物流中心的主要工作包括:① 开始进行本部和外部仓库的全面整合,并合理设计全国的仓储网络。② 与第二方物流公司的集中的业务联系;在不改变刚签订的物流合同的情况下,统一开展与第二方物流公司的业务,实现统一标准管理。③ 物流业务流程及规范的标准化:制定流程、规章、职责等。

值得注意的是,在这一阶段,内部虚拟物流中心对仓库管理进行全面的整合,包括统一租赁、管理、监控等。并且在不具备整合的 IT 系统支持下(此时 ORAGLE 系统正在上马),各事业部物流人员仍按照原有流程执行发货运输。发货计划也暂时没有整合。

3. 2000—2001年神来之笔般的安得物流

在美的重整供应链的一系列"润物细无声"的动作中，安得物流公司的成立，是尤其令人侧目的一个亮点。2000年美的通过建立自己的第三方物流公司——安得物流，不仅解决了别的企业为之头痛的物流成本居高不下的问题，而且还造就了一个新的利润增长点。

安得物流公司的主要业务是建立自己的平台，包括仓储平台和网络平台。美的把各个事业部原先分散的仓储资源整合起来交给安得，使安得在全国建立了比较健全的仓储网络。安得还掌管家庭事业部的全部运输业务和空调事业部1/3的运输业务。

安得的出现使得美的公司总部的物流工作量大量减少，工作趋向监督、管理。美的公司总部的工作就变为了整合、招标：① 物流的全面整合集成化，包括发货运输计划整合和仓储整合；② 集中招标管理第二方物流公司，对物流公司进行统一招标管理、评估及合同签订；③ 集成的IT系统实施应用。IT系统支持事业部各自的库存补货计划自动化，并根据不同的发货计划指定运输计划。安得的出现还使美的公司根据安得的价格，可以去压外面运输公司的价，使得运输费削减了10%以上，一年下来就可以节省几百万元。

同时，服务水平也提高了。家庭电器事业部的仓储业务以前也是外包，现在2 000多万台产品的运输、仓储全部交给安得，安得24小时发货，做到货物先进先出，减少积压折价的压力，还实现电脑管理、信息反馈，这些是以前没法做到的。美的以前的装车时间需要60分钟，现在加快到每20分钟装一车，以前上午10点前能发车的很少，现在早上8点半就可以大批发车了。

由于储运资源的整合，在物流公司投入运行的半年内，美的各事业部运输成本平均下降了10%，全集团的仓储成本也下降10%。

但是由于历史原因，有些运输公司与销售客户有着捆绑的关系，安得还不能把整个美的集团的储运业务全部整合，因此对运输的管理还不到位。在这个阶段，美的一般采取招标的形式来选择物流服务商，安得也是竞标方之一。

第三方物流公司的招标由总部和事业部共同完成,并按照公开、公平、高效的原则执行物流公司招标,每年定期举行一次。招标小组包括三个事业部的代表,共同起草竞标要求,同时接受应标书,并按另行制定的严格评估标准进行审评。

4. 2002 年以来开创时代的第四方物流

2002 年 11 月 1 日,美的企业集团旗下的成尚科技产业发展集团布下了其物流战略至关重要的一子,该集团旗下的安得物流公司在广州正式成立安得供应链技术有限公司。这家注册资金仅为 160 万元的新公司一亮相,就在华南物流界引起强烈反响。其业务定位在"为客户提供高端服务"的"第四方物流"——这在国内物流业尚属首次。

国内第四方物流还处在摸索阶段,供应链和物流大家都在谈,但核心的一点就是技术。病人找医生看病,医生开了处方,然后病人拿着处方去药店抓药——第三方物流是药店,而供应链公司就是开处方的医生。

第四方物流公司本身可能,或者说现在只是一个概念。但这是一个信号,标志着美的公司将以高效高质、低成本和先进的信息技术支持提供全方位最佳的客户物流服务(当然相关的公司自己可以先享用信息+物流的好处)。2002 年中期,安得物流公司开始利用自主开发的信息系统,使美的集团在全国范围内实现了产销信息的共享。有了信息作保障,美的原有的 100 多个仓库精简为 8 个区域仓,在 8 小时可以运到的地方。如此美的集团流通环节的成本降低了 15%—20%。

同时从市场第一线到工厂生产的信息传递链条大大缩短,各事业部更有效地实现了生产,减少了生产环节不必要的浪费——靠制造环节降低成本,以物流增加收入,分享第三利润源的共赢过程。

围绕效益这个考核的第一标准,美的展开了名为"供应链整合"的管理创新活动。采用"成本倒逼法",从产品最后的售价,推导出各环节的造价。在原材料采购环节,通过网上公开招标、投标,杜绝了暗箱操作带来的成本黑洞;在制造环节,进行技术改造,增加合格率,降低消耗。降低成本往往在设计环节中就开始了。

在这个阶段,美的公司总部的工作主要集中在规划和整合方面。

将仓库管理、运输管理及具体运作全权下放到少数几个优秀的第三方物流公司管理,公司总部只负责日常的协调监督和以下几方面的工作:

先进的物流规划——针对物流和零售发展趋势,如电子商务、现代零售业态的飞速发展等,探讨实践应对策略和方案,包括物流规范及流程改进,物流趋势分析,物流管理信息化、网络化、电子商务等的策划与实施。

集团IT系统发展——在物流完善的情况下,依重要次序,开始相关环节的供应链整合,如计划预测衔接、客户服务衔接等。借助于物流外包,美的集团成本控制达到了新境界。

请思考:

1. 结合案例,分析物流包括哪些内容。
2. 结合案例,分析现代物流特征。

第二章

包装与装卸搬运

 学习目的

- 掌握包装的概念和功能
- 掌握包装的分类
- 了解包装材料、容器与装备
- 了解包装技术
- 掌握包装合理化的要求
- 掌握装卸搬运的概念和特点
- 掌握装卸搬运的类型
- 了解装卸搬运承载器具与机械
- 掌握装卸搬运的原则及其合理化

 导引案例

包装不当付出昂贵的学费

资料来源：http://edu114.cn,华夏学习网,2006年12月7日

2005年10月,一台从德国运往安徽省绩溪县人民医院的进口CT机到达目的地。经过安徽检验检疫局现场检验合格。这台价值290万元人民币的进口医疗器械是德国公司的商业赔偿。

2004年绩溪县人民医院利用德国贷款购买了一套进口医疗设备,包括CT机、500mAX光机、C形臂X光机,均为德国某公司生产。

2005年7月11日,这批货物由中外运安徽分公司的两辆厢式货车从上海运出,车厢外用雨布防潮。途中突遇暴雨。到达目的地时,德国公司、运输公司、医院三方同时在场监视卸货。当场发现一部货车的货物外包装被雨水淋湿。当日,检验检疫人员赶到现场,勘查后发现,这个车厢装有4只包装箱:2只木箱、2只纸箱。纸箱被雨水淋湿变形,内部设备可以窥见。其中一只纸箱内无任何防潮保护设施,另一只则只有塑料膜保护。

随后安徽检验检疫局人员对这批货物开箱检验,确认木质包装中的500mAX光机、C形臂X光机外包装虽然受潮,但内部有塑料真空包装并添加防潮剂,真空包装内还有两层密封包装,设备保护完好,可以开始进入安装检验程序。而纸箱包装箱内均为CT机的核心部件,价值占整套设备的三分之一。恰恰是最重要的部分,由于严重受潮,已经无法安装。

这是一起因包装使用不当,导致货物受损的问题。外方违反了双方签订的合同中关于包装"能适应气候变化、防潮、抗震及防粗鲁搬运"的规定。

鉴于德国政府贷款项目购买德国医疗设备的做法在全国尚有多家,为帮助德国公司改进包装,防止此类事件再次发生,安徽检验检疫局立即将此事向国家质检总局报告,建议对德国该公司的Emotion型CT的包装进行风险预警通告。同时,依法出具对外索赔证书,支持进口单位对外索赔。

谈判并不轻松。德国公司坚持认为导致货物残损的原因是天灾,而不是人祸。损失应当由保险公司赔偿。为此,检验检疫人员从维护贸易各方合法权益的立场出发,多次与德国公司相关人员交流,宣传我国的法律和相关惯例,说明检验检疫部门出具证书的依据,坚持应由德国公司承担全部责任。外方终于认赔。

10月2日,更换后全新的CT机全部到货,价值290万元人民币。经检验发现,此次货物的外包装全部更换为木质包装,内包装增加了防潮防湿保护。德国公司从这个案例中汲取了付出"高昂的学费"所取得的教训。

我国每年进口医疗器械的货值达数亿美元。安徽省2004年进口医疗设备的货值达1 436万美元,比上年增长28%。安徽检验检疫局曾经检验出以旧翻新的进口彩超设备,他们对于进口医疗设备的检验把关始终十分严谨。

请你思考问题:
1. 包装在物流运作过程中处于什么阶段?
2. 该公司的包装问题属于包装的哪一项功能能够解决的问题?
3. 该公司的包装材料有哪些?各有什么作用?

第一节 包装的含义

现代物流观念形成之前,包装仅仅被看成生产的终点,包装的设计往往不能满足流通的要求。物流研究者认为,包装与物流的关系比生产更紧密。因此,包装不仅是生产的终点,更是物流的起点。在物流过程中,包装能够保护物品、便利流通、促进销售。

一、包装的概念

(一) 包装的定义

根据我国《包装通用术语国家标准》(GB/T4122.1—1996)对包装的定义,所谓包装是指为了在流通过程中保护产品,方便储运,促进销售,按照一定技术方法而采用的容器、材料及辅助物等的总体名称,也指为达到上述目的而在采用容器、材料和辅助物的过程中施加一定技术方法等的操作活动。

上述定义可以从两个角度来理解。从静态的角度,包装是指盛装商品的容器,通常称为包装物,例如包装袋、包装箱等。从动态的角度,包装是指包扎商品的过程,例如打包、装箱等。

(二) 包装的地位

在社会再生产的过程中,包装处于生产过程的末尾和物流过程的开头,它既是生产的终点,又是物流的始点。包装作为物流系统的重要子系统,与运输、装卸搬运、仓储等有着非常密切的关系。

1. 包装与运输的关系

包装的形状、重量、规格与物品运输有着密切的关系。用一句话概括，就是：包装要便于运输。具体体现在两个方面：一方面，包装应考虑运输方式。为降低运输成本，充分发挥包装的功能，包装应充分考虑运输的方式。例如杂货运输，用货船载运时，就应该用木箱包装；若改用集装箱船载运，货物用纸箱包装就可以了。另一方面，包装要考虑运输工具的容积。包装尺寸要与车辆、船舶、飞机等运输工具的空间容积相吻合，以便于运输，提高效率。

2. 包装与装卸搬运的关系

包装与装卸搬运也有着十分紧密的关系，总体而言，包装要便于装卸搬运，提高作业效率。具体表现在两个方面：一方面，包装须考虑装卸作业的形式。如果用人工装卸，就应按人工可以承受的重量进行包装；如果使用机械装卸，只要交易允许，应尽量包装成大的单位。另一方面，包装尺寸应实现标准化，为集合包装提供条件。

3. 包装与仓储的关系

包装与仓储的关系表现为：包装要便于存储、保管。首先，包装物的各种标志要易于识别、易于存取和盘点。其次，货物的包装要考虑堆码高度。货物在仓库保管，如果需要码高，最下面货物的包装要能承受压在上面货物的总重量。

综上所述，包装在物流系统中不是孤立的，应该运用系统的观点去考虑。包装的大小、形状、重量要考虑以下因素：一要便于运输、装卸搬运和仓储；二要便于堆码、摆放、陈列、提取、携带；三要便于拆卸、回收和再生利用。在包装配套化方面还要考虑包装与运输、装卸搬运、仓储相配套的问题。比如说采用单元化包装可以顺利实现公路、铁路、水运等各种运输方式的转换，完成快速、安全地入库、上架、下架、出库作业，提高装卸搬运效率，减少货物破损。

二、包装的功能

（一）保护物品

保护物品是包装最基本的功能。物品在流通过程中，最容易受到外来因素的影响,例如经过多次的运输、装卸、存取、拆卸、再包装,会受到各种外力的冲击、碰撞、摩擦。维护物品质量、保护物品安全是包装的首要目的。包装的保护功能具体体现在以下四个方面:

1. 防止物品破损变形

这就要求包装能承受在装卸、运输、保管等过程中的各种冲击、震动、颠簸、压缩、摩擦等外力的作用。

2. 防止物品发生化学变化

物流中的物品化学变化一般指受潮、发霉、变质、生锈等。这就要求包装能够较好地起到阻隔水分、潮气、光线以及空气中各种有害气体的作用。

3. 防止有害生物对物品的影响

包装封闭不严,会给细菌、虫类侵入的机会,致使物品变质、腐败。当物品为食物时,鼠、白蚁等生物会直接吞食纸张、木材等包装物,甚至是被包装食物。

4. 防止异物混入、污物污染、丢失、散失

良好的包装能有效地防止异物混入、污物污染、丢失、散失。例如水泥、面粉、糖、盐等,若未包装,受到雨水的浸泡,就会变质。

(二) 便利流通

物品包装具有便利流通的功能,具体体现在以下几个方面:

1. 便于装卸搬运

包装除了能够保护物品,还可以方便装卸搬运。例如采用标准化包装,使用托盘和叉车,就可实现装卸搬运的机械化和自动化,大大提高了作业效率。

2. 便于保管

若使物品包装规格、尺寸标准化,就能方便物品摆放、清点、统计、验收、倒换、堆垛、出入库、上下货架等作业。当物品散乱不齐、形状相异时,若没有采用统一包装,则入库时会造成容积的损失。当包装纸箱尺寸模数与托盘尺寸模数一致时,就可避免面积和容积的浪费,提高保管效益。

3. 便于运输

设计包装的规格、尺寸、形状、重量时,要充分考虑与托盘、集装箱、卡车、火车、轮船、飞机等运输用具和工具的吻合性,还要适当考虑包装的拆解性、组合性、吊装性、拖挂性、稳固性及安全性,保证运输的效率。

(三) 促进销售

包装对于商品而言,还具有识别和促销的功能。这里的包装可称为销售包装,即将包装连同商品一起销售给消费者的包装。销售包装外形美观,包装单位能适应顾客购买批量和商品设施的要求。销售包装的促销功能具体体现在以下几个方面:

1. 吸引消费者目光

良好的包装能被消费者瞩目,从而激发其购买欲望,成为商品推销的得力工具。例如,在超市,在没有导购员、推销员的引导下,新商品的包装是吸引消费者的武器。美国杜邦公司的一项调查表明:63%的消费者是根据商品的包装来选购商品的,这个发现就是著名的"杜邦定律"。一般来说,商品的内在质量是竞争力的基础,但优质商品没有匹配的良好包装,就会削弱竞争力。

2. 方便携带、再使用

随着人体工程学的发展,包装物的人性化设计越来越受到重视,方便携带就是其中之一。商品包装便于消费者携带,可以减少体力,方便运输,从而扩大销售。包装物在被消费者使用完毕后若还能再使用,可增加包装的用途,刺激消费者购买,使包装物在再使用过程中起到延伸宣传的作用。

三、包装的分类

随着物品的品种日益繁多,性能、用途各不相同,对包装的要求也有所不同。包装可以按照不同的标准划分成不同的类型,常见的划分方式有以下几种:

(一) 按包装的功能

1. 工业包装

工业包装又称为运输包装,是以保护商品,方便装卸搬运、运输、仓储等流通职能为主要目的的包装。工业包装首先要保证物品在运输、仓储、装卸搬运过程中保持商品的数量和质量不变。其次，工业包装要注重包装的单元化，即运用包装手段，将单个的商品或零部件用盒、包、袋、箱、桶等方式集成单元，以提高物流管理的效率。最后，工业包装要注意包装标志的运用。包装标志指在运输包装外部采用特殊的图形、符号和文字，以赋予运输包装传达各种信息的功能。包装标志的作用有：识别货物、明示物流中应采用的防护措施。

2. 商业包装

商业包装又称为销售包装，是以促进商品销售为主要目的的包装。商业包装要求使用的包装材料在性质、形态、式样等方面，要能够保护商品、便于流通，更重要的是在图案、文字、色调上吸引消费者，包装单位符合顾客的购买量、商店陈设的要求。成功的商业包装能吸引顾客的注意力，激发顾客的购买欲，方便顾客携带、拆解，还能提高商品的价格。但是，过度的销售包装会造成资源浪费。

（二）按包装的通用性

1. 专用包装

专用包装是根据被包装物品特点进行专门设计、专门制造，只适合于某种专门物品的包装。例如，危险货物的包装桶、水泥的包装袋、药品的包装盒等。

2. 通用包装

通用包装是指不进行专门设计制造，而根据标准系列尺寸制造的包装。通用包装适用于各种无特殊要求的或标准尺寸的物品。例如，集装箱、标准尺寸的纸箱、木桶等。

（三）按包装的层次

1. 小包装

小包装也称单个包装，是物品送到使用者手中的最小单位。一般用袋或其他容器对物品的一部分或全部包裹起来并予以密封，并印有商品标记或说明等信息资料。这种包装一般属于商业包装，注重美观，起到促进销售的作用。

2. 中包装

中包装也称为内包装，是将若干个单体物品或若干个小包装归并为一个较大的单位,置于中间容器中,有时为了更好地保护物品,还需在中间容器中放入软性垫衬材料。中包装是小包装的组合形式,起到保护物品、简化计量和便于销售的作用。例如,运输瓷器时,除了对单个瓷器进行小包装,以若干瓷器为一组的中包装也非常重要,中间容器中还有必要垫衬稻草、纸屑、海绵等缓冲物。

3. 大包装

大包装也称为外包装,是物品的最外层包装。从运输作业角度考虑,大包装是为了保护物品、方便搬运,而将物品置于箱、袋等容器中,并根据需要对容器采取防震、固定、防温、防水等技术措施。外包装一般具有密封、增强功能,且印有标志说明。常见的外包装有集装袋、托盘、集装箱。

(四)按包装的使用次数

1. 一次性包装

一次性包装是指只能使用一次,不再回收利用的包装。这种包装随商品一起出售或在销售过程中被消费掉。大部分的销售包装都是一次性包装,如薯片的包装袋。

2. 多次用包装

多次用包装是指回收后经适当加工整理,仍可重复使用的包装。物品的中包装和外包装基本上都属于多次用包装。

3. 周转用包装

周转用包装是指工厂和商店用于固定周转多次复用的包装容器。这种包装不需要经过任何加工整理,就可多次使用,如装运啤酒的塑料包装箱。

(五)按包装的容器

1. 按包装容器的抗变形能力

按包装容器的抗变形能力可分为硬包装和软包装。硬包装又称为刚性包装,是指质地坚硬,有固定形状和一定强度的包装容器,如铁桶、木箱等。软包装又称为柔性包装,是指材质较软,被包装物取出后,有一定程度变形的包装容器,如各种包装袋。

2. 按包装容器的形状

按包装容器形状可分为包装袋、包装箱、包装盒、包装瓶、包装罐等。

3. 按包装容器的结构形式

按包装容器的结构形式可分为固定式包装和拆卸折叠式包装。

(六) 包装的其他分类

1. 按包装材料

按包装材料可分为纸制品包装、塑料制品包装、金属包装、木制包装、玻璃陶瓷包装和复合材料包装等。

2. 按包装技术方法

按包装技术方法可分为防潮包装、防震包装、防虫包装、防锈包装、防霉包装等。

3. 按商业经营习惯

按商业经营习惯可分为内销包装、出口包装和特殊(如珍贵文物、工艺美术品)包装等。

4. 按产品种类

按产品种类可分为食品包装、药品包装、机电产品包装等。

四、包装材料、容器与装备

(一) 包装材料

包装材料是指用于制造包装容器和构成产品包装材料的总称。包装材料与包装功能存在着不可分割的联系。包装材料种类繁多,常用的包装材料有以下几类:

1. 纸质包装材料

在包装材料中,纸的应用最为广泛,它的品种最多,消耗量也最大。纸质包装材料之所以在包装领域独占鳌头,是因为纸包装具有一系列独特的好处:加工性能好;印刷性能好;卫生安全性好;原料来源广泛;容易形成大批量生产;品种多样;具有一定的机械性能,便于复合加工;成本低廉;重量较轻;便于运输;废弃物可回收利用。

从1999年开始,我国纸包装制品的产值超过了塑料包装制品产值,跃升为包装工业的第一位。纸包装制品产值已占包装工业总产值的三分之一强。纸包装制品的产量,正以平均每年9%的速度递增。

有关专家预测,2009—2010年可实现2 700万吨;2010—2015年将达到3 600万吨。

纸质包装材料主要有三大类:瓦楞纸、蜂窝纸、凹凸纸。瓦楞纸:产量大,使用范围广,是当今世界所采用的最重要的包装制品。蜂窝纸:独特的蜂窝结构使其具有良好的缓冲、减震性能,而且成本低,易回收,可再生,是一种节能环保的包装材料。凹凸纸:以瓦楞纸不可替代的独特优势,迅猛发展,具有广阔的市场前景。

纸包装有优点也有缺点,那就是防潮、防湿性较差。

2. 木材包装材料

木材包装材料是指用于商品支撑、保护,或运载材料的木材和人造板产品等木质材料(不包括纸及纸制品)。木材包装主要有三大类:实木板、胶合板、纤维板。木材是一种生物质材料,具有很好的环境性能,作为包装材料使用时具有很多优势性能:抗机械损伤能力强;可承受较大的堆垛载荷;具有一定的缓冲性能;取材广泛、制作比较容易;易于吊装和回收性能好。所以,木材至今仍是机电设备与工业产品的主要运输包装容器,尤其适用于笨重、易碎及需要特殊保护的物品的包装。

木材包装在国际贸易中被广泛使用,但实木包装材料能携带森林病虫害,近年来其在国际传播扩散的速度和频率呈现加快和增高的趋势。我国于2006年1月1日起实施进境货物木质包装检疫的规定,要求进境货物木质包装应按国际标准在输出国家或地区进行检疫除害处理,并加施 IPPC 专用标志。

我国森林资源相对匮乏,近年来木材供需之间的矛盾也越来越激烈,使得实木在包装工业中的发展得到了限制。然而经干燥、热压等深加工工艺生产的人造板(胶合板、纤维板),因其在资源、结构和检验检疫方面的优势,近年来在包装领域发展迅速。

3. 塑料包装材料

塑料作为包装材料,近几十年来发展很快。常见的塑料包装材料有:聚乙烯(PE)、聚丙烯(PP)、聚苯乙烯(PS)、聚氯乙烯(PVC)及聚酯(PET)等等。塑料包装可以随意放置、可以变形、可以着色、可以手提,同时又由于耐挤可以长距离运输。尽管它一直经受着环境问题的严峻挑战,但近年来的统计数据显示,塑料包装在包装工业中仍成为需求增长最快的材料之一。

随着人类环保意识的增强,环保的、可回收的、再利用的塑料包装不断地被开发出来。比如 HDPE(高密度聚乙烯)瓶、PET 瓶是目前国内外公认的环境保护适应性最优良的塑料包装材料之一。例如,HDPE 瓶通过再生可用来生产栅栏、公园里的长凳及路标;废弃的 PET 瓶可通过循环再生制造成防水布、包装袋、塑料板等产品。

4. 金属包装材料

金属包装材料是指把金属压制成薄片用于物品包装的材料。金属是近代四种主要包装材料之一,目前在世界各国包装材料和包装容器的产量中仍占有相当的比重。常见的金属包装材料有:钢和铝,一般制成金属圆桶、白铁内罐、储气罐、金属箔、金属网等包装物。目前,在世界金属包装材料中,用量最大的是镀锡薄钢板(俗称马口铁)和金属箔。马口铁坚固、抗腐蚀、易进行机械加工,表面易于涂饰和印刷。用马口铁制作的容器具有防水、防潮、防污染等优越性能。金属箔是把金属压延成很薄的薄片,多用于食品包装,如糖果、肉类、乳制品的包装。

我国拥有 13 亿人口的庞大消费群体,拥有丰富的工业产品、农产品及出口商品资源,除了迅速发展饮料行业外,化学、化妆品和医药等产业的发展也为金属包装提供了巨大的增长空间。而且 2008 年北京奥运会、2010 年上海世博会及跨国公司在华投资都极大地带动了包装需求增长,预计未来的 5—10 年将是金属包装战略发展的机遇期。根据 2007 年中国金属包装产业销售收入判断,预计 2015 年产销量将远远超过国家原有规划目标。

5. 玻璃与陶瓷包装材料

玻璃和陶瓷具有耐风化、不变形、耐热、耐酸、耐磨等优点,适合于各种液体物品的包装,如盛装强酸类液体。用玻璃、陶瓷制作的包装容器容易洗刷、消毒、灭菌,能保持良好的清洁状态。玻璃、陶瓷还可以回收复用,降低了包装成本。然而,玻璃、陶瓷也有缺点,那就是耐冲击程度低,碰撞时易碎,自身重量大,运输成本高。

6. 复合包装材料

复合包装材料是指将两种或两种以上具有不同特性的材料复合在一起的特殊包装材料。这种包装材料可以改进单一包装材料的性能，发挥包装材料更多的优点，在包装领域的应用越来越广泛。常见的复合包装材料有：塑料与玻璃复合，塑料与金属复合，塑料与塑料复合，金属、塑料、玻璃复合。

7. 包装辅助材料

除了上述主要的包装材料外，各种辅助材料在包装过程中也发挥着不可替代的作用。包装辅助材料主要有黏合剂、粘合带、捆扎材料等。

（二）包装容器

包装容器是包装材料和造型结合的产物。常用的包装容器主要有以下几类：

1. 包装袋

包装袋是软包装中的重要容器。包装袋材料是柔性的，具有较高的韧性、抗拉强度和耐磨性。包装袋结构一般呈筒管状结构，一端预先封住，在包装结束后再封住另一端。包装袋广泛适用于运输包装、商业包装、内包装及外包装，使用较为广泛。包装袋一般分为三种类型：

（1）集装袋。集装袋是一种大容积的运输包装袋，盛装物品的重量达到1吨以上。集装袋一般用聚丙烯、聚乙烯等聚酯纤维纺织而成，顶部一般装有金属吊环或吊架，便于铲车或起重机的吊装、搬运。卸货时打开袋底的卸货孔，即行卸货，方便快捷。集装袋适用于运输包装。

（2）一般运输包装袋。一般运输包装袋的盛装重量为0.5—100 kg，一般由植物纤维或合成树脂纤维纺织而成，还可以由几层挠性材料编制而成，例如麻袋、草袋、水泥袋等。这种包装袋主要用于粉状、粒状和个体小的货物的包装，适于外包装及运输包装。

（3）小型包装袋（或称普通包装袋）。小型包装袋盛装重量较少，通常用单层材料或双层材料制成。对某些具有特殊要求的包装袋可用多层不同材料复合而成。液状、粉状、块状和异型物等可采用小型包装袋。小型包装袋适用于内包装、个体包装及商业包装。

2. 包装盒

包装盒是介于硬包装和软包装之间的一种包装容器,通常用来包装块状及各种异形物品,容量较小,有开闭装置。包装盒材料有一定柔性,不易变形,有较高的抗压强度,刚性高于袋装材料。其结构一般呈规则几何形状的立方体,也可裁制成其他形状,如圆盒状。其操作采用码入式或装填式,然后将开闭装置闭合。常见的包装盒有纸板盒、铁皮盒、塑料盒等,不适合做运输包装,适合做商业包装、内包装。

3. 包装箱

包装箱是一种重要的硬包装容器,主要用于固体杂货包装,整体强度较高,抗变形能力强,包装量也较大。其包装材料为刚性或半刚性,具有较高强度且不易变形。包装结构与包装盒相同,但外形、容积比包装盒大,两者一般以 10 L 为界限。包装操作主要为码放,然后将开闭装置闭合或将一端固定封住。包装箱适合做运输包装、外包装。包装箱主要有以下四种:

(1) 瓦楞纸箱。瓦楞纸箱是用瓦楞纸板制成的箱形容器。按瓦楞纸箱的外形结构分类有折叠式瓦楞纸箱、固定式瓦楞纸箱和异形瓦楞纸箱三种。

(2) 木箱。木箱是常用的一种包装容器,用量很大。木箱主要有木板箱、框板箱、框架箱三种。比较常见的是木板箱。

(3) 塑料箱。塑料箱一般用做小型运输包装容器,优点是:自重轻,耐蚀性好,能满足反复使用的要求,可制成多种色彩以对装载物分类,手握搬运方便。

(4) 集装箱。集装箱是由钢材或铝材制成的大容积物流装运设备,属于大型包装箱。它是一种可反复使用的周转型包装。

4. 包装瓶

包装瓶是瓶颈尺寸有较大差别的小型容器,属于刚性包装。其包装材料要有较高的抗变形能力,刚性、韧性要求较高。某些包装瓶的材料介于刚性与柔性材料之间,瓶的形状在受外力时还可发生一定程度的变形,但当外力撤除时,仍可恢复原来的形状。包装瓶的瓶颈口径一般远小于瓶身,且在瓶颈顶部开口;包装操作是填灌式,完毕后将瓶口用瓶盖封闭。包装瓶主要用于液体及粉状货物的包装,量一般不大,主要做商业包装、内包装使用。按外形,包装瓶可分为圆瓶、方瓶、高瓶、矮瓶、异形瓶等;按包装材料可分为塑料瓶和玻璃瓶;按瓶口与瓶盖的封盖方式,可分为螺纹式、凸耳式、齿冠式、包封式等。

5. 包装罐(桶)

包装罐是罐身各处横截面形状大致相同,罐颈短,罐颈内径比罐身内径稍小或无罐颈的一种包装容器,属于刚性包装。其包装材料要求有较高的强度,抗变形能力强。包装操作是装填式,然后将罐口封闭。包装罐(桶)主要做运输包装、外包装,也可做商业包装、内包装。包装罐(桶)主要有三种类型:

(1) 小型包装罐。这是典型的罐体,一般用铝板、马口铁等金属材料或塑料、玻璃等非金属材料制成。小型包装罐容量不大,一般是做销售包装、内包装,如包装鱼肉、糖果、牛奶的罐头。

(2) 中型包装罐。外形也是典型的罐体,容量较大,一般用于化工原材料、土特产的外包装,起运输包装的作用。

(3) 集装罐。这是一种大型罐体,外形有圆柱形、圆球形、椭球形等,其中卧式、立式都有。集装罐通常罐体大而罐颈小,采取灌填式作业,而且灌入作业和排出作业往往不在同一罐口进行。集装罐是典型的运输包装,适合液状、粉状及颗粒状货物的包装。

(三) 包装技术装备

包装技术装备是指完成全部或部分包装过程的一类机器。包装过程包括填充、裹包、封口等主要包装工序,以及与其相关的前后工序,如清洗、干燥、杀菌、计量、成型、标记、紧固、多件集合、集装组装、拆卸及其他辅助工序。

包装技术装备具有重要作用,它能大幅度地提高生产效率;改善劳动条件,降低劳动强度;节约原材料,降低产品成本,降低包装成本;提高包装质量,保证产品卫生;节约储运费用;延长保值期,方便产品流通;减少包装场地面积,节约基建投资。

包装技术装备种类繁多,从不同角度考虑可有不同的分类方法,以下主要按包装装备的功能进行分类。

1. 填充技术装备(填充机)

填充技术装备是将精确数量的包装品装入到各种容器内。按计量方式的不同可分为容积式填充机、称重式填充机、计数式填充机。

2. 液体罐装技术装备(罐装机)

这是一种能将液体产品按预定的量充填到包装容器内的机器。按罐装原理可分为重力罐装机、负压力罐装机、等压罐装机、真空罐装机等。

3. 裹包技术装备(裹包机)

裹包机是能用一层或多层柔性材料全部或局部包裹物品的机器。按裹包方式可分为全裹式裹包机、半裹式裹包机、拉伸式裹包机、贴体包装机、收缩包装机、缠绕式裹包机。

4. 封口技术装备(封口机)

封口机是一种能将容器的开口部分封闭起来的机器。按其封口方式可分为无封口材料的封口机、有辅助封口材料的封口机。

5. 贴标技术装备

这种机器能在产品或包装件上加贴标签,一般有半自动贴标机和全自动贴标机两种。

6. 清洗技术装备

清洗技术装备能清洗包装材料、包装件等,使其达到预期的清洗程度。按清洗方式不同可分为机械式、化学式、干式、湿式、电解式、超声式、静电式。

7. 干燥技术装备

这是一种为了减少包装材料、包装件的水分,使其达到预期干燥程度的机器。按干燥方式可分为技术与装备式干燥机、化学式干燥机、加热式干燥机。

8. 杀菌技术装备

杀菌技术装备是为了清除或杀死包装材料、产品或包装件上的微生物,使其降到允许范围内的机器。

第二章 包装与装卸搬运

9. 捆扎技术装备

该装备用于捆扎或结扎封闭包装容器。

10. 集装机械

集装机械可以将若干个产品或包装件包装在一起而形成一个销售和运输单元。

第二节 包装技术与包装合理化

一、包装技术

包装技术是指对物品实施各种包装的技术方法,以发挥包装功能工作的总称。不同的物品有不同的包装技术要求。

(一) 常用包装技术

1. 防震保护技术

防震保护技术又称为缓冲包装技术,是为了减缓内装物品受到冲击和震动,保护其免受损坏所采取的一定防护措施的包装。这种技术在各种包装方法中占有重要地位,一般包括:

(1) 全面防震包装技术,即内装物和外包装之间全部用防震材料充填。

(2) 部分防震包装技术,即在物品与内包装的拐角或局部用防震材料充填。

(3) 悬浮式防震包装技术,即内装物稳定悬吊而不与包装容器发生碰撞。

2. 防破损保护技术

防破损保护技术是为了使物品免受破损而采取的一系列措施,常用的有:

(1) 捆扎、绑紧技术。采用此技术能够使杂货、散货形成一个牢固整体,方便处理、减少破损。

(2) 集装技术。利用集装,能够减少与货体接触,防止破损。

（3）选用高强度材料。选择高强度的外包装材料可以防止内装物受外力作用而导致的破损。

3. 防锈包装技术

防锈包装技术的保护对象主要是金属制品、机电设备等容易生锈的物品。具体有两类：

（1）防锈油防锈蚀包装技术。空气中的氧、水蒸气及其他有害气体等会作用于金属表面而引起电化学作用。利用防锈油封装金属制品，就能防止锈蚀。

（2）气相防锈包装技术。在密封的包装容器中，使用气相缓蚀剂（挥发性缓蚀剂）对金属制品进行防锈处理。

4. 防霉包装技术

防霉包装技术的保护对象主要是食品和其他有机碳水化合物。其主要包括：

（1）冷冻包装技术。其原理是减慢细菌活动和化学变化的过程，延长存储期，但是不能完全消除食品的变质问题。

（2）高温灭菌技术。在包装过程中采用此法可消灭引起食品腐烂的微生物，从而延长存储期。

（3）真空包装技术。这种技术可阻挡外界水汽进入包装容器内，也可防止在密闭着的防潮包装内部存有潮湿空气，在气温下降时结露。但采用真空包装法，要注意避免过高的真空度，以免损伤包装材料。

5. 防虫包装技术

在包装中放入具有一定毒性和气味的驱虫药物，利用药物在包装中挥发出的气体杀灭和驱除害虫。常用的驱虫剂有萘、对位二氯化苯、樟脑精等。

（二）其他包装技术

1. 危险品包装技术

危险品品种繁多，按其危险性质，交通运输及公安消防部门规定为十大类，即爆炸性物品、氧化剂、压缩气体和液化气体、自燃物品、遇水燃烧物品、易燃液体、易燃固体、毒害品、腐蚀性物品、放射性物品等，有些物品同时具有两种以上危险性能。对于危险品包装技术，国内相关法律法规有明确规定,例如对于腐蚀性物品,要保证物品与包装容器的材质不发生化学变化。

2. 特种包装技术

(1) 充气包装技术,又称为气体置换包装,即用二氧化碳或氮气等不活泼气体置换包装容器中的空气,达到防霉、防腐和保鲜的目的。

(2) 真空包装技术,即将物品装入气密性容器后,在容器封口之前抽成真空,使密封后的容器内基本没有空气,抑制霉菌和细菌的生长。

(3) 脱氧包装技术,是继真空包装、充气包装之后出现的一种新型的除氧包装技术。脱氧包装是在密封的包装容器中,使用能与氧气起化学作用的脱氧剂与之反应,从而除去包装容器中的氧气,达到保护内装物的目的。

(4) 收缩包装技术,即用收缩薄膜裹包物品(或内包装件),然后对薄膜进行适当的加热处理,使薄膜收缩而紧贴于物品(或内包装件)。

(5) 拉伸包装技术,是由收缩包装技术发展而来的,依靠机械装置在常温下将弹性薄膜围绕被包装件拉伸、紧裹,并在其末端进行封合。

二、包装合理化

包装合理化是指在包装过程中使用适当的材料和技术,制成与物品相适应的容器,既要满足包装保护物品、便利流通、促进销售的要求,又要提高包装经济效益的包装综合管理活动。

(一) 包装合理化的要求

实现包装合理化,要符合以下要求:

1. 对包装物的要求

包装合理化要求包装物的强度能保护物品,使其经得住冲击、震动,质量免受损伤。包装物还要具有防潮、防水、防霉、防锈等功能。包装物上关于商品质量、规格的标志或说明,要贴切地表示内装物的性状,尽可能采用条形码,便于出入库管理、保管期间盘点及销售统计。包装材料的选择要排除各种有害物质,包装容器的造型要避免对人造成伤害。包装容器的回收利用或成为废弃物后的治理工作也至关重要。一次性使用包装和轻型塑料包装材料带来的资源浪费和环境污染使人们越来越关注可循环使用的包装。

2. 对包装容积的要求

合理包装要求对于不同的物品分别规定相应的空闲容积率。一般情况下,空闲容积率最好降低到20%以下。不同的装卸方式也决定着包装的容量。如果采用人工操作的装卸方式,包装的重量必须限制在手工装卸的允许能力内,包装的外形和尺寸也要适合人工操作。如果采用机械装卸,包装的尺寸和重量都可以大大增加。

3. 对包装方式的要求

单元化和标准化是包装合理化过程中必须考虑的问题。包装单元化是指将单件或散装物品,通过一定的技术手段,组合成尺寸规格相同、重量相近的标准"单元"。这些标准"单元"作为一个基础单位,又能组合成更大的集装单元。包装标准化是对产品的包装类型、规格、容量、使用的包装材料、包装容器和结构造型、印刷标志及产品的盛入、衬垫、封装方式、名词术语、检验要求等加以统一规定,并贯彻实施的政策和技术措施。包装符合单元化和标准化,就能批量化作业,大大提高效率,有效降低成本。

4. 对包装费用的要求

包装费用包括包装本身的费用和包装作业的费用。包装费用必须与内装物品相适应。一般来说,普通商品的包装费用低于商品售价的15%,但这只是一个平均比率。例如,有些包装如金属罐,所起的作用大,已成为商品的一部分,包装费用的比率超过15%也是合理的;手纸的包装,所起的作用小,包装费用比率不超过15%,却仍有不合理的可能。

（二）包装合理化的途径

1. 包装的轻薄化

包装,尤其是运输包装,最重要的是起到保护作用,并不决定产品的使用价值。因此,在强度、寿命、成本相同的条件下,更轻、更薄、更短、更小的包装,不仅可以节约材料、提高装卸搬运和运输的效率,还能减少废弃包装材料的数量,使包装的综合成本降低。

2. 包装的环保化

包装是产生大量废弃物的环节,处理不好可能会造成环境污染。

因此，包装材料应该是对人体健康不产生危害影响的，对环境不造成污染的，最好是可反复多次使用并能回收再生利用的。例如纸包装、可降解塑料包装、生物包装和可食性包装等。环保的包装将成为今后包装业发展的主流。

3. 包装的单纯化

包装的单纯化主要是从提高包装作业的效率上考虑的。包装的单纯化要求包装材料、规格，包装形状、种类尽量单纯化。包装材料品种少了，可方便管理并减少浪费；包装形状和规格单一有利于提高作业效率，实现机械化。有些商品可采用简易包装，使总物流成本更合理。例如国外有的商店采取大包装或简易包装的办法，节约包装费用从而降低商品价格。包装能简化的应尽量简化，没必要包装的甚至可采用无包装的策略。这种策略既能节约包装费用，又能省去包装物的回收和处理。散装水泥物流、管道运输都是无包装化物流的例子。

4. 包装的模数化

在物流过程中，各种物品运输包装件的大小各不相同，各种物流设备的规格也多种多样。为了提高设备的利用率，就要求包装尺寸与托盘、集装箱、车辆、搬运机械、货架等物流设备相互匹配。确定包装基础尺寸的标准，就是模数。模数是指在某种系统的设计、计算和布局中普遍重复应用的一种基准尺寸。包装模数标准确定后，各种进入流通领域的物品都按照模数规定的尺寸包装。模数化包装有利于小包装的集合，有利于集装箱及托盘装箱。包装模数还应与仓库设施、运输设施的尺寸模数统一，以利于运输与保管，提高作业效率。

5. 包装的机械化与自动化

为了提高作业效率和包装的现代化水平，各种包装机械的开发和应用是非常重要的。由于被包装物品种类繁多，包装材料和包装方法又各不相同，因而出现了各式各样的包装机械。包装机械有高度自动化的，也有半自动化和手动的。包装作业的机械化是提高包装作业效率的基础。

6. 包装与其他环节的系统化

包装是物流系统组成的一部分，需要和运输、装卸搬运、仓储等环节一起综合考虑、全面协调。合理的包装能便于运输、保管和装卸搬运;能便于堆码、摆放、陈列、提取、携带。

7. 包装的低成本化

要降低包装成本,可以通过以下三条途径实现。第一,在包装设计上要防止过剩包装;第二,在包装材料的选择上要节约材料费开支;第三,通过机械与人工的合理组合,提高包装作业效率,从而节约包装费的开支。

第三节 装卸搬运的含义

装卸搬运是不同运动过程之间相互转换的桥梁。在整个物流过程中,装卸搬运是不断出现和反复进行的,其出现的频率远高于其他物流活动。装卸搬运作业需占用很多时间和消耗很多劳动,成为影响物流速度和成本的重要因素。

一、装卸搬运的内涵

(一) 装卸搬运的概念

1. 装卸搬运的定义

按照我国物流技术国家标准,装卸是指将物品在指定地点以人力或机械装入运输设备或卸下的活动。搬运是指在同一场所内,对物品进行水平移动为主的物流作业。从上述定义,可以看出装卸是以垂直位移为主的实物运动形式,它是物流过程中伴随包装、保管、输送所必须进行的活动。搬运是指在区域范围内(通常指在某一个物流结点,如仓库、车站、码头等)对物品进行的以水平移动为主的物流作业。

综上所述,装卸搬运是指在一定地域范围内进行的、以改变货物存放状态和空间位置为主要内容和目的的物流活动。装卸搬运一般包括装卸、搬运、分类、堆垛、取货、理货或盘点等相关作业。

2. 概念说明

(1) 装卸与搬运密不可分。在物流过程中,并不过分强调两者之间的区别,而是把它们作为一种活动来对待。装卸是指物品的装上和卸下,是在一定地域范围内(如工厂、仓库、堆场等)改变物品的空间状态和支承状态。搬运是指在一定地域范围内物品的小范围位移,是为了改变物品的空间位置。在实际操作中,装卸和搬运是密不可分的,两者常伴随在一起发生,且作业设备也难以区分。

(2) 搬运与运输有所区别。搬运和运输的目的是一样的,都是为了实现物品的空间位移。两者的区别在于:搬运局限于物品在小范围内的位置移动,而运输是物品在两个不同"小范围"或地点进行的较大范围的空间位移。两者是量变到质变的关系,中间并无一个绝对的界限。

(二) 装卸搬运的特点

1. 装卸搬运是附属的、伴生性的活动

装卸搬运是物流每一项活动开始及结束时必然发生的活动,容易被人忽视,有时被看成其他活动不可缺少的部分。例如,汽车运输活动实际上就包含了相随的装卸搬运;仓储环节也包含了装卸搬运活动。

2. 装卸搬运是支持性、保障性的活动

装卸搬运对其他物流活动有一定的决定性,装卸搬运会影响其他物流活动的质量和速度。例如,货物装车不当会引起运输过程中的损失;港口码头卸货不当,会引起货物下一步运动的困难。许多物流活动在有效的装卸搬运支持下,才能实现高效率。

3. 装卸搬运是衔接性的活动

装卸搬运遍布产品生产—流通—消费的全过程,是衔接生产、包装、运输、仓储、流通加工、配送等各个物流环节必不可少的活动。从原材料的供应到商品送到消费者手里,乃至废弃物的回收、再生利用等整个循环过程中,装卸搬运出现的频率最多、作业技巧最复杂。因此,装卸搬运成为整个物流的桥梁,起到衔接其他活动的作用。

二、装卸搬运的类型

(一) 按装卸搬运的物流设施和设备对象分类

1. 仓库装卸搬运

仓库装卸搬运方式主要配合货物入库、出库、盘点、维护保养等活动进行,并且以堆垛、上架、取货等操作为主。

2. 汽车装卸搬运

汽车装卸搬运一次装卸批量一般不大,包括叉车作业、吊车作业、传送带作业和人工作业等。汽车可以转向、调头,靠近货物装卸,也可只装卸,不搬运,具有较大的灵活性。

3. 铁路装卸搬运

铁路装卸搬运是物品对火车车皮的装进及卸出。有时用传送带直接将煤炭、粮食等散货装进车厢。其特点是一次作业就要实现一车皮的货物装进或卸出,很少像仓库装卸时出现整装零卸或零装整卸的情形。

4. 港口装卸搬运

港口装卸是指在港口进行的各种装卸搬运作业。它包括码头前沿的装/卸船,也包括后方的支持性装卸搬运,有时还包括小船在码头和大船之间过驳的作业。港口装卸搬运的流程较为复杂,往往经过几次的装卸搬运才能实现船与陆地之间的货物转移。

5. 飞机装卸搬运

飞机装卸搬运是指在机场对飞机进行的装卸作业。可以根据货站飞机的实际装卸需要,配备必要的特种车辆,如不同规格的叉车、平板车、推货车、传送车、升降平台和牵引车等。

(二) 按装卸搬运的机械及机械作业方式分类

1. 吊上吊下方式

吊上吊下方式是指采用各种起重机械从货物上部起吊,依靠起吊装置的垂直移动实现装卸,并在吊车运行的范围内或回转的范围内实现搬运或依靠搬运车辆实现小搬运。吊起及放下属于垂直运动,故这种装卸方式属于垂直装卸。

2. 叉上叉下方式

叉上叉下方式是采用叉车从货物底部托起货物,并依靠叉车的运动进行货物位移,搬运完全靠叉车本身,货物可不经中途落地直接放置到目的地。这种方式垂直运动不多,主要是进行水平运动,故属于水平装卸方式。

3. 滚上滚下方式

滚上滚下方式是利用叉车或半挂车、汽车承载货物,连同车辆一起开上船,到达目的地后再从船上开下,称"滚上滚下"方式。这是一种主要运用于港口装卸的水平装卸方式,需要有专门的船舶,对码头也有不同要求,这种专门的船舶称为"滚装船"。

4. 移上移下方式

移上移下方式是在两车之间(如火车及汽车)进行靠接,然后利用各种方式,不使货物垂直运动,而靠水平移动从一个车辆上推移到另一车辆上,故称为移上移下方式。这种方式需要使两种车辆水平靠接,因此,需要对站台或者车辆货台进行改变,并配合移动工具来实现。

5. 散装散卸方式

散装散卸方式是对散装物不加包装而直接进行的装卸,一般从装货点直到卸货点,中间不再落地,是集装卸与搬运于一体的装卸方式。

(三) 按被装卸搬运货物的主要运动形式分类

1. 垂直装卸搬运方式

垂直装卸搬运方式指采用提升、降落的方式对货物进行装卸搬运的方法。常用的作业机械有:垂直升降电梯、巷道起重机、气力传输装置及吊车等。作业机械具有通用性强、应用范围广、灵活性大等特点。

2. 水平装卸搬运方式

水平装卸搬运方式指采用平移方式对货物进行装卸搬运的方法。常用的作业机械有:辊道输送机、链条输送机、悬挂式输送机、皮带输送机及手推车、无人搬运车等。

(四) 按装卸搬运的作业特点分类

1. 连续装卸搬运方式

连续装卸搬运方式主要是指同种大批量散装或小件货物通过连续输送机械,连续不断地进行的作业。其特点是作业连续,中间不停顿,装卸搬运对象物相对稳定,作业量大。主要的连续装卸机械有:皮带输送机、斗式提升机、链条输送机、辊道输送机等。

2. 间歇装卸搬运方式

间歇装卸搬运方式是指以间接运动完成对货物装卸搬运的作业方

法。常用的作业机械与器具有：吊装机具、叉车、铲车、抓斗、吸盘等。间歇装卸搬运方式有其自身的优越性，那就是机动性强、作业范围大、装卸搬运货物种类多。

（五）按装卸搬运的作业对象分类

按装卸搬运作业的对象可分为散货装卸、件杂货装卸、集装箱装卸等。

三、装卸搬运承载器具与机械

（一）装卸搬运承载器具

为提高装卸搬运的效率和便于机械操作，通常使用集装方式。集装方式是对集装货载进行装卸搬运的作业方法，主要用于较大的集装单元，常用的承载器具有托盘和集装箱。

1. 托盘

托盘是一种重要的集装器具，是在物流领域中适应装卸机械化而发展起来的一种集装器具，常被称为"活动的平台"、"可移动的地面"，与叉车配合利用，可以大幅度提高装卸搬运的效率。除了在装卸搬运中发挥着不可替代的作用，托盘也是仓储保管和运输过程中均可利用的工具。最典型的是平托盘，其变形体有柱式托盘、箱式托盘、轮式托盘、架式托盘（集装架）、笼式托盘（集装笼）、折叠式托盘、薄板托盘（滑板）等。

2. 集装箱

国际标准化组织（ISO）对集装箱定义如下：集装箱是一种运输设备；具有足够的强度，可长期反复使用；为便于商品运送而专门设计的，在一种或多种运输方式下运输时，无需中途换装；具有快速装卸和搬运的装置，特别是从一种运输方式转移到另一种运输方式时；设计时注意到便于货物装满或卸空；内容积为1立方米或1立方米以上。

运输货物用的集装箱种类繁多，从运输家用物品的小型折叠式集装箱到40英尺标准集装箱，以及航空集装箱等，多种多样。最典型的是普通集装箱，其变形体有：笼式集装箱、折叠式集装箱、罐式集装箱、台架式集装箱、平台集装箱等。许多种类的集装箱和相应的托盘在形态上区别并不大,但规模相差较大。

(二)装卸搬运机械

1. 装卸搬运机械分类

装卸搬运机械是指用来搬移、升降、装卸和短距离输送物料或者货物的机械,是物流系统中使用频度最大、使用数量最多的一类机械。它们常按以下方法进行分类:

(1)按主要用途或结构特征进行分类。按这种分类方法,装卸搬运机械可分为起重机械、连续运输机械、装卸搬运车辆、专用装卸搬运机械。起重机械使物品在一定范围内上下、左右、前后移动,具有间歇作业、重复循环、短时载荷的特点,如升降机、起重机等。连续运输机械的特点是连续动作、循环运动、持续载荷、路线一定,如带式输送机、板式输送机等。常见的装卸搬运车辆有叉车、手推车、动力搬运车等。专用装卸搬运机械是指带有专用取物装置的装卸搬运机械,例如托盘专用装卸搬运机械、船舶专用装卸搬运机械、集装箱专用装卸搬运机械、分拣专用机械等。

(2)按作业性质进行分类。若按作业性质进行分类,装卸搬运机械可分为装卸机械、搬运机械和装卸搬运机械三类。有些机械功能比较单一,只满足装卸或搬运一个功能,专业化作业能力较强,作业效率高,作业成本低。但是单一功能的机械在使用上受到一定程度的局限,因为作业前后需要繁琐的衔接,这会降低整个系统的效率。单一装卸功能的机械主要有手动葫芦、固定式起重机等;单一搬运功能的机械包括各种搬运车、手推车、带式输送机等。兼有装卸、搬运两种功能的机械可将两种作业合二为一,具有较好的效果。这类机械主要有叉车、跨运车、龙门起重机、气力装卸输送机械等。

(3)按装卸搬运货物的种类进行分类。装卸搬运机械按照作业物品的种类可分为长大笨重货物的装卸搬运机械、散装货物的装卸搬运机械、成件包装货物的装卸搬运机械、集装箱货物装卸搬运机械。长大笨重货物指大型机电设备、各种钢材、大型钢梁、混凝土构件、原木等。这类货物的装卸搬运机械有轨行式起重机和自行式起重机。散装货物指需成堆搬运、不能计件的货物,如煤、沙子、焦炭等。这些货物一般采用抓斗起重机、装卸机、链斗式装车机和输送机等机械进行作业。成件包装货物指怕湿、怕晒,需在仓库内存放,多用棚车装运的货物,如日用百货、五金器材等。这类货物一般采用叉车,并配以托盘进行装卸搬运作业。集装箱货物装卸搬运机械专门用于搬运集装箱货物,常见的有集装箱龙门起重机、集装箱叉车、集装箱牵引车等。

2. 常用的装卸搬运机械概述

(1) 叉车。叉车是以门架和货叉为工作装置的自行式装卸搬运机械,可用于装卸、堆放成件货物;更换工作装置后,也能用于特种物品和散料的装卸搬运作业。叉车由动力装置、轮式底盘和工作装置三个主要部分组成。工作装置包括门架、链条、叉架、货叉和液压缸等。叉车是应用广泛、动作灵活的装卸搬运机械。高架叉车在立体仓库中还可以代替巷道起重机取放货物。无人控制叉车还能在冷冻仓库中作业,使作业人员免受寒冻之苦。叉车种类繁多,按叉车的结构进行分类,有平衡重式、前移式、回转式、插腿式和侧向式。按叉车的动力进行分类,有电瓶式和内燃机式。内燃机式叉车中又可分为汽油机、柴油机和石油液化气三种。

(2) 起重机。起重机属于起重机械的一种,其工作特点是做间歇性运动,即在一个工作循环中取料、运移、卸载等动作的相应机构是交替工作的。物品悬挂于起重机的承载构件(钢丝绳、链条等),既可以在垂直方向做起升或下降运动,也可以在一个或多个水平方向运动。起重机的一个工作循环包括:取物装置从取物地把物品提起,然后水平移动到指定地点降下物品,接着进行反向运动,使取物装置返回原位,以便进行下一次循环。起重机通常由起升机构(使物品上下运动)、运行机构(使起重机械移动)、变幅机构和回转机构(使物品作水平移动)四大机构,再加上金属机构、动力装置、操纵控制及必要的辅助装置组合而成。

按起重机的构造特点,一般分为两类:桥架型起重机和臂架型起重机。桥架型起重机包括龙门起重机、桥式起重机、缆索起重机。臂架型起重机包括门座起重机、塔式起重机、铁路起重机、浮式起重机、自行式起重机(轮胎起重机、汽车起重机、履带起重机)、甲板起重机、桅杆起重机。在港口装卸搬运作业中,还用到集装箱装卸桥、集装箱龙门起重机、桥式抓斗卸船机等。

(3) 人力搬运车。人力搬运车是以人力为主,在路面上从事水平运输的一种搬运车,是搬运轻小物品的一种方便而经济的工具。这是最古老的一种搬运工具,但至今仍应用广泛。它具有轻巧灵活、易操作、回转半径小、价格低等优点。人力搬运车广泛应用于车间、仓库、货场、站台等处。随着手动液压、电动液压技术的应用,并与托盘运输相结合,目前人力搬运车已成为车间、仓库、站台、货场等最常见的搬运工具。常见的人力搬运车有:杠杆式手推车、手推台车、登高式手推台车、手动托盘搬运车、手动液压升降平台车、手推液压堆高车等。

第四节　装卸搬运原则及其合理化

一、装卸搬运的原则

装卸搬运作业是衔接包装、运输、仓储、配送、流通加工等各物流环节的活动,本身不创造价值,所以应尽可能节约时间和费用。要实现装卸搬运的合理化,可遵循以下六项原则:

(一) 省力化原则

省力化原则是指节省动力和人力。装卸搬运不产生价值,作业次数越多,物品破损和发生事故的频率越大,费用越高,因此首先要考虑尽量不装卸搬运或尽量减少装卸搬运的次数。通常可采用集装化装卸、集装箱化运输、多式联运、托盘一贯制物流等做法。还可利用货物本身的重量和落差原理,运用滑槽、滑板等工具;减少从下往上的搬运,采用斜坡式,减轻负重;采用水平装卸搬运,如仓库的作业台与卡车车厢处于同一高度,手推车直接进出;给卡车后面配尾板升降机,为仓库作业月台设置装卸货升降装置等。总之,实现省力化装卸搬运,就要遵循如下规则:能用机械则不用人力,能往下则不往上,能直行则不拐弯,能水平则不要上斜,能滑动则不摩擦,能连续则不间断,能集装则不分散。

(二) 活性化原则

活性化是指物品从静止状态转变为装卸搬运状态的难易程度。若被装卸搬运物容易或适于下一步装卸搬运作业,则说明活性化程度高。要实现装卸搬运的活性化,可采取如下措施:仓库中的货物不要杂乱无章,应整齐堆放;散乱状态的物品应尽可能放在托盘等承载器具中。此外,多运用机动灵活的装卸搬运机械,如叉车、铲车、带轨道的吊车、能转动360度的吊车和带轮子、履带的吊车等。

(三) 顺畅化原则

顺畅化是指作业场所无障碍、作业不间断、作业通道畅通。装卸搬运的顺畅化是保证作业安全、提高作业效率的重要条件。通常可采取以下方法:叉车在仓库中作业时,应留有安全作业空间,使其转弯、后退等动作不受面积和空间的限制;人工进行货物搬运时,要有合理的通道,脚下不能有障碍物,头顶留有空间。人工操作电葫芦吊车时,地面要防滑,行走通道两侧无障碍。用手推车搬运货物时,地面不能坑坑洼洼,不应有电线、工具等杂物影响小车行走。此外,还要防止机械化、自动化作业途中停电、线路故障、作业事故。

(四) 短距化原则

短距化是指以最短的距离完成装卸搬运作业。最典型的例子是生产流水线作业,各道工序连接在输送带上,通过输送带的自动运行,使各道工序的工作人员以最短的动作距离完成作业。流水线作业节约了时间,减少了人体消耗,大幅度提高了作业效率。实现短距化的装卸搬运机械有转动式吊车、挖掘机等。

(五) 单元化原则

单元化是提高装卸搬运效率的有效方法。单元化是按一定单元将杂散物品组合包装的形态。单元化集装所组合的组合体往往是一个装卸运单位,非常便于运输和装卸。如集装箱、托盘等设备的利用都是单元化的例子。

(六) 连续化原则

实现连续化装卸搬运的设备有输油、输气管道、气力输送设备、皮带传送机、辊道输送机、旋转货架等。连续化装卸搬运节约了时间,减少了物品的损耗。

二、装卸搬运的合理化

（一）消除无效装卸搬运

无效装卸搬运不能增加物品的实用价值，反而会增加物品破损的可能性，因此要想方设法予以消除。例如，尽量减少装卸搬运次数，尽可能缩短搬运距离，以减少人力、物力的浪费和货物破损的可能性；实现包装的轻型化、简单化、实用化，避免过度包装，减少无效负荷；努力提高被装卸物品的纯度，只装卸搬运必要的物品，对有些货物可去除杂质后再装卸搬运；充分发挥装卸搬运机械设备的能力和装载空间，中空的物件可填装其他物品后再进行装卸搬运；采用集装方式，进行多式联运，避免单件货物的反复装卸搬运。

（二）提高装卸搬运活性

物品所处的状态不同，其装卸搬运的难易程度也不一样，则活性也不同。物流活动中，物品时刻处于运动待命状态，物品可以散放在地上，也可以装箱放在地上或者托盘上。物品放置的状态要有利于其多次装卸搬运，为下一环节的物流活动提供便利，增强装卸搬运的灵活性。例如，物品在装上时要考虑其便于卸下；物品在入库时，要考虑便于其出库；使用易于装卸搬运的包装；创造易于装卸搬运的环境。为了区分装卸搬运活性的不同程度，可用"活性指数"来表示。搬运活性指数分为5个等级，分值0—4表示活性程度由低到高，具体说明见下表。

物品装卸搬运活性指数

物 品 状 态	物品活性指数
置于地面的零散物品	0
装入小于物流模数尺寸以下的箱内物品	1
托盘化包装的物品	2
已在收发货区台车上的物品	3
集装箱和大型包装箱内的物品	4

(三) 保持物流的均衡顺畅

装卸搬运是整个物流过程中必不可少的环节。最理想的情况是保持装卸搬运作业连续不断地进行，尽量将前后的相关作业进行有机组合，各工序紧密衔接，作业路径尽可能成直线，从而提高装卸搬运效率。同时，要控制好节奏，综合各方面因素，妥善安排，使物流量均衡。此外，还要将包装、运输、仓储、流通加工、配送等物流活动有序地连接起来，保持整个物流过程的均衡顺畅。近年来，工业发达国家为了对运输路线的终端进行装卸搬运合理化，创建了"复合终端"，即对不同运输方式的终端装卸场所，集中建设不同的装卸设施。例如，在复合终端内集中设置水运港、铁路站、汽车站等，使各种运输方式有机结合，减少装卸搬运次数，保持物流过程的均衡畅通。

(四) 利用高效率的机械化设备

利用机械化装卸搬运设备，可以大大提高作业效率及安全性。装卸搬运机械化程度一般分为三个级别：第一级是运用简单的装卸器具；第二级是使用专用的高效率机具；第三级是依靠计算机实行自动化操作。具体选择哪一个级别，实现装卸搬运机械化，要从所装卸搬运物品特点、装卸搬运速度、人员素质、安全性、经济性等方面综合考虑。今后发展的趋势是，即使在人可以操作的场合，为了提高作业的生产率、安全性、经济性，也应考虑将人力操作转为机械操作，从而将人从繁重的体力劳动中解放出来，让人在更高级的工作中发挥积极作用。

(五) 实现集装单元化

这里的集装单元化是指将物品集中扩大成一个作业单元进行装卸搬运。通过集装单元化，有利于实现装卸搬运的机械化、标准化，提高装卸效率；还可以防止物品在物流过程中的破损、丢失，便于数据确认。集装单元化设备一般可分为三大类，即集装箱系列、托盘系列、周转箱系列。托盘被广泛使用，通过与叉车配合，可以大大提高装卸搬运效率。与托盘配合的周转箱有可插式和可折叠式以及直壁式等，也能提高作业效率。集装箱单元发展较快，是一种标准化的大单元装载物品器具。从周转箱到托盘、车,再到集装箱,形成了整个物流系统中的单元器具链,大大提高了工作效率。

(六) 选择合理的装卸搬运方式

在装卸时,对货物的处理大体有三种方式:第一种是分块处理,即按普通包装对货物逐个进行装卸;第二种是散装处理,即对粉粒状货物不加小包装进行原样装卸;第三种是单元组合处理,即将货物以托盘、集装箱为单位进行组合后的装卸,实现单元组合,能充分利用机械进行操作,提高作业效率。在装卸搬运过程中,要根据物品的种类、性质、形状、重量来确定合理的装卸搬运方式。

(七) 利用或消除重力的影响

在装卸搬运时,应充分利用重力和消除重力影响,减少体能量消耗。首先可以利用货物本身的重量,进行有一定落差的装卸,以减少动力消耗,这是充分利用重力的表现。例如,从卡车卸物时,利用卡车与地面之间的高度差,使用溜板、溜槽之类的工具,依靠货物本身的重量,从高处自动滑到低处,从而无须消耗动力。其次,在装运时应尽量消除或削弱重力的影响,减轻体力劳动及其他劳动消耗。例如,使物品平移,从一个工具转移到另一个工具上,有效消除重力影响,实现搬运合理化。

 本章小结

包装是指为了在流通过程中保护产品,方便储运,促进销售,按照一定技术方法而采用的容器、材料及辅助物等的总体名称,也指为达到上述目的而在采用容器、材料和辅助物的过程中施加一定技术方法等的操作活动。包装具有保护物品、便利流通、促进销售的功能。按照不同的划分标准,包装可以分为许多种类。

包装材料是指用于制造包装容器和构成产品包装材料的总称。常用的包装材料有:纸质包装材料、木材包装材料、塑料包装材料、金属包装材料、玻璃与陶瓷包装材料、复合包装材料。包装容器是包装材料和造型结合的产物。常用的包装容器有:包装袋、包装盒、包装箱、包装瓶、包装罐(桶)。

包装技术是指对物品实施各种包装的技术方法,以发挥包装功能工作的总称。常用的包装技术有:防震保护技术、防破损保护技术、防锈包装技术、防霉包装技术、防虫包装技术。

包装合理化是指在包装过程中使用适当的材料和技术,制成与物品相适应的容器,既要满足包装保护物品、便利流通、促进销售的要求,又要提高包装经济效益的包装综合管理活动。包装合理化的途径有:包装的轻薄化、包装的环保化、包装的单纯化、包装的模数化、包装的机械化与自动化、包装与其他环节的系统化、包装的低成本化。

装卸搬运是指在一定地域范围内进行的、以改变货物存放状态和空间位置为主要内容和目的的物流活动。装卸搬运是附属的、伴生性的活动,是支持性、保障性的活动,是衔接性的活动。按照不同的划分标准,装卸搬运可以分为许多类型。装卸搬运承载器具主要有:托盘和集装箱。装卸搬运机械是指用来搬移、升降、装卸和短距离输送物料或者货物的机械。常用的装卸搬运机械有叉车、起重机、人力搬运车。

实现装卸搬运合理化的途径有:消除无效装卸搬运,提高装卸搬运活性,保持物流的均衡顺畅,利用高效率的机械化设备,实现集装单元化,选择合理的装卸搬运方式,利用或消除重力的影响。

❓思考题

1. 什么是包装,它在物流中有什么地位?
2. 包装有哪些功能,有哪些不同的分类?
3. 物流中常用的包装材料和包装容器有哪些?
4. 物流中常用的包装技术有哪些?
5. 结合实际分析包装合理化的概念及实现包装合理化的途径有哪些?
6. 装卸搬运的定义是什么,有何特点?
7. 装卸搬运有哪些不同的类型?
8. 装卸搬运要遵循哪些原则,如何实现装卸搬运的合理化?

第二章 包装与装卸搬运

练 习 题

一、单项选择题

1. ( )是以保护商品,方便装卸搬运、运输、仓储等流通职能为主要目的的包装。
   A. 通用包装　　　　　　B. 周转包装
   C. 销售包装　　　　　　D. 运输包装

2. 在包装材料中,( )具有耐风化、不变形、耐热、耐酸、耐磨等优点,适合于各种液体物品的包装。
   A. 金属箔　　　　　　　B. 陶瓷
   C. 马口铁　　　　　　　D. 塑料

3. 在包装材料中,( )坚固、抗腐蚀、易进行机械加工,表面易于涂饰和印刷。
   A. 金属箔　　　　　　　B. 陶瓷
   C. 马口铁　　　　　　　D. 塑料

4. 下列包装技术中,( )能达到防霉、防腐和保鲜的目的。
   A. 充气包装技术　　　　B. 悬浮式包装技术
   C. 气相包装技术　　　　D. 收缩包装技术

5. ( )有利于小包装的集合,有利于集装箱及托盘装箱。
   A. 模数化包装　　　　　B. 单纯化包装
   C. 系统化包装　　　　　D. 自动化包装

6. ( )是物品不同运动过程之间相互转换的桥梁。
   A. 包装　　　　　　　　B. 运输
   C. 装卸搬运　　　　　　D. 储存

二、多项选择题

1. 包装的功能有( )。
   A. 保护物品　　　　　　B. 保护生态环境

C. 便利流通　　　　　　D. 提升服务
E. 促进销售

2. 包装的保护功能具体体现在（　　）。
A. 防止物品破损变形
B. 防止浪费库容
C. 防止物品发生化学变化
D. 防止有害生物对物品的影响
E. 防止异物混入、污物污染、丢失、散失

3. 物品包装具有便利流通的功能，具体体现在（　　）。
A. 便于运输　　　　　　B. 便于装卸搬运
C. 吸引消费者目光　　　D. 方便携带、再使用
E. 便于保管

4. 销售包装的促销功能具体体现在（　　）。
A. 便于运输　　　　　　B. 便于装卸搬运
C. 吸引消费者目光　　　D. 方便携带、再使用
E. 便于保管

5. 按包装功能的不同，可以将其分为（　　）。
A. 专用包装　　　　　　B. 通用包装
C. 运输包装　　　　　　D. 销售包装
E. 周转包装

6. 在包装材料中，（　　）具有耐风化、不变形、耐热、耐酸、耐磨等优点，适合于各种液体物品的包装。
A. 金属箔　　　　　　　B. 陶瓷
C. 马口铁　　　　　　　D. 塑料
E. 玻璃

三、是非题（A 为正确，B 为错误）

1. 包装不仅是生产的终点，更是物流的起点。（　　）
2. 销售包装是以保护商品，方便装卸搬运、运输、仓储等流通职能为主要目的包装。（　　）

3. 玻璃和陶瓷具有耐风化、不变形、耐热、耐酸、耐磨等优点,适合于各种液体物品的包装。(　　)

4. 马口铁坚固、抗腐蚀、易进行机械加工,表面易于涂饰和印刷。用马口铁制作的容器具有防水、防潮、防污染等优越性能。(　　)

5. 防锈油防锈蚀包装技术是在在密封的包装容器中,使用挥发性缓蚀剂对金属制品进行防锈处理。(　　)

6. 合理包装要求对于不同的物品分别规定相应的空闲容积率。一般情况下,空闲容积率最好降低到20%以下。(　　)

案例分析题

泰国热带水果出口包装技术分析

资讯来源:http://www.cpp1.cn/news/2007/11-26/20071126154008746011.html,中华印刷包装网,2007年11月26日(内容有所删减)

泰国是热带水果的主要出产国之一,其品种不少于35个,其中一些主要水果,诸如香蕉、榴莲、龙眼、荔枝、芒果、山竹果、番木瓜、菠萝、柚子以及红毛丹……不仅在热带地区尽人皆知,而且在非热带地区也享有盛名。

近十年里,鲜果收获后因磕碰、挤压和腐烂而导致大量损失,损失量大约占总量的15%—20%。这些损失主要是源于不正确的搬运方法、不恰当的包装、对病虫害和微生物抑制不充分,水果的易腐烂特性以及导致水果迅速腐烂的热带气候等因素。

一、泰国出口包装技术的进展

近二十年来,泰国政府认识到包装在促进出口方面的重要性。过去的包装主要是使用传统的竹篮、塑料盒和类似橡胶的木材制成的箱子。这些包装在外观、搬运和使用的难易程度以及强度特性等方面均在世界市场上没有竞争力。

泰国始终都是以香港、新加坡、马来西亚这样的近距离市场为其主要出口市场。另外,亚洲大陆上的其他国家,如日本、文莱和一些中东国家也显示出对泰国水果的潜在需求。这些国家收入水平较高,需要的是经过挑选的优质产品。其他新市场也包括北美和欧洲一些国家,其市场品位高且主导着国际贸易。因此,不采用优质的保护性包装方法就难以在对其出口贸易中取得成功。

为此,泰国包装技术中心被委派进行出口鲜果包装方面的研究和开发工作。该中心是设立于泰国科学技术研究院和科学技术环境部之下的政府单位,中心的主要职责是:改善包装标准,以提高泰国产品在本国及国际市场上的档次。基于这样一个原则,即:优质包装必须满足市场要求并且确保水果在运输过程中保持完好。该中心改进出口鲜果包装的工作一直在有条不紊地进行着。首先,收集了有关市场需求和水果特性的信息,以作为包装设计的参考;其次,新设计示范包装在搞运输实验之前先在实验室内进行测试;第三个重要步骤是图案设计;此后提出一份关于新设计的说明书,最后这种新包装才被推广采用。

二、内销水果的包装

1. 运输包装

在过去十年里,内销水果最常采用各种尺寸的热带竹编篮子作为包装,另外较少采用的包装有圆桶式的竹筐、木篓、塑料箱子和瓦楞纸板箱。圆桶式竹筐是典型的泰国北方使用的包装,常用于装龙眼和荔枝,对一些特定的水果,如山竹果、红毛丹、芒果等则用木篓来装。而带有铁丝制堆放装置的可回收式塑料箱主要用于果园向批发商运送橘子,瓦楞纸板箱则被用于包装像荔枝这样价值较高的水果。

目前,运输包装箱的选用已经发生了变化,当前主要的运输包装采用更具保护性及迷人外表的瓦楞纸板箱和可重复使用的塑料容器,而竹篮和木篓的使用则大大减少,主要是因为缺乏原材料,价格太高,外表粗糙且不太结实。

瓦楞纸板箱最常见的类型为 RSC 型和 FTHS 型。通常,一箱瓦楞纸板箱包装的内销水果重量介于 10—15 千克。现在,这种箱子用于绝大多数种类水果的包装,尤其是荔枝、山竹果和龙眼之类的高价值水果。

大多数内销用的塑料容器是可以回收再用的,这些容器的顶部敞开,呈矩形和不规则的四边形,带有铁丝做的便于堆放的装置。正常的包装容量约为 20—25 千克。内销特定种类的水果,如龙眼和荔枝也采用和出口时所用类型一样的有益塑料盒。

竹篮和木篓的使用仅限于一些价值不高且耐损性极强的水果。当前使用的竹篮在尺寸上通常也比以前的小。

2. 零售包装

在零售时,大多数水果被陈列在运输包装箱里或转到别的容器里,如手工艺篮子,在超级市场则摆放在货架上。有一些水果如山竹果、罗望子的甜果实以及橘子等在农场里就已经预先包装好了。

目前使用的零售包装有塑料袋、泡沫塑料盘和覆盖有弹性薄膜的塑料盘、塑料网兜以及纸袋子,其中聚乙烯(PE)塑料袋的使用最为广泛,其功能仅为装进水果以便于携带。最常见的塑料袋为半透明、U 型开口的方袋子。在超级市场里,人们最爱使用透明或半透明的开口扁平型袋子,开口处可用绳子扎紧。

在超级市场和其他零售点最常见的是覆有弹性薄膜(聚乙烯或聚氯乙烯)的聚苯乙烯泡沫托盘。因为销售方面的原因,尤其是因为泡沫塑料对环境的不利影响,这种托盘也可以用透明或不透明的硬塑料来制造,以取代泡沫塑料托盘。这些包装可防止水果丧失水分且比用塑料袋包装对顾客更具吸引力。

农场里的预先包装通常是把水果装在纸盒子里、瓦楞板及纸板箱里。用纸盒子的好处在于通风情况较好,且外形迷人,印有彩色图案的纸盒子还可用做礼品盒。

泰国国内市场上的零售包装还有带网眼的塑料网袋,这种塑料网袋常用于某些品种橘子的预先包装。

请思考：

1. 结合案例，分析包装的功能。
2. 案例中出现了哪些包装材料，并归纳它们各自的优缺点。
3. 案例中出现了哪些包装容器，并说明它们各自的特点。

第三章

运 输

学习要点

- 掌握运输的概念及重要性
- 了解运输的分类
- 掌握运输的基本方式
- 掌握运输合理化的影响因素
- 了解不合理运输的表现形式
- 掌握运输合理化的途径

导引案例

解决粮食运输难题
黑龙江拟组建大型粮食物流集团

资料来源：http://www.food36.com/publish/2008/20080818/100820080818111738.shtml，中国食品财富网，2008年8月18日

为配合千亿斤粮食产能工程，黑龙江拟组建大型粮食物流集团。2008年8月，在黑龙江国有粮食购销企业改革和粮食流通产业发展研讨推进会议上，黑龙江省粮食局副局长张斌公开表示，黑龙江省将进一步整合资源，通过资产重组和整合，指导农垦总局强势企业与全省国有粮食购销企业有效结合，组建特大型粮食物流集团。

2008年8月17日,黑龙江粮食局办公室主任付立中对《第一财经日报》表示,目前此物流集团还处在调研规划之中,且"规划完成之后,还需要报黑龙江省政府批准",尚没有确定消息对外公布。他还对记者表示,这是《黑龙江省千亿斤粮食生产能力战略工程规划》的配套工程之一。

2008年3月31日,黑龙江省政府第三次常务会议讨论并原则通过《黑龙江省千亿斤粮食生产能力战略工程规划》,准备到2012年其粮食生产能力达到1 000亿斤,商品粮达到800亿斤,此规划对于保障国家粮食安全、提高黑龙江省粮食综合生产能力有重要意义。为此,黑龙江省制定《2008—2012年黑龙江省千亿斤粮食现代流通产业发展战略工程规划》(草案),其基本发展思路主要是:推进粮食资源战略大重组,组建大集团,建设大龙头。黑龙江省粮食局拟将下半年作为此规划实施起步之年和龙头企业建设工程启动之年。

"黑龙江是我国最重要的粮食产地之一。"艾格农业咨询农业分析师马文峰对记者说。据黑龙江粮食局资料,近年来,黑龙江省的粮食年播种面积稳步增加,2004年,全省粮食产量首次突破300亿千克大关,2006年更是达到378亿千克。目前,黑龙江已形成了以哈尔滨、牡丹江、佳木斯等地为主的水稻种植带,以哈尔滨、齐齐哈尔、绥化、佳木斯为主的大豆种植带和以绥化为主的玉米种植带。

同时,黑龙江省还是我国最大的商品粮生产基地,粮食商品量和商品率均居全国首位。目前,其与京、津、沪、浙、苏、闽等10多个省市建立长期稳定的粮食产销合作关系。在中国粮食安全体系中,黑龙江省的位置非常重要。从2002—2007年,黑龙江省累计为国家提供商品粮1 188亿千克,年均商品率高达72%。近年来,黑龙江省通过铁路向省外发运的粮食每年都在200亿千克以上,是我国粮食净调出量最多的省份。

可是粮食运输能力问题一直困扰我国粮食产业。马文峰认为,跨地区粮食运输不畅造成我国地区间粮食价格差异较大,"东北粮食产地大米价格比消费较为集中市场的价格每公斤低4毛多,玉米价格每公斤至少要低5毛以上。"而且,运输能力不足还容易造成粮食价格波动。据公开资料,今年上半年,我国部分地区大米价格上升,其中部分原因来自运输问题。铁道部门决战60天,为东北地区集中抢运1000万吨粮食,才有效平抑了大米价格上涨问题。

在上述黑龙江省粮食局会议上,张斌也表示,黑龙江虽然是产粮大省,但目前尚不是粮食强省,其粮食流通产业化程度低,基础设施薄弱,粮食物流体系建设滞后,粮食流通市场主体发育不足。张斌还表示,到9月底,黑龙江要全部完成国有粮食购销企业产权制度改革,组建大型粮食产业化龙头企业和企业集团要有实质性的进展。争取用三年的时间,建立起与粮食大省相匹配的粮食流通产业新格局。

记者还联系了黑龙江农垦总局计划科,一位工作人员拒绝对组建粮食物流集团计划进行评论。据公开资料,黑龙江省农垦总局通过加快实施农业产业化战略,使一批龙头企业和产业化集团迅速发展壮大,目前农垦总局拥有完达山乳业、九三油脂集团两家国家级产业化龙头企业,13家省级产业化龙头企业。

请你思考问题:

为什么运输是物流的主要环节之一?

第一节 运输的含义

运输是物流中最重要、最基本的活动之一。运输可以解决物资生产与消费在地域上的差异性的矛盾,创造了商品的空间效用。可见,运输具有扩大市场、稳定价格、促进社会生产分工等经济功能;同时,对拉动生产与消费、促进经济发展、提高国民生活水平具有重要作用。对大多数企业而言,运输成本在整个物流成本中所占的比重是最大的。有不少企业的物流成本中,一半以上是运输成本。因此,运输的合理化是提高物流管理效率的重要环节。

一、运输的概念

(一) 运输的定义

运输是指通过合理的方法,利用运输工具和运输设施,实现人和物的载运及输送。这里的运输工具主要是指"车",包括马车、人力车、汽车、火车、轮船、飞机等;运输设施主要是指"路",例如土路、公路、铁路、水路、航空路线等。本章专指"物"的载运及输送。

在理解运输的含义时,要注意区分运输与搬运、运输与配送两组概念。搬运也是一种空间位置转移的活动,但它是短距离的空间位置转移。而运输是长距离的空间位置转移。配送也是利用运输工具和运输设施进行一定范围内空间位置转移的活动。可见,配送也是一种运输,但它是一种特殊的、具体的运输方式,它是在经济合理的区域范围内,按照客户的要求,将配好的货物送至指定地点的运输活动。而一般的运输活动则包括各种各样的运输方式,配送只是其中的一种。

(二) 运输的重要性

在物流过程中,运输是在不同地域范围之间(如两个国家、两个城市、两个工厂等),以改变物的空间位置为目的的活动,其重要性不言而喻,具体表现在以下四个方面:

1. 运输是物流最基本的一项活动

根据物流的概念,物流是"物"的物理性运动,实现实物的空间转移,而实物的空间位移必须依靠运输来实现。运输是改变空间状态的主要手段,再配以装卸搬运、配送等其他物流活动,就能圆满地完成改变空间状态的任务。

2. 运输能够创造"空间效用"

空间效用是指由于改变"物"的场所而最大限度地发挥其使用价值,最大限度地提高了产出投入比。运输可以将"物"运送到其空间效用最大的地方,发挥"物"的最大潜力,在整个社会范围内实现资源的优化配置。从这个角度来说,通过运输提高了物的使用价值。

3. 运输是社会物质生产的必要条件之一

马克思将运输称为"第四个物质生产部门",将运输看成生产过程的继续。这个继续虽然以生产过程为前提,但如果没有这个继续,生产过程则难以实现。因此,虽然运输活动本身并不创造新的物质产品,而只是改变物的空间位置,但它能保证生产的继续,使社会再生产不断推进。

4. 运输是"第三利润源泉"的主要源泉

物流作为第三利润源泉主要有两个方面的原因。首先,运输承担着大跨度空间转移的任务,消耗的时间、能源等绝对数量大,相应地节约的潜力也大。其次,有关统计数据显示,运输费用占全部物流费用的比例最高,大约为50%,节约潜力巨大。可见,运输是"第三利润源泉"的主要源泉。

二、运输的功能

(一) 物品位移

物品位移是运输的主要功能。运输应以最少的时间成本、财务成本和环境资源成本,将物品从原产地转移到规定地点。可见,运输利用的是时间资源、财务资源和环境资源。运输利用时间资源,表现在可以减少制造和配送中心的存货。运输使用财务资源,包括驾驶员的劳动报酬、运输工具的运行费用、一般杂费、行政管理费用分摊、因产品灭失损坏而必须弥补的费用等。运输还使用环境资源,例如运输是能源的主要消费者之一,运输会造成拥挤、空气污染、噪声污染而产生环境费用。

(二) 物品临时储存

对物品进行临时储存是运输的一个特殊功能。如果转移中的物品需要储存,但在短时间内(如几天后)又将重新转移,该物品在仓库卸下来和再装上去的成本也许会超过储存在运输工具中所发生的费用,那么可考虑暂时储存在运输工具中。当仓库空间有限时,利用运输工具储存也是一种可行的选择。例如,当起始地或目的仓库的储存能力受到限制时,可以将物品装到运输车辆上,采用迂回线路或间接线路运往其目的地。用运输工具储存物品可能是昂贵的,但考虑装卸成本、储存能力限制时,从物流总成本或完成任务的角度来看也许是合理的。

三、运输的分类

(一) 按运输设施进行分类

按照运输设施的不同,运输分为公路运输、铁路运输、水路运输、航空运输和管道运输等五种运输方式。这是一种最基本的分类方式。

1. 公路运输

这是主要使用汽车,也可以使用人力车、畜力车等其他车辆在公路上进行货物运输的一种方式。公路运输的主要优点是机动灵活,可以实现"门到门"的运输;主要缺点是运输能力较小,能耗和运输成本较高。可见,公路运输适宜在内陆地区运输短途货物。

2. 铁路运输

铁路运输是使用铁路列车运送货物的一种形式。其优点是运行速度快,货物运输能力大,运输连续性强,受自然条件的限制较少。其缺点是投资大,消耗的金属材料多。铁路运输主要承担中、长距离的运输量大的货运任务。

3. 水路运输

这是使用船舶运送货物的一种方式。水路运输的优点为运输能力大,运输成本低,平均运距长。但水路运输也有自身的缺点,主要是受自然条件的影响较大,运输速度慢。水路运输主要承担大数量、长距离的运输任务。

4. 航空运输

航空运输是使用飞机或其他航空器进行运输的一种方式。它是速度最快的运输方式,且机动性大,可以到达其他运输方式难以到达的地点。但是,航空运输成本高、运输能力小。因此,它适于长途运送贵重物品、鲜活货物、快递邮件等。

5. 管道运输

管道运输是利用管道输送气体、液体、粉状固体的一种运输方式。其优点是工程小、占地少,运输量大,成本也较低,受自然条件影响较小。但是,管道只能运送特定的货物,且起输量与最高输量间幅度小。因此,管道运输是一种专用的运输方式。

(二) 按运输线路进行分类

1. 干线运输

干线运输是利用铁路、公路的干线,大型船舶的固定航线进行的长距离、大批量的运输方式,是进行远距离空间位置转移的重要形式。干线运输是运输的主体。

2. 支线运输

这是与干线相接的分支线路上的运输,路程较短,运输量相对较小。支线运输是干线运输与收、发货地点之间的衔接形式。

3. 城市内运输

城市内运输是由道路系统、流量系统和管理子系统组成的一个综合体。三个子系统是相互作用的。

4. 厂内运输

厂内运输是侧重于厂内原材料、在制品、产成品的转移、堆垛调整。

(三)按运输协作程度进行分类

1. 一般运输

一般运输是指孤立地采用不同运输工具或同类运输工具而没有形成有机协作关系的运输方式,如汽车运输、火车运输等。

2. 联合运输

这是使用同一运送凭证,由不同运输方式或不同运输企业进行有机衔接的联运货物。联合运输可以利用各种运输方式的优势,发挥不同运输工具的效率。

3. 多式联运

多式联运指由一个多式联运经营人对货物运输全程负责,使用两种或两种以上的运输方式,将货物从指定地点运至交付地点的运输形式。

(四)按运输作用进行分类

1. 集货运输

集货运输是指将分散的货物汇集起来的运输形式。分散的货物汇集时,一般采取短距离、小批量的运输方式,货物集中后再利用干线运输的形式进行远距离、大批量的运输。

2. 配送运输

这是将据点中已按客户要求配好的货物分送至各个客户的运输。一般是短距离、小批量的运输。

第二节 运输的基本方式

各种运输服务都是围绕着五种基本的运输方式,即公路运输、铁路运输、水路运输、航空运输和管道运输而展开的。这五种基本运输方式各自有不同的特点,它们的技术性能、服务质量、方便程度、管理水平都会影响不同层次物流系统对运输方式的选择。因此,物流管理者必须充分了解这些运输方式及其特点,从而做出正确的选择。

一、公路运输

(一)公路运输的概念

公路运输是指使用公路设备、设施运送物品的一种运输方式,适合于短距离、小批量的运输。其服务范围不仅在等级公路上,还可延伸至等级外的公路,甚至是乡村便道。公路运输最显著的特点是灵活性。同时,它也可作为其他运输方式的衔接手段。近年来,随着我国高速公路建设速度的加快,在有铁路、水运的地区,较长途的大批量运输也开始使用公路运输方式。

(二)公路运输的分类

1. 按服务方式的不同

按公路运输的服务方式不同,可分为公路零担运输和公路整车运输。有些货物从性质、重量、体积形状等方面考虑时,不需要以一整辆车为单位运输,可以和其他货物同用一辆车运输,这种运输方式称为公路零担运输。而有些货物从性质、重量、体积形状等方面考虑时,不能和其他货物同用一辆车运输,需要以一辆或一辆以上的货车装运,这种运输方式就是公路整车运输。

2. 按技术配置的不同

按技术配置的不同,公路运输可分为一般运输和快速运输。前者指在一般公路上从事的运输活动,后者指在高速公路或等级高的汽车专用路上开展的快速运输活动。目前,公路快速运输发展迅速,实现了货物安全、准确、快速的流动。从公路快速货运的服务方式看,又可分为零担货物快速运输和整车货物快速运输。

（三）公路运输的优缺点

1. 公路运输的优点

（1）运用灵活。公路运输富于灵活性,可随时调拨,不受时间限制,可到处停靠,富于弹性及适应性。

（2）受地形气候限制小。汽车在路上行驶,可以逢山过山,受地形限制小。遇恶劣气候时,汽车较飞机、船舶所受影响小。

（3）全运程速度快。公路运输可实现"门到门"运输,以减少旅客转换运输工具所需的等待时间与步行时间。对于限时运送的货物、临时急需的货物,公路运输优于其他运输方式。

2. 公路运输的缺点

（1）载运量小。常见的货运汽车载重量为5—10吨,即使是集装箱运输车载运量达到30吨,也无法与铁路或轮船上千吨的运量相比。

（2）安全性差。由于车种复杂、路况不良、驾驶人员疏忽等因素,公路运输的交通事故较多。

二、铁路运输

（一）铁路运输的概念

铁路运输是指使用铁路设备、设施运送物品的一种运输方式。其特点是运载量大、连续性强,受自然条件影响较小。在没有水运条件的地区,几乎所有的大批量货物都是依靠铁路进行运送的。铁路运输在世界范围内得到普遍的发展,尤其在中国这样一个幅员辽阔的国家,铁路运输的作用更为明显。2008年1—5月,我国货运总发送量累计完成139 090万吨,2007年同期完成128 526万吨,比2007年同期增加10 563万吨,比2007年同期增长8.2%。可见,我国铁路运输前景光明。

（二）铁路运输的分类

1. 铁路零担运输

铁路零担运输是指托运人向铁路托运一批货物,其性质、重量、体积和形状不需要以一个及其以上车厢运输,可按零担运输的方式向铁路(承运人)办理托运手续的一种铁路运输方式。也就是说,托运货物可与其他托运货物共放一个车厢。

2. 铁路整车运输

铁路整车运输是指托运人向铁路托运一批货物,其性质、重量、体积或形状需要以一个及其以上车厢运输,应按整车运输的方式向铁路(承运人)办理托运手续的一种铁路运输方式。下列货物一般选择整车运输方式：规定限按整车办理的危险货物；需要冷藏、保温或加温运输的货物；易污染其他货物的污秽品；不易计算件数的货物；未装容器的活动物。

3. 集装箱运输

集装箱运输是指利用集装箱运输货物的铁路运输方式。它是一种既方便又灵活的运输措施,是铁路货物运输的三大种类之一。

(三) 铁路运输的优缺点

1. 铁路运输的优点

(1) 运量大、运价低、运距长、土地使用率高。铁路运输采用大功率机车牵引列车运行,可承担长距离、大运输量的运输任务。列车运行阻力小,因此能源消耗量低,系统价格低廉。铁路运输以列车为基本单元,可以在有限的土地上进行大量运输,较之公路可以节省大量的土地,使土地资源得到有效利用。

(2) 自动控制性好。铁路运输具有专用路权,在列车行驶中具有高度的导向性。采用列车自动控制方式控制列车运行,可以实现车辆自动驾驶。目前先进的列车通过电脑控制,使列车的运行达到全面自动化,甚至无人驾驶,从而大大提高运输的安全性,减轻司机的劳动强度。

(3) 受气候限制小、污染少。铁路运输具有高度的导向性,只要行车设施无损坏,在严峻的气候条件下,如雨雪、冰冻,列车均可安全行驶,所以铁路是营运很可靠的运输方式。铁路的污染性较公路低,如在噪声方面,铁路所带来的噪声污染是间断性的,而城市道路带来的噪声则是持续性的高污染。

2. 铁路运输的缺点

（1）货损较高。铁路列车行驶时的震动、货物装卸不当等因素容易造成所承载货物的损坏。此外，运输过程需要经多次中转，也容易导致货物损坏、遗失。因此，铁路运输的货损比例远高于公路运输，高价值的货物一般不考虑交由铁路承运。

（2）营运缺乏弹性。公路运输灵活机动，可以随货源或客源所在地的变化而变更营运路线，但铁路不行，所以容易产生空车回送现象，从而使营运成本增加。受到现代公路运输的竞争，铁路运输不得不持续改进营运技术与管理方法，以满足现代社会对运输的更高需求。

三、水路运输

（一）水路运输的概念

水路运输是指使用船舶运送客货的一种运输方式，主要承担大批量、长距离的运输，在干线运输中起主力作用。在内河及沿海，水路运输也常使用小型运输工具，担任补充及衔接大批量干线运输的任务。水路运输是一种古老的运输方式，在铁路出现以前，水路运输与以人力、畜力为动力的陆上运输工具相比，在运输能力、运输成本等方面均处于优越地位。在各种运输方式中，水路运输是最便宜的运输方式，但运输速度最慢。

（二）水路运输的分类

1. 按运输设施分

（1）内河运输。内河运输是指使用船舶和其他运输工具，通过国内江湖河川等天然或人工水道运输物品的一种运输方式。

（2）沿海运输。沿海运输是指沿国内海岸线，包括岛屿之间，以及岛屿与大陆之间的旅客和物品的运输。

（3）近海运输。近海运输是指使用船舶通过大陆邻近国家海上航道运送客货的一种运输形式。

（4）远洋运输。远洋运输又称海洋运输，是指为进出口贸易、经济交流和人员往来服务的国与国之间的海上客货运输。

2. 按运输工具分

船舶是水路运输的运输工具,根据船舶的类型,水路运输可以分为不同的种类。货运船舶简称货船,是运送货物的船舶的统称,一般不载客,若附载旅客,则不超过12人。

(1) 散货船运输。散货船是专门运输谷物、水泥、矿砂、煤炭等大宗散装货物的船舶。其载重量通常为3万吨左右,少数能达到几十万吨。其特点是:单层甲板、尾机型、船体肥胖、航速较低,因常用专用码头装卸,船上一般不设装卸设备。由于散货船具有运货量大、运价低等特点,目前在各类船舶的总吨位中位居前列。

(2) 杂货船运输。杂货船运送的单件物品,最小的为几十千克,最大的可达几百吨。杂货船的排水量小到几吨,大到1万—2万吨。它的航线遍布内河和大海,到达的港口也大小不等。杂货船又分为普通型杂货船与多用途杂货船。普通型杂货船装卸效率低,于是逐渐出现了一些多用途杂货船,它既可以装杂货,也可以装散货、集装箱等,提高了船舶的揽货能力与装卸效率。

(3) 集装箱船运输。集装箱运输的发展是交通运输现代化的重要标志之一。集装箱船是载运规格统一的标准货箱货船,具有装卸效率高、经济效益好等优点。集装箱船的特点是船型尖瘦,舱口尺寸大,便于装卸。船舱内有导轨与水平木材组成的格栅结构,便于垂直装卸集装箱。通常船上无装卸设备,由码头装卸,以提高装卸效率。由于甲板上装集装箱,船舶重心高,受风面积大,故集装箱船常需要压载,以确保足够的稳定性。

(4) 滚装船运输。滚装船是在汽车轮渡的基础上发展演变而来的,它将载货的车辆连货带车一起装船,到港后一起开出船外。滚装船的装卸效率很高,每小时可达1 000—2 000吨,且实现了从发货单位到收货单位的"门—门"直接运输,减少了运输过程中的货损和差错。除此之外,船与岸都无需起重设备,即使港口设备条件很差,滚装船也能高效率装卸。因此,滚装船成为迅速发展的新船型。滚装船具有多层甲板,甲板间的船舱高度较大,从侧面看,水上部分很高,没有舷窗。

(5) 液货船运输。专门运送散装液体的船被统称为液货船,如油船、液体化学品船和液化气船等。液体散货的理化性质差别很大,因此运送不同液货的船舶,其构造与特性也有很大差别。油船一般只有一层甲板。液体化学品船是专门运输有毒、易挥发及属于危险品的化学液体的船舶,除要求双层底外,还要求货舱区有双层壳结构、透气系统和温度控制系统;此外,根据实际需要还设有惰性气体保护系统。

(6) 冷藏船运输。冷藏船是专门运送冷冻货物的船,船上设置冷藏舱,对制冷、隔热有特殊要求。其吨位较小,航速较高,一般在22 kn 以上。

(7) 驳船运输。驳船常指靠拖船或推船带动且为单甲板的平底船,主要用于沿海、内河或港内驳运货物。驳船上层建筑简单,一般无装货、卸货设备。有的驳船自己有动力装置,称为自航驳。驳船具有结构简单、造价低廉、编组灵活、管理维护费用低、可航行于浅狭水道等特点。因此,它在内河运输中占有重要地位。

(8) 载驳船运输。载驳船又称为子母船,表现为一只大型机动船运载一批驳船(子船)。当母船到锚地时,驳船队从母船卸到水中,再由拖船或推船将其带走。

(三) 水路运输的优缺点

1. 水路运输的优点

(1) 运输量大。船舶货舱的空间比其他运输工具都大。因此,其载重量比空运或陆运都要大。一列火车的载运量是2 000多吨,超长、重、大列车可以达到万吨。但是船舶的载运量比它还要大得多。随着国际航运中船舶朝大型化发展,远洋运输中万吨船属于最基本、最普通的载量。

(2) 运输费用低。水路运输基本建设投资少,能源消耗少,相应的运输费用也低。有关资料统计显示,在一定条件下,水路运输费用只相当于铁路运输的20%—30%,相当于公路运输的7%—20%。因此,水路运输是最低廉的运输方式,适于运输费用负担能力较弱的原材料及大宗物资的运输。

(3) 续航能力大。商船出航,所携带的燃料、粮食及淡水,可历时数十日。而且商船具有独立生活的各种设备,如发电、制造淡水、储藏大量粮食的粮仓、油槽等,能独立生活。这些条件是其他运输方式无法比拟的。

2. 水路运输的缺点

（1）运送速度慢。船舶的行驶速度一般远低于其他运输工具,例如船舶中运行速度最快的集装箱船最大速度约为汽车、火车的三分之一。而且船舶的加速度慢,需较长时间才能达到最大航行速度。由于船舶运输能力庞大,货物在码头装船和卸船的时间也长。上述种种原因都造成水路运输速度慢。

（2）受自然条件影响较大。内河航道和某些港口受季节影响较大,冬季结冰、枯水期水位变低,难以保证全年通航。尤其是远洋运输,船舶行驶在大海上,遇到台风或者暴雨等恶劣天气时,无处躲避。

四、航空运输

（一）航空运输的概念

航空运输是使用飞机运送客货的运输方式。在短短半个多世纪内,航空运输得到了快速的发展,这与其速度快、机动性大的特点是分不开的。航空运输的单位成本很高,因此,主要适合运载两类货物:一类是价值高、运费承担能力很强的货物,如贵重设备的零部件、高档产品;另一类是紧急需要的物资,如救灾抢险药品。

（二）航空运输的优缺点

1. 航空运输的优点

（1）速度快。这是航空运输最大的优势。现代喷气式飞机,巡航速度可以达到900公里/小时,比汽车、火车快5—10倍,比轮船快20—30倍。

（2）地形限制少,机动性大。飞机在空中飞行,受陆地地形因素的限制很少,受航线条件限制的程度也比汽车运输、铁路运输和水路运输小得多。飞机可以将地面上任何距离的两个地方连接起来,进行定期或不定期飞行。尤其对灾区的救援、供应,对边远地区的紧急救助等任务,航空运输是必不可少的手段。

（3）安全性高。喷气式飞机的巡航高度在10 000米左右,飞行不受低空气流的影响,平稳舒适。由于科学技术的进步和飞机适航性的严格要求,航空运输的安全性比以往有了很大的提高,成为最安全的运输方式。

2. 航空运输的缺点

(1) 运载运量小、成本高。由于受飞机机舱容积制约,航空运输载运量小,运载成本和运价比地面运输高。

(2) 气象条件限制大。飞机在起飞和降落时受气象条件限制很大,例如浓雾、冰雪天气造成飞机无法正常起飞。飞机在空中飞行时,也受气象条件的影响,例如气流、雷电会影响飞机的航期和安全。

五、管道运输

(一) 管道运输的概念

管道运输是利用管道输送气体、液体和粉状固体的一种运输方式。其运输功能是靠物体在管道内顺着压力方向循环移动来实现的。管道运输与其他运输方式的最大区别在于管道设备是静止不动的,是运输工具和运输通道合二为一的一种专门运输方式。管道运输采用密封设备,可以避免物品在运输过程中的散失、丢失等损耗,也不存在其他运输工具本身在运输过程中消耗动力所形成的无效运输问题。管道运输具有运输量大、连续作业的特点,适合于批量大且连续不断运送的物品。

(二) 管道运输的优缺点

1. 管道运输的优点

(1) 运量大。管道运输可以完成大批量的输送任务。例如,一条管径720毫米的管道,可年输已凝高粘原油2 000万吨以上,相当于一条铁路的运量;一条1 220毫米的管道,年输量可达1亿吨以上。

(2) 占地少,运距佳。管道多埋于地下,占用土地少。管道既可以从河流、湖泊乃至海洋的水下穿过,也可以翻越高山、横越沙漠,允许敷设坡度较铁路、公路大,而且易选取捷径以缩短运距。

(3) 稳定性强,便于管理。由于受恶劣气候条件的影响较小,管道运输可以长期连续不断地稳定运行。同时,管道运输自动化程度高,易于远程监控,维修量小,劳动生产率高。

(4) 损耗少,安全可靠。管道运输采用密封设备,运输物品的损耗少、安全性高。例如,易燃的油、气密闭于管道中,既可以减少挥发损耗,又可以提高运输安全。此外,管道运输沿途无噪声,对环境污染少。

(5) 耗能少、运输费用低。输送每吨公里轻质原油的能耗一般只有铁路的 1/15。成品油运费仅为铁路的 1/4,且无需装卸、包装,无空车回程问题。

2. 管道运输的缺点

(1) 运输物品要求高。管道运输是使用管道输送流体货物的一种运输方式,所输送的物品主要有油品、天然气、煤浆以及其他矿浆。因此,运输物品过于单一。

(2) 永远是单向运输,机动灵活性小。管道运输不如其他运输方式灵活机动,货源减少时不能改变路线。因此,当运输量降低较多并超出合理运行范围时,其优越性就难以发挥。因此管道运输只适于定点、量大、单向的流体运输。

(3) 一次性固定投资大。管道制造、铺设等的一次性固定投资相对较大。

以上五种基本运输方式的特点是物流企业在选择运输方式时参考的重要指标。对我国物流企业来说,在选择运输方式时,最重要的是考虑运输成本。而对运输成本影响显著的营运特性是运输价格、运输速度、货物的安全可靠性(货物的灭损情况)以及运输方式的可得性(运输方式服务于给定的两个地点间的能力)。现将五种运输方式的各种营运特性归纳如下(见表 3-1 所示)。

表 3-1 五种运输方式

营运特性	公路运输	铁路运输	水路运输	航空运输	管道运输
价 格	2	3	5	1	4
速 度	2	3	4	1	5
可靠性	2	3	4	5	1
可得性	1	2	4	3	5

注:排名分别按照由大到小、由高到低的顺序。

第三节 运输的合理化

运输是物流中最重要的功能要素之一,所以物流合理化在很大程度上依赖于运输合理化。在物流过程中,所谓合理运输,就是按照物品流通规律、交通运输条件、货物合理流向、市场供需情况,走最少的里程,经最少的环节,用最少的运力,花最少的费用,用最短的时间,把物品从生产地运到消费地。概括地说,就是用最少的劳动消耗,运输更多的物品,取得最佳的经济效益。

一、运输合理化的影响因素

运输合理化的影响因素很多,起决定性作用的有以下 5 个因素,称为合理运输"5 要素"。

(一)运输距离

运输是物品在空间上的移动,移动距离的长短是决定运输合理性的一个基本因素。物流部门在组织物品运输时,首先要考虑运输距离的问题。缩短运输距离从宏观、微观上都会带来好处。在运输时,运输时间、运输货损、运输费用、运输工具周转等若干技术经济指标,都与运输距离有一定的比例关系。

(二)运输工具

每种运输工具都有其使用的优势领域,对运输工具进行优化选择,按照运输工具的特点实施运输作业,最大限度地发挥所用运输工具的作用,是运输合理化的重要一环。随着交通运输日益发展、各种运输工具相互并存,必须注意选择运输路线,合理使用运力。应根据不同货物的特点,利用铁路、水运或汽车运输,选择最佳的运输路线。还要积极改进车船的装载技术和装载方法,使用最少的运力,运输更多的物品,从而提高运输生产效率。

(三)运输环节

每增加一次运输,不但会增加起运的运费和总运费,而且必然增加运输的附属活动,如装卸搬运、包装等,各项技术经济指标也会因此下降。因此,运输环节也是决定合理运输的一个重要因素。物品运输时,应尽可能减少运输环节,尤其是同类运输工具的环节,以促进运输的合理性。物流部门在调运物资时,对有条件直运的,应尽可能组织直达、直拨运输,使物资不进入中转仓库,越过一切不必要的中间环节,减少二次运输。

（四）运输时间

运输是物流过程中时间花费较多的环节,尤其是远程运输。在全部物流时间中,运输时间占了绝大部分。因此,运输时间的缩短对整个流通时间的缩短有决定性的作用。除此之外,运输时间短,有利于运输工具的加速周转,充分发挥其运力;有利于货主资金的周转;有利于运输线路通过能力的提高,对运输合理化有很大贡献。总之,在物流过程中,必须特别强调运输时间,使物品不要长期停留在运输过程中。

（五）运输费用

运输费用在全部物流费用中占有很大比例,运费高低在很大程度上决定着整个物流系统的竞争能力。运输费用的高低不仅关系到物流企业或运输部门的经济核算,而且也影响商品的销售成本。因此,运输费用的降低,对货主企业、物流经营企业来说,都是运输合理化的一个重要目标。对运输费用的判断还可以作为各种合理化实施是否行之有效的最终判断依据。

上述五个因素互相联系、互相影响,有时甚至是相互矛盾的。如在一定条件下,运输时间快了,费用不一定省;或者运输费用省了,而时间却慢了。因此,寻求最佳运输方案时,要综合比较分析各种因素。在一般情况下,运输时间快、运输费用省是考虑合理运输的两个主要因素,因为它们集中地体现了运输过程中的经济效益。

二、不合理运输的表现形式

不合理运输是指在现有条件下可以达到运输水平而未达到,从而造成运输时间增加、运力浪费、费用超支等问题的运输形式。不合理运输表现为以下几种形式：

(一)返程或启程空驶

空车无货载行驶,可以说是不合理运输最严重的表现形式。运输组织有时必须调运空车,从管理上不能将其看成不合理运输。但因调运不当、不采用社会化的运输体系、货源计划不周等原因而造成的空驶,则属于不合理运输,具体表现如下:一是由于工作失误或计划不周,造成货源不实,车辆空去空回,形成双程空驶。二是能利用社会化的运输体系而不利用,仍依靠自备车送货、提货,导致单程重车、单程空驶的不合理运输。三是由于车辆过分专用,无法搭运回程货,只能单程实车,单程回空周转。

(二)对流运输

对流运输又称为相向运输、交错运输,是指同一种物品或彼此间可以互相代用的物品,在同一线路上或平行线路上,朝着相反方向运行,而与对方运程的全部或部分发生重叠交错的现象。对流运输可以进一步分为明显对流和隐蔽对流。前者是指发生在同一条线路上的对流运输。后者指同一种物品违背了近产近销的原则,沿着两条平行的线路朝相对的方向运输。对于已经制定了合理流向图的物品,一般必须按合理流向的方向运输,如与合理流向图指定的方向相反,也属于对流运输。

(三)迂回运输

迂回运输是舍近取远的一种运输表现。物品运输本来可以走直线或者更短的路线,却选取绕道而行,是一种不合理形式。迂回运输具有一定的复杂性,不能简单认定。当最短距离的线路由于发生交通阻塞、道路情况不好或者有对噪声、排气等特殊限制而不能使用时发生的迂回,则不能称为不合理运输。只有因计划不周、组织不当、地理不熟而发生的迂回,才属于不合理运输的范畴。

(四)重复运输

重复运输具体表现在以下两个方面:一是一批物品本来可以一次直接运送至目的地,但由于组织工作的失误,使物品在中途停卸,又重复装运的现象。二是同一品种的物品在同一地点一面运进,一面又向外运出。重复运输的最大弊端是增加了不必要的中间环节,从而延缓了流通速度,增加了费用,也增加了货损的可能性。

(五)倒流运输

倒流运输是指物品从销地或中转地向产地或起运地回流的一种运输现象。倒流运输的不合理程度要甚于对流运输,其原因在于往返两程的运输都是不必要的,从而形成了双程的浪费。倒流运输也可看成是隐蔽对流的一种特殊形式。

(六)过远运输

过远运输是指调运物资舍近求远,近处有资源不调而从远处调,拉长了运输距离,从而造成一系列浪费现象,如运输工具周转放慢、占用运力时间长、物资占压资金时间长、货物破损可能性增加、费用支出上涨等。

(七)运输工具选择不当

运力选择不当是指未充分掌握各种运输工具的优势,而没有正确选择、合理利用运输工具,从而造成运输成本高、运输速度慢等不合理现象。常见的有以下几种情况:一是弃水走陆,即可以同时利用水运及陆运时,不利用成本较低的水运而选择成本较高的路运。二是铁路、大型船舶的过近运输,例如不在铁路及大型船舶的经济运行里程内,却利用这些工具进行运输。三是运输工具承载能力选择不当。不根据承运货物数量及重量进行选择,盲目决定运输工具,会造成过分超载、损坏车辆、货物不满载等不合理现象。

(八)托运方式选择不当

托运方式选择不当是对于货主而言的,货主本应选择最理想的托运方式而未选择,造成了运力浪费及费用支出加大的不合理现象。例如,应选择整车运输而采取零担托运,应当直达却选择了中转运输,应当中转运输却选择了直达运输。

三、运输合理化的途径

(一)提高运输工具实载率

运输工具的实载率有两个含义:一是单车、单船、单机实际载重与运距之乘积和标定载重与行驶里程之乘积的比率。在安排单车、单船、单机运输时,这个比率是作为判断装载合理与否的重要指标。二是车、船、机的统计指标,即一定时期内车、船、飞机实际完成的货物周转量(一般以吨公里计)占车、船、飞机载重吨位与行驶公里之乘积的百分比。在计算时,车、船、飞机行驶的公里数,不但包括载货行驶,也包括空驶。

提高运输工具实载率的意义在于:充分利用运输工具的额定能力,减少运输工具空驶和不满载行驶的时间,从而实现运输的合理化。例如,在铁路运输中,采用整车运输、合装整车、整车分卸及整车零卸等具体措施,都能提高实载率。当今国内外积极开展的"配送"形式也是运输合理化的体现,其优势之一就是能将多家需要的货和一家需要的多种货实行配装,以充分合理地运用运输工具的容积和载重。"配送"形式比起以往自家提货或一家送货车辆大部分空驶的状况,是向运输合理化迈进了坚实的一步。

(二) 减少运力投入、增加运输能力

这种合理化的要点是,少投入、多产出,走高效益之路。运输的投入主要是能耗和基础设施的建设,在基础设施已定的情况下,尽可能减少能源投入,是少投入的核心。这样做就能大大节省运费,降低单位货物的运输成本,达到运输合理化的目的。实现减少运力投入、增加运输能力的具体方法有很多,例如在公路运输时,利用汽车挂车的原理,充分利用汽车动能,增加运输能力;在铁路运输中,在机车能力允许的情况下,多加挂车皮,增加运量;在水路运输中,利用竹子、木头本身的浮力,不用运输工具载运,采取拖带法运输,省去运输工具本身的动力消耗;在内河货运中,将驳船编成队形,机动船顶推前进,从而减少阻力,加快速度,降低运输成本。

(三) 发展社会化的运输体系

运输社会化是指发挥运输的大生产优势,实行专业分工,打破一家一户自成体系的运输状况,统一安排运输工具,避免空驶、对流、倒流、运力不当等多种不合理形式,不但可以追求组织效益,而且可以追求规模效益。由于一家一户车辆自有,自我服务,不能形成规模,且一家一户运量需求有限,难以自我调剂,故经常容易出现空驶、不能满载、运力选择不当等浪费现象,且配套的接、发货设施,装卸搬运设施也很难有效地运行,浪费很大。各种联运体系体现了较高水平的运输社会化,它们充分利用面向社会的各种运输系统,通过协议进行一票到底的运输,有效地打破了一家一户的小生产方式。

(四) 开展中短途距离铁路公路分流

目前,公路的经济里程一般为200—500公里。随着高等级公路的发展,高速公路网络的形成,新型、特殊货车的出现,公路的经济里程甚至可以达到1 000公里以上。以公路运输代替铁路运输的要点是:在公路运输经济里程范围内,或者经过论证,超出平均经济里程范围,也尽量利用公路运输方式。这种运输合理化的表现主要有两点:一是对于比较紧张的铁路运输,利用公路分流后,可以得到一定程度的缓解;二是充分利用公路"门到门"和中途运输速度快且灵活机动的优势,以弥补铁路运输服务的不足。

(五) 运用直达运输

直达运输,就是在物品运输过程中,越过商业、物资仓库环节或者铁路、交通中转环节,把物品从产地或起运地直接运到销地或客户,以减少中间环节。通过直达运输,可以提高运输速度,节约装卸费用,降低中转货损,是追求运输合理化的重要形式。近年来,随着经济体制的改革,在流通领域提出了"多渠道、少环节"的口号。面对一线消费者的卖场直接进货、自由采购的范围越来越大,直达运输的比重也逐步上升。此外,在生产资料、生活资料运输中,通过直达,建立稳定的产销关系和运输系统,也有利于提高运输的计划水平,大大提高了运输效率。

(六) 利用配载运输

配载运输是充分利用运输工具载重量和容积,合理安排装载货物及载运方法,以求得运输合理化的一种方式。同时,配载运输也是提高运输工具实载率的一种有效形式。配载运输往往是轻、重商品的混合配载,在以重质货物运输为主的情况下,同时搭载一些轻泡货物。例如,海洋运输中,船上装载着矿石、黄沙等重质货物,那么在舱面,可以捎运木材、毛竹等轻质货物;在铁路运输中,火车装运矿石、钢材等重物时,其上面可搭运农、副产品等轻物。配载运输在基本不增加运力投入、不减少重质货物运输的情况下,解决了轻泡货物的搭运,具有显著的效果。

(七) 组织"四就"直拨运输

"四就"直拨就是减少中转运输环节,力求以最少的中转次数完成运输任务的一种形式,就厂直拨,就车站(码头)直拨,就库直拨,就车(船)过载。"四就"直拨和直达运输是两种不同的合理运输方式,它们既有区别又有联系。两者的出发点是一样的,都是为了减少中间环节,从而实现运输的合理化。两者的区别在于:直达运输一般是针对里程较远、批量较大,往省(区)外发运的货物;"四就"直拨运输一般是对于里程较近、批量较少,在大中城市三级站所在地办理的直拨运输业务。两者往往交错在一起的,例如在实行直达运输的同时,再组织"就厂""就站"直拨,可以收到双重的经济效益。

（八）开发特殊运输技术和运输工具

依靠科学技术进步也是运输合理化的重要途径。例如,"滚装船"的发明,解决了车载货的运输问题;集装箱船的运用,解决了容纳更多箱体的问题;专用散装及罐车的发明,解决了液状物、粉状物运输损耗大、安全性差等问题;袋鼠式车皮、大型半挂车的利用,解决了大型设备整体运输问题。可见,通过先进的科学技术,开发特殊的运输工具,可以实现运输的合理化。

（九）进行流通加工

有些物品由于其本身形态及特性问题,很难实现运输的合理化,但只要对其进行适当加工,就能够有效解决合理运输问题。例如,将造纸材料在产地预先加工成干纸浆,然后压缩体积运输,就能解决造纸材料运输不满载的问题;将轻泡产品预先捆紧包装成规定尺寸,就容易装车,提高装载量;将水产品及肉类预先冷冻,就可以提高车辆装载率,降低运输损耗。

 **本章小结**

运输是指通过合理的方法,利用运输工具和运输设施,实现人和物的载运及输送。在理解运输的含义时,要注意区分运输与搬运、运输与配送两组概念。运输的重要性表现在以下四个方面:运输是物流的最基本的一项活动;运输能够创造"空间效用";运输是社会物质生产的必要条件之一;运输是"第三利润源泉"的主要源泉。

按照不同的划分依据,运输可以分为不同的类型。按照运输设施的不同,运输分为公路运输、铁路运输、水路运输、航空运输和管道运输五种运输方式。这是一种最基本的分类方式。这五种基本运输方式各自有不同的特点,它们的技术性能、服务质量、方便程度、管理水平都会影响不同层次物流系统对运输方式的选择。

所谓合理运输,就是按照物品流通规律、交通运输条件、货物合理流向、市场供需情况,走最少的里程,经最少的环节,用最少的运力,花最少的费用,用最短的时间,把物品从生产地运到消费地。运输合理化的影响因素很多,起决定性作用的有以下5个因素:运输距离、运输工具、运输环节、运输时间、运输费用。不合理运输是指在现有条件下可以达到运输水平而未达到,从而造成运输时间增加、运力浪费、费用超支等问题的运输形式。本章列举了八种不合理的运输形式,提出了九条运输合理化的途径。

思考题

1. 运输的定义是什么?其重要性表现在哪些方面?
2. 运输有哪些分类方法?
3. 运输有哪几种基本方式?它们各自有什么优缺点?
4. 结合实际说明运输合理化的含义以及影响运输合理化的因素有哪些?
5. 不合理运输有哪几种表现形式?
6. 简述实现运输合理化的途径。

练 习 题

一、单项选择题

1. (　　)富于灵活性,可随时调拨,不受时间限制,可到处停靠,富于弹性及适应性。
   A. 公路运输　　　　　　　　B. 铁路运输
   C. 水路运输　　　　　　　　D. 航空运输

2. (　　)具有运量大、运价低、运距长、土地使用率高的优点。
   A. 公路运输　　　　　　B. 铁路运输
   C. 水路运输　　　　　　D. 航空运输

3. 自动控制性好、安全性高、司机劳动强度低的运输方式是(　　)。
   A. 公路运输　　　　　　B. 铁路运输
   C. 水路运输　　　　　　D. 航空运输

4. (　　)是费用最低廉的运输方式,适于运输费用负担能力较弱的原材料及大宗物资的运输。
   A. 公路运输　　　　　　B. 铁路运输
   C. 水路运输　　　　　　D. 航空运输

5. 下列运输方式中,不合理的是(　　)。
   A. 驳船编队运输　　　　B. 满载运输
   C. 倒流运输　　　　　　D. 配载运输

6. 下列水路运输方式中,装卸效率最高的是(　　)。
   A. 散货船运输　　　　　B. 杂货船运输
   C. 滚装船运输　　　　　D. 液货船运输

二、多项选择题

1. 在物流过程中,运输的重要性具体表现在(　　)。
   A. 运输是物流最基本的一项活动
   B. 运输能够创造"空间效用"
   C. 运输是"第三利润源泉"的主要源泉
   D. "运输是社会物质生产的必要条件之一"
   E. 运输能完善干线运输体系

2. 按照运输设施的不同,可以将运输分为(　　)。
   A. 公路运输　　　　　　B. 铁路运输
   C. 水路运输　　　　　　D. 航空运输
   E. 管道运输

3. 按照运输线路的不同,可以将运输分为(　　)。

A. 干线运输　　　　　　B. 支线运输
C. 城市内运输　　　　　D. 区域内运输
E. 厂内运输

4. 按照运输协作程度的不同,可以将运输分为(　　)。
A. 集货运输　　　　　　B. 配送运输
C. 一般运输　　　　　　D. 联合运输
E. 多式联运

5. 按照运输作用的不同,可以将运输分为(　　)。
A. 集货运输　　　　　　B. 配送运输
C. 一般运输　　　　　　D. 联合运输
E. 多式联运

6. 公路运输的优点有(　　)。
A. 运用灵活　　　　　　B. 受地形气候限制小
C. 全运程速度快　　　　D. 载运量大
E. 安全性好

三、是非题(A 为正确,B 为错误)

1. 一般的运输活动包括各种各样的运输方式,配送是其中的一种。(　　)

2. 搬运是短距离的空间位置转移,而运输是长距离的空间位置转移。(　　)

3. 按照运输设施的不同,运输可分为公路运输、铁路运输、水路运输、航空运输和管道运输五种运输方式。这是一种最基本的分类方式。(　　)

4. "四就"直拨和"直达运输"是两种完全不同的合理运输方式。(　　)

5. "四就"直拨和"直达运输"出发点是一样的,都是为了减少中间环节,从而实现运输的合理化。(　　)

6. 物品运输时,应尽可能减少运输环节,尤其是同类运输工具的环节,以促进运输的合理性。(　　)

案例分析题

玫瑰花的生死时速

资料来源：樊宏、吴海民，《新编物流管理教程》，
华南理工大学出版社，2004年

南美洲厄瓜多尔中部科托帕希火山地区地势险要，山高林密，但是常年气候温暖，雨水丰富，是盛产玫瑰花和其他珍贵花卉的好地方。布里恩的"农场直达"花卉公司向北美各大城市配送的玫瑰花就是从坐落在厄瓜多尔中部科托帕希山区四周的3家大型农场定点采购的。为了避免在运输过程中进行重新包装，所有的玫瑰花在科托帕希农场收割后，立即现场包装，每150株玫瑰花包成1盒，然后装入集装箱，运送到厄瓜多尔首都基多的国际机场。根据鲜花种植专家测定，玫瑰花从农场收割之后，在正常情况下可以保鲜14天。最科学的保鲜办法是，收割下来并准备长途运输的玫瑰花应该尽快装入纸盒并立即存储在冷藏集装箱内。在"农场直达"花卉公司的统一安排下，这些集装箱连夜运送到美国迈阿密机场，第二天早上，海关当局、检疫所和动植物检验所进行例行检查，然后再把鲜花发往北美各大城市的汽车站。

按理说，美国人甚至加拿大人有足够的时间去欣赏来自南美洲厄瓜多尔的新鲜玫瑰花。但是在物流过程中由于遇到种种事先无法估计的不确定因素，总是会出现事与愿违、令人不愉快的事情。首先是在物流过程中的每一个环节上会出现意外"抛锚"。从科托帕希农场运出的刚刚收割的玫瑰花一经包装，必须在晚上8时之前运到基多机场，然后飞机必须连夜起飞，直抵迈阿密。可是在这个过程中可能会遇到飞机脱班、晚点，飞机舱容不够，装不下全部鲜花集装箱等难题。好不容易运到迈阿密国际机场，可能在机场仓库耽搁不少时间，冷藏集装箱的温控设备失灵，箱内温度升到华氏60度，严重影响玫瑰花的保鲜质量。

等到迈阿密国际机场的美国海关官员打开集装箱检查的时候,玫瑰花几乎全部腐烂了。如果说玫瑰花还有4天保持鲜活,那运气算是不错的了。当航空货机抵达迈阿密机场的时候,鲜花必须迅速运到温控仓库里,否则容易发生霉变和腐烂。把鲜花从飞机舱口运送到保温仓库的时间非常关键,但是货主为了节约运费,竟然把鲜花直接装运在敞口的卡车上,完全暴露在空气中。即使进入温控仓库,已经怒放的玫瑰花还是不够安全,必须在规定的时间内配送到南部佛罗里达州,从那里用集装箱卡车或者短程飞机运送到零售商手中。还有一些花卉批发商,竟然把玫瑰花箱子装在客机的底部货舱内,那里的条件最差,飞机在高空飞行时,货舱的气温很低,玫瑰花很容易被冻坏。

一体化快递带来准时、稳定的物流

布里恩的任务就是把不远万里来自拉丁美洲农场收割下来的新鲜玫瑰花迅速送到北美洲各大城市的消费者手中。他不只一次地发现在这个过程中的每一个环节,一旦处理不到位,都可能成为新鲜玫瑰花的保鲜"杀手"。每天晚上,好几架空运货机,满载着刚从拉丁美洲收割的玫瑰花,徐徐降落在迈阿密国际机场,经过简短的手续后,鲜花被装载到专程前来接运的集装箱卡车或者国内航空班机上,直接运送到国内各地的物流链配送服务站、超级市场和大卖场,再通过它们飞速传送到北美大陆各大城市街道上的花店、小贩、快递公司和消费者手中。鲜花物流系统的操作过程,听起来挺不错,但是其中的酸甜苦辣,只有布里恩最清楚。这位鲜花公司老板一直在抱怨花卉货运代理、承运人和飞机场非常缺乏按时保质运输鲜花所必需的物流设备和资源,否则他的新鲜玫瑰花交易在北美市场可以搞得更加红火。

目前,"农场直达"花卉公司分别与联邦快件公司和联合包裹服务公司签订有关提供一体化快递服务合同,通过他们的运输服务把鲜花直接运送到美国各地,而不再搭乘民航飞机,聘用卡车公司运送玫瑰花,以前的办法虽然运费低廉但是事故索赔不断,往往会误事。一体化快递服务给"农场直达"花卉公司带来准时、稳定的物流服务,公司的玫瑰花生意好做多了。当然,快递服务的成本很高,但是在鲜花物流行业中,迄今没有其他替代办法。过去采用民航班机和集装箱卡车运送,一旦抛锚或者发生耽搁,运送的鲜花就彻底完蛋。"农场直达"花卉公司在2001年用Fedex航班运送花卉,成功率可以达到98.4%,失败率为1.6%,这个1.6%虽然比例不大,但是对"农场直达"和其他花卉公司来说却是一个不小的损失。一盒150株玫瑰花,每株采购价格是25美分,运输价格每株20美分,每纸盒150株玫瑰花的净成本是67.5美元,批发给花店老板或者说花商是150美元,"农场直达"从中净赚82.5美元,而花店转手的零售价是650美元,这就是说每损失一纸盒玫瑰花,仅仅花商就要损失500美元;损失100纸盒玫瑰,花商要损失5万美元。

现在,由于花卉运输管理非常有效,物流服务稳定可靠,"农场直达"花卉公司向消费者承诺,从他们那里批发销售的新鲜玫瑰花可以在家里放置至少4天而不败。

专业物流服务把"碰运气"变成好运气

"农场直达"的花卉交易,尽管只有一种货物,但由于是鲜花,最容易变质、枯萎或者腐烂,对于物流的要求非常苛刻,其中的关键是把新鲜花卉运输途中可能遇到的各种障碍和意外风险降低到最低点。2001年1月,在农场直达花卉公司的牵头下,由赫尔曼国际货运代理公司主持,专门成立了迈阿密赫尔曼保鲜物流公司,专门从事新鲜花卉的进口运输工作。他们认为,鲜花交易的区域性非常强,从事鲜花交易的公司企业非常多,过去他们都是各干各的,在各自的区域,他们个个都是花卉专家,都是交易高手,但是都无法根本解决进口鲜花在运输过程中易腐变质的问题。因此鲜花进出口生意竟然变成了碰运气的生意和"上帝的差事"。美国每年进口数亿美元的鲜花,唯缺专业化保鲜物流服务,结果鲜花屡屡在运输途中出事,损失巨大。因此,潜力巨大的保鲜物流不仅能够减少不必要的运输挫折,而且能够为物流公司带来更多的利润。为了进一步促进"门到门"保鲜运送业务,赫尔曼国际保鲜物流公司在迈阿密国际机场建立一座7万平方米的保鲜仓库,在西雅图国际机场另外又成立专门从事新鲜花卉物流的洲际货运代理公司。开业的第一年,赫尔曼保鲜物流公司的利润达到6千万美元。2002年起,总部仍然设立在美国迈阿密的赫尔曼国际保鲜物流公司分别在智利、澳大利亚、新西兰、危地马拉、哥斯达黎加、萨尔瓦多、洪都拉斯、秘鲁和英国伦敦设立物流办事处,把花卉传送业务扩大到海洋水产传送。

更有意思的是,赫尔曼保鲜物流服务公司准备在2002年下半年在国际传统花卉王国荷兰设立物流办事处机构。荷兰的花卉闻名于世,但是价格昂贵。拉丁美洲中部国家,如哥伦比亚和厄瓜多尔虽然在农场花卉栽培技术上比荷兰等国家落后至少20年,但是那里出产的花卉质量并不低,迄今为止哥伦比亚和厄瓜多尔的花卉农场已经各自发展到400多家,产量高而价格低廉得多,具备相当强劲的价格优势和竞争实力,能够在国际市场上与荷兰等地的花卉抗衡。目前为美国进口的花卉中有1/3来自南美洲,而且几乎全部是专机空运。据美国波音航空公司提供的统计资料显示,2001年该公司经营的从南美洲到美国的北向航线的50余万吨空运货物中,花卉运量占36%。南美洲花卉生产的大发展进一步促进了花卉国际贸易和花卉国际物流业的发展,使货物空运业出现了前所未有的繁荣景象。据波音航空透露,花卉运输带来的收益是该公司经营的南美到美国货物空运航线总收益的1/4。

请思考:

1. 改革前的鲜花运输过程中存在哪些问题?
2. 结合案例,总结直达运输的好处。
3. 结合案例,总结发展社会化的运输体系的益处。

第四章

仓　　储

学习要点

- 掌握仓储的概念及性质
- 掌握仓储的意义及作用
- 掌握仓储的种类
- 掌握仓储的任务和要求
- 了解仓库的概念
- 掌握仓库的功能
- 掌握仓库的一般布局
- 掌握仓储的基本原则
- 理解仓储作业的组织原则
- 了解未来仓储的主要趋势
- 掌握仓储管理现代化的主要内容

导引案例

四种典型仓储企业实际案例

资料来源：www.jctrans.com（锦程物流网）2008 年 3 月

保税仓

　　福保赛格在深圳市福田保税区拥有 28 000 平方米的保税仓。福田保税区的特点在于有通向香港落马洲的进出境通道（一号通道）和通向

深圳市区的进出关通道(二号通道)。货物进出境只需向海关备案,而进出关则需要报关。客户可以利用保税区境内关外的政策优势,实现整批进境,分批入关的延迟纳税优惠,或提前退税的好处。

福保赛格的主要客户包括日本理光国际通运有限公司、华立船务有限公司、伯灵顿国际物流有限公司、华润物流等近百家外资、港资物流企业和分布于珠三角地区的制造企业。福保赛格面向这些企业,提供保税仓的长租和短租服务,并附带从事流通加工等物流增值服务。福保赛格的在职员工约40名。包括5名管理人员,10名左右的叉车工人和搬运工人,另外还有报关员、报检员、客户服务人员、仓库管理员、勤杂人员(含门卫和设备检修人员)等约20多人。

福保赛格的赢利模式是以仓库库位出租为核心的物流服务项目的收费。基本收费项目是仓租费。另外还有装车、卸车、并柜/拼箱,对货品进行贴标、缩膜/打板、换包装、简单加工(如分包、重新组合包装、简单装配等),以及代客户进行报关、报检等服务项目的收费。主要支出是人工、水电、仓储物和设备折旧带来的维修维护费用等。

福保赛格的仓库主要是平面仓,有部分库区采用立体货架。以托盘为基本搬运单元,用叉车(以及地牛)进行进出库搬运和库内搬运。一楼是越仓区,有五辆燃气动力的叉车。二楼到十楼为储存区,每层都有一到两台电动叉车(用蓄电池驱动)。有两个大型货运电梯上下。车辆停靠的月台有十多个车位,可以停靠货柜车、箱式车等多种型号的运输车辆。

福保赛格目前仍然是以订单为驱动,以业务为中心进行运作的仓储服务企业。还没有转型到以客户服务为中心。在该公司管理层的推动下,公司全体员工已经树立了全面质量管理的理念,并以ISO9000质量管理体系的要求建立了规范化的质量文档体系。但该公司尚未正式申请或通过ISO9000质量体系认证。

福保赛格及其母公司赛格储运有限公司在1999年开发过一套基于C/S体系的管理信息系统,后因结算不准确、系统灵活性差、不能适应业务变化等原因放弃使用了。自2002年底到2003年底,赛格储运有限公司与赛邦软件合作开发了一套全新的,基于Web的B/S体系的

第四章 仓　储

物流管理系统,覆盖了运输业务、仓储业务、财务结算等各个方面。从而实现了客户网上下单、网上查询订单处理状态、库存状态、账单明细等,可以做到实时结算和预约结算。

福保赛格面临的最大的问题是如何提高资产回报率。保税仓的固定资产超过8 000万元,而每年的利润却不到500万元。与运输业务相比(货柜车辆的固定资产只有1 000多万元,每年贡献的利润却达到2 000万元以上),资产回报率太低。提高保税仓库区工作人员士气,努力增强服务意识,注重品质提升;增大物流增值服务的比例,大幅提高仓租费以外的收入来源,争取到更多利润贡献率高的优质客户,淘汰利润率低的C类客户等都是可能的解决途径。

为了使得公司能够上台阶,提高保税仓的资产回报率,并在适当的时候通过ISO9000的认证。福保赛格希望通过内部实现全面质量管理来持续改进自己的管理流程,并通过信息化的手段来辅助管理的开展。他们所考虑的思路与前面我们所探讨的质量管理学大师戴明所持的观点有较多吻合。首先,他们希望建立现代的岗位培训制度,建立严谨的教育及培训计划。然后,通过在部门中持续不断地开展培训和流程监控,消除内部部门之间的隔阂,提升所有员工主动为客户服务的意识,并且消除员工对于管理层的恐惧感,敢于提出自己的观点和看法;逐步取消妨碍基层员工的工作畅顺的因素以及量化考核指标;并且通过最高层领导的积极参与,在企业内部形成一种计划、执行、检查、处理(PDCA)的全体员工认同的管理文化。对外开发更多的高端客户,树立以客户为中心的意识(强烈关注客户的满意度),提出"要把服务做在客户没有想到之前"的口号。通过内部的管理流程挖潜和对外客户的优质增值服务来获得新的竞争优势。

城市配送中心

富日物流于2001年9月正式投入运营,注册资本为5 000万元。富日物流拥有杭州市最大的城市快速消费品配送仓。它在杭州市下沙路旁租用的300亩土地上建造了140 000平方米的现代化常温月台库房,并正在九堡镇建造规模更大的600亩物流园区。富日物流已经是众多快速流通民用消费品的华东区总仓,其影响力和辐射半径还在日益扩大中。

富日物流通过引入西方先进的第三方物流经营理念,聘请了职业经理人王卫安,成功地开拓了以杭州为核心的周边物流市场,目前已成为杭州最大的第三方物流企业之一。富日物流的主要客户包括大型家用电器厂商(科龙、小天鹅、伊莱克斯、上海夏普、LG、三洋等)、酒类生产企业(五粮液的若干子品牌、金六福等)、方便食品生产企业(如康师傅、统一等)和其他快速消费品厂商(金光纸业、维达纸业等)。国美电器、永乐家电等连锁销售企业和华润万佳等连锁超市也与富日物流达成了战略合作关系。

富日物流的商业模式就是基于配送的仓储服务。制造商或大批发商通过干线运输等方式大批量地把货品存放在富日物流的仓库里,然后根据终端店面的销售需求,用小车小批量配送到零售店或消费地。目前,富日物流公司为各客户单位每天储存的商品量达2.5亿元。最近,这家公司还扩大了6万平方米的仓储容量,使每天储存的商品量达10亿元左右。按每月流转3次计,这家公司的每月物流量达30亿元左右,其总经理王卫安运用先进的管理经营理念,使得富日物流成为浙江现代物流业乃至长三角地区的一匹"黑马"。富日物流为客户提供仓储、配送、装卸、加工、代收款、信息咨询等物流服务,利润来源包括仓租费、物流配送费、流通加工服务费等。

富日物流的仓库全都是平面仓。部分采用托盘和叉车进行库内搬运,少量采用手工搬运。月台设计很有特色,适合于大型货柜车、平板车、小型箱式配送车的快速装卸作业。

与业务发展蒸蒸日上不同的是,富日物流的信息化一直处于比较原始的阶段,只有简单的单机订单管理系统,以手工处理单据为主。以富日物流目前的仓库发展趋势和管理能力,以及为客户提供更多的增值服务的要求,其物流信息化瓶颈严重制约了富日物流的业务发展。直到最近开始开发符合其自身业务特点的物流信息化管理系统。富日物流在业务和客户源上已经形成了良性循环。如何迅速扩充仓储面积,提高配送订单的处理能力,进一步提高区域影响力已经成了富日物流公司决策层的考虑重点。

富日物流已经开始密切关注客户的需求,并为客户规划出多种增值服务,期盼从典型的仓储型配送中心开始向第三方物流企业发展。从简单的操作模式迈向科学管理的新台阶,富日物流的管理层开始意识到仅仅依靠决策层的先进思路是完全不够的。应导入全面质量管理的管理理念和实施ISO9000质量管理体系,保证所有层次的管理人员和基层人员能够严格地按照全面质量管理的要求,并且在信息系统的帮助下,使得富日物流的管理体系能够上到一个科学管理的高度。

中转分拨仓

义乌市联托运开发总公司是一家集义乌全市所有联托运线点开发、经营和管理于一体的综合性企业。该公司对义乌市的所有省外线路的各个托运点只是拥有管理权而无所有权,也不拥有省外运输的车队。但其下属的联发快运则直接经营省内运输业务,并在浙江省内几乎每个县市都设有货物收发点,实现定点、定时收发货物。联发快运通过自己的运输力量可以在不超过两天的时间内在浙江省内任何两个县市之间完成货物送达。而发往省外的货物则需要通过义乌中转,交由设在义乌的直达全国三百多个城市的托运点完成全程运输。因此,联发快运在义乌总部设有中转仓,以实现不同运输线路之间的货物中转分驳。由于货物在中转仓的停留时间短(通常只有几个小时),因此基本上没有正式的库存管理和库内管理(如比较正式的盘点、移仓作业)。仓库也是采用两端通透型类似于越库区(Cross Decking)的设计,没有进行细致的库位划分。由于在义乌承接货物、跑国内长途的货车都是平板车等非集装箱类车型。通常不采用托盘作为基本物流单元。也基本上不用叉车,而是以人工搬运为主。在质量管理上,有规范化的操作规程,但都是粗线条的,不够灵活和细致。过于强调低成本竞争,不重视对客户的服务。尚没有考虑通过ISO9000质量认证体系的贯彻和实施。

联发快运的管理层认为,公司面临的最大问题是业务负荷远远跟不上运力。需要对货源和优质大客户进行深入挖掘。联发快运现在已经拥有的和可以整合的运力资源潜力非常巨大。具体办法包括转变以往等客上门的思想观念,加强服务意识,改革国有企业的人事制度等

(义乌市联托运开发总公司是国有控股企业)。

统仓共配(VMI)服务

随着大量台资、外资企业进驻苏州工业园区,苏州已经形成了电子元器件、芯片、电脑及电脑配件等硬件产品的庞大的企业生态群落。各企业之间存在着多对多的复杂的供销关系。在这一领域,存在着一个基本规律,那就是随着龙头企业的迁入,必将带动越来越多的上下游企业来苏州落户。从而使得苏州在IT硬件产品和电子元器件等领域的群体优势越来越明显。

这些企业对物流服务有着特殊的要求,原因在于随着分工的细化,这些电子产品、元器件、原材料和成品种类日益繁多、更新换代周期短、货品单值较高、周转迅速。制造企业为了尽可能地降低成本,减少库存对资金的占用,都强调准时生产(JIT)和零库存原则,要求供应商小批量、多批次、配合生产流程的频繁供货。

为了满足上述要求,统仓共配(又称供应商库存管理,VMI)应运而生。其特征在于多个供应商共同租用一个公共仓库,面向一家或多家制造企业供货。当制造企业一次向多家供应商采购时,订单可以统一处理,从而在完成多对一的集中拣货和并单运输的同时,实现制造企业和供应商之间一对一的月度结算,由此大大降低了总体运输成本和交易成本,满足了制造企业的准时生产(JIT)的需求。

台湾世平国际公司是台湾著名的IT渠道/分销商。沿袭业已存在的伙伴关系,满足苏州台资企业的物流需求,在苏州开展了统仓共配型仓储为核心的物流服务。世平国际的客户既包括像明基电通、高科(苏州)等在内的大批台资企业,也包括英特尔、AMD在内的跨国巨头。世平国际运营的公共仓储是以托盘为存储单元的半自动立体仓。在单据、库位和货品上全面采用了条形码扫描读取技术,并拥有自动化辅助分拣系统。

世平国际拥有严谨细致的业务流程和仓库管理规范,并严格按照ISO9000质量管理体系中的规范进行全面质量管理。标准化程度高,并有很强的持续改进能力。世平国际应用了国外某知名仓储软件企业的软件产品进行信息化管理。相关员工在系统使用上已经相当娴熟。

目前该公司面临的问题是如何低成本扩张,以进一步扩充仓储能力、提高信息系统的处理能力,以应付不断增长的客户需求。

请你思考问题:

现代仓储物流能给企业带来什么?

第一节 仓储概述

一、仓储的概念与性质

(一) 仓储的概念

"仓"也称为仓库(warehouse),是为存放、保管、储存物品的建筑物或场所的总称,它可以是房屋建筑物,也可以是大型容器、洞穴或者特定的场所等,其功能是存放和保护物品;"储"表示将储存对象储存起来以备使用,具有收存、保护、管理、以备交付使用的意思,也称为储存(storing)物品的行为。"仓储"就是指通过仓库对物资进行储存和保管的活动,即根据市场和客户的要求,为确保货物的不损耗、不变质和不丢失,以及为调节生产、销售和消费活动以及确保社会生产、生活的连续性,而在仓库内对原材料等货物进行储存、保管、管理、保养、维护、供给的一系列作业活动。

仓储是社会产品出现剩余之后产品流通的产物,是商品流通的重要环节之一,也是物流活动三大支柱之一。当产品不能被即时消耗掉,需要专门的场所存放时,就产生了静态的仓储。将物品存入仓库并对存放在仓库里的物品进行保管、控制、提供使用便成了动态仓储。可以说,仓储是对有形物品提供存放场所,对物品存取、保管和控制的过程,是人们的一种有意识的行为。

(二) 仓储的性质

(1) 仓储是物质产品生产过程的持续。这是因为仓储活动是社会再生产过程不可缺少的环节,产品从脱离生产到进入消费,一般要经过运输和储存,所以,仓储是物质产品生产过程的持续。

(2) 物质产品的仓储提升了物质产品的价值。这是因为：第一，仓储活动和其他物质生产活动一样具有生产力三要素（劳动力——仓储作业人员；劳动资料——仓储设备与设施；劳动对象——储存保管的物资），生产力创造物质产品及其价值。第二，仓储活动中的有些环节提升了产品价值，例如加工、包装、拣选等活动就提升了产品价值。第三，仓储中劳务的消耗，资产的消耗与磨损，即仓储发生的费用要转移到库存商品中去，构成其价值增量的一部分，从而导致库存商品价值的增加。

(3) 仓储活动发生在仓库这个特定的场所。

(4) 仓储的对象既可以是生产资料，也可以是生活资料，但必须是实物动产。

(5) 仓储活动所消耗的物化劳动和活劳动一般不改变劳动对象的功能、性质和使用价值，只是保持和延续其使用价值。

二、仓储的意义

商品的仓储活动是由商品生产和商品消费之间的矛盾所决定的。商品在从生产领域向消费领域转移的过程中，一般都要经过商品的仓储阶段，这主要是由于商品生产和商品消费在时间上、空间上以及品种和数量等方面的不同步所引起的，也正是在这些不同步中，仓储活动发挥了重要的作用。

（一）搞好仓储活动是社会再生产顺利进行的必要条件

商品由生产地向消费地转移，是依靠仓储活动来实现的。可见，仓储活动的意义正是由于生产与消费在空间、时间以及品种、数量等方面存在着矛盾所引起的。尤其是在社会化大生产的条件下，专业化程度不断提高，社会分工越来越细，随着生产的发展，这些矛盾又势必进一步扩大。因此，在仓储活动中不能采取简单地把商品生产和消费直接联系起来的办法，而需要对复杂的仓储活动进行精心组织，拓展各部门、各生产单位之间相互交换产品的深度和广度，在流通过程中不断进行商品品种上的组合，在商品数量上不断加以集散，在地域和时间上进行合理安排。通过搞活流通，搞好仓储活动，发挥仓储活动连接生产与消费的纽带和桥梁作用，借以克服众多的相互分立又相互联系的生产者之间、生产者与消费者之间地理上的分离,衔接商品生产与消费时间上的不一致,以及调节商品生产与消费在方式上的差异,使社会简单再生产和扩大再生产建立在一定的商品资源的基础上,保证社会再生产顺利进行。具体来讲,仓储活动主要从以下几个方面保证社会再生产的顺利进行:

1. 克服生产与消费地理上的分离

从空间方面来说,商品生产与消费的矛盾主要表现在生产与消费地理上的分离。在自给自足的自然经济里,生产者同时就是其自身产品的消费者,其产品仅供本人和家庭消费。随着商品生产的发展,商品的生产者逐渐与消费者分离。生产的产品不再是为了本人的消费,而是为了满足其他人的消费需要。随着交换范围的扩大,生产与消费空间上的矛盾也逐渐扩大,这是由社会生产的客观规律所决定的。

2. 衔接生产与消费时间上的背离

商品的生产与消费之间,有一定的时间间隔。在绝大多数情况下,今天生产的商品不可能马上就全部卖掉,这就需要商品的仓储活动。有的商品是季节生产、常年消费;有的商品是常年生产、季节消费;也有的商品是季节生产、季节消费或常年生产、常年消费。无论何种情况,在产品从生产过程进入到消费过程之间,都存在一定的时间间隔。在这段时间间隔内,形成了商品流通的暂时停滞。商品在流通领域中的暂时的停滞过程就形成了商品的仓储。同时,商品仓储又是商品流通的必要条件,为保证商品流通过程得以继续进行,就必须有商品的仓储活动。为了使商品更加符合消费者的需求,许多商品在最终销售以前,要进行挑选、整理、分装、组配等工作。这样便有一定量的商品停留在这段时间内,也会形成商品储存。此外,在商品运输过程中,车、船等不同运输工具会需要衔接,由于在时间上不可能完全一致,因此也会产生在途商品对车站、码头流转性仓库的储存要求。

3. 调节生产与消费方式上的差别

生产与消费的矛盾还表现在品种与数量方面。专业化生产将生产的产品品种限制在比较窄的范围之内。专业化程度越高,一个工厂生产的产品品种就越少,而消费者却要求更广泛的品种和更多样化的商品。另一方面,生产越集中,生产的规模越大,生产出来的产品品种越少。这样,在生产方面,每个工厂生产出来的产品品种比较单一,但数量却很大;而在消费方面,每个消费者需要广泛的品种和较少的数量。因此,整个流通过程就要求不断在众多企业所提供的品种上加以组合,在数量上不断加以分散。

商品的仓储活动不是简单地把生产和消费直接联系起来,而是需要一个复杂的组织过程,在品种和数量上不断地进行调整。只有经过一系列调整之后,才能使遍及全国各地的零售商店向消费者提供品种、规格、花色齐全的商品。

总之,商品生产和消费在空间、时间、品种、数量等方面都存在着矛盾。这些矛盾既不能在生产领域里得到解决,也不可能在消费领域里得到解决,只能在流通领域,通过连接生产和消费的商品仓储活动加以解决。商品仓储活动在推动生产发展,满足市场供应中具有重要意义。

(二) 搞好仓储活动是保持物资原有使用价值和合理使用物资的重要手段

任何一种物资,在它生产出来以后至消费之前,由于其本身的性质、所处的条件,以及自然的、社会的、经济的、技术的因素,都可能使物资使用价值在数量上减少、质量上降低。如果不创造必要的条件,就不可避免地使物资受到损害。因此,必须进行科学的管理,加强对物资的养护,搞好仓储活动,以保护好处于暂时停滞状态的物资的使用价值。同时,在物资仓储过程中,努力做到流向合理,加快物资流转速度,注意物资的合理分配、合理供料,不断提高工作效率,使有限的物资能够及时发挥最大的效用。

(三) 搞好仓储活动,是加快资金周转、节约流通费用、降低物流成本、提高经济效益的有效途径

仓储活动是物质产品在社会再生产过程中必然出现的一种状态。这对整个社会再生产,对国民经济各部门、各行业的生产经营活动的顺利进行,都有着巨大的作用。然而,在仓储活动中,为了保证物资的使用价值在时空上的顺利转移,必然要消耗一定的物化劳动和活劳动。

尽管这些合理费用的支出是必要的,但是由于它不能创造使用价值,因而,在保证物资使用价值得到有效的保护,有利于社会再生产顺利进行的前提下,这种费用支出越少越好。那么,搞好物资的仓储活动,就可以减少物资在仓储过程中的物资损耗和劳动消耗,就可以加速物资的流通和资金的周转,从而节省费用,降低物流成本,开拓"第三利润源泉",提高物流社会效益和企业的经济效益。

(四)物资仓储活动是物资供销管理工作的重要组成部分

物资仓储活动在物资供销管理工作中有着特殊的地位和重要的作用。从物资供销管理工作的全过程来看,它包括供需预测、计划分配、市场采购、订购衔接、货运组织、储存保管、维护保养、配送发料、用料管理、销售发运、货款结算、用户服务等主要环节。各主要环节之间相互依存、相互影响,关系极为密切。与其中许多环节相比,仓储活动所消耗和占用的人力、物力、财力多,受自然的、社会的各种因素影响很大,组织管理工作有很强的经济性,既涉及经济学、管理学、物理、化学、机械、建筑、气象等方面的知识,又涉及物资流通的专业知识和专业技能,它与物资管理、经济管理专业的其他课程都有密切的联系。因此,仓储活动直接影响到物资管理工作的质量,也直接关系到物资从实物形态上确定分配供销的经济关系的实现。

三、仓储的作用

(一)仓储是物流的主要功能要素之一

在物流中,运输承担了改变空间状态的重任,而另一个重任,即改变"物"的时间状态,是由仓储来承担的。所以,在物流系统中,运输和仓储是并列的两大主要功能要素,被称作物流的两根支柱,物流的另一根支柱为配送,而配送活动一般说来,是必须要把仓库作为配送平台的。

(二)仓储是社会物质生产的必要条件之一

仓储作为社会再生产各环节之中以及社会再生产各环节之间的"物"的停滞,构成了上一步活动和下一步活动衔接的必要条件。例如,在生产过程中,上一道工序生产与下一道工序生产之间免不了有一定时间间隔,上一道工序的零件总是要达到一定批量之后,才能经济合理地送给下一道工序加工,而下一道工序为了保持生产的连续性,也总是要有必备的最低的半成品储备保证,于是,仓储无论对哪一道工序来说,都是保证顺利生产的必要条件。

(三) 仓储可以创造"时间效用"

时间效用的含义是:同种物品由于使用时间不同,物品的效用即使用价值也不同。在物品的使用最佳时间内,其使用价值的实用限度可发挥到最佳水平,从而最大限度地提高产出投入比。通过仓储,使物品在效用最大的时间发挥作用,就能充分发挥物品的潜力,实现时间上的优化配置。从这个意义上来讲,也就相当于通过仓储提高了物品的使用价值。

(四) 仓储是"第三利润源"的重要源泉之一

我们必须清醒地认识到仓储有一个逆作用,这个逆作用是:在物流系统中,仓储作为一种必要活动,由其特点决定,经常有冲减物流系统效益、恶化物流系统运行的趋势;在生产系统中,原材料、半成品、产成品的过多库存会导致企业资金循环困难,增大生产成本和经营风险。正是因为仓储的逆作用,所以甚至有经济学家和企业家明确提出仓储中的"库存"是企业的癌症,这主要因为以下因素的代价太高所致:

(1) 仓储建设、仓库管理、仓库工作人员工资和福利等项费用开支增高。

(2) 仓储货物占用资金至少带来利息的损失,如果考虑到这部分资金用于其他项目而引起的机会成本,则损失会更大。

(3) 陈旧损坏与跌价损失。货物在库期间可能发生物理、化学、生物、机械等损失,严重者会失去其全部价值及使用价值。在仓储过程中,存货随时在产生,一旦错过有利销售期,不可避免会出现存货处理的跌价损失。

(4) 保险费支出。近年来为分担风险,我国已开始对仓储货物采取缴纳保险费的方法。保险费支出在有些国家、地区已达到很高的比例。

(5) 进货、验货、保管、发货、搬运等工作所花费的费用等。

上述各种费用支出都是降低企业经济效益的因素,再加上在企业全部运营过程中,仓储占用企业流动资金可高达40%—70%的比例,在非常时期,有的企业库存竟然可以占用企业几乎全部流动资产,使企业无法正常运转。所以有些经济学家和企业家将仓储中的库存看成是"洪水猛兽",当然也就不足为怪了。

仓储是"第三利润源"中的主要部分之一,这是因为由于存在仓储的逆作用,对于任何一个企业来讲,仓储作为一种停滞,必然会冲减企业经营利润,但是很多企业经营业务又离不开仓储,既然是这样,那么,谁的企业能将库存成本控制得当,谁的企业就能大大地节约物流成本,仓储成本的降低便成为物流的一个重要的利润来源。其次,现代化大生产不需要每个企业均设立仓库,其仓储业务可交与第三方物流管理,或者采用供应链管理环境下的供应商管理库存等方式,而这些合作方式的普及,必然会极大地体现出仓储是"第三利润源"中的主要部分之一的作用。

四、仓储的任务与要求

仓储的物资储藏的基本功能决定了仓储的基本任务是储存保管、储存控制、储存物品数量管理和储存物品质量维护,同时利用仓库设施开发和开展多种服务,提高仓储附加值、促进物资流通、提高社会资源的有效利用。归纳起来,仓储有八大任务与要求:

(一) 物资储存

物资储存是仓储最基本的任务。正是因为有了产品剩余,需要将剩余产品收存,所以形成了仓储。要稳妥地完成物资储存的任务,必须明确:储存的对象必须是有价值的产品;储存的目的是确保存储物的价值不受损害,保管人有绝对的义务妥善保管好存储物;存储物始终属于存货人所有,存货人有权在储存合同期内控制存储物。

(二) 流通调控

商品流通的需要决定了商品是存储还是流通。或者反言之,由于仓储既可以长期进行也可以短期开展,对商品储存期的控制也就自然形成了对商品流通的控制,这也就是仓储的"蓄水池"功能。流通调控的原则是商品存储服务于商品流通,也不排除当在流通交易不利时,将商品储存起来等待有利的交易时机出现的投机,但必须注意这种投机的合法性。流通调控的重要任务就是在对商品市场进行调研、预测的基础上,对物资是仓储还是流通做出合理安排,确保商品在市场上的供应。其次是确定储存时机,计划存放时间、储存地点等。

(三) 数量管理

仓储的数量管理的任务包括两个方面:一方面,存货人交付保管的仓储物的数量和提取仓储物的数量必须一致,这就要求在入出库点验、堆垛、保管、养护、装卸、安全防范上慎之又慎。另一方面,保管人应该按照存货人的要求分批收货和分批出货,对储存的货物进行数量控制,以满足现代物流管理的需要;同时,要求保管人向存货人提供存货数量及数量变动的信息服务,以便客户控制存货。

(四) 质量管理

仓储的质量管理的任务是保证仓储物品的质量不发生异常变化。为了有效地完成这一任务,仓储保管人需要采取先进的技术、合理的保管措施,妥善和勤勉地保管仓储物,有针对性地采取储存容器装存、包装修补加固、清洁、擦拭、除锈、防霉、保持水分或干燥等保管养护措施。当仓储物预期将发生质量变化时,保管人不仅要及时通知存货人,还需要及时采取有效的措施以减小损失。

(五) 交易中介

交易中介是仓储经营的重要经营内容。仓储的交易中介任务是:仓储经营人利用存放在仓库中的有形资产,利用与物资使用部门广泛的业务联系,使得开展现货交易具有较为便利的条件,同时还有利于加速仓储物的周转和吸引仓储。仓储经营人利用仓储物开展物资交易不仅会给仓储经营人带来收益,还能充分利用社会资源,加快社会资金周转,减少资金沉淀。为了高效率地实现仓储的交易中介任务,加快物流管理信息系统在仓储交易中的建设和应用步伐是当务之急。

(六) 流通加工与包装

流通加工与包装本是生产环节之一,但是随着消费日趋多样化、个性化,产品变化愈来愈快。为了适应这种需要,也为了严格控制成本,众多生产企业将产品的定型、分装、组装、包装等工序留到最接近销售的仓储环节进行,使得仓储成为流通加工的重要环节。仓储的流通加工与包装的任务与要求是:根据客户的需要进行流通加工与包装;通过集中加工与包装,有效提高加工与包装质量,提高产品利用率;流通加工与包装应该考虑到与合理运输方式有效结合。

(七) 配送

对于设置在生产和消费集中地区附近的以原材料、零部件或商品为对象的仓储,向生产企业有关车间和销售点的配送是仓储活动的基本业务,要求仓储经营者根据企业生产的进度和商业销售的需要由仓库及时地、小批量地将仓储物资送到生产车间和零售商店或收货人手上。仓储配送业务的发展,应该加快步伐,实现供应链管理环境下的配送,这有利于供应链管理环境下的合作企业降低存货、减少固定资金投入、实现准时制生产;有利于下游商店减少存货、降低流动资金使用量,而且能保证销售,也有利于物流企业合理控制库存,合理组织配送。

(八) 配载

所谓配载,通俗说来,就是将分散的货物运输到仓库或配送中心这个物流据点集中(集货),按照运输的方向进行分类分区存储,当运输工具到达时出库装运到指定的运输地点。仓储配送中心的任务就是合理地对运输车辆进行调度配载,确保配载的及时性和运输工具利用的充分性。

第二节 仓储的功能与种类

一、仓储的功能

仓储主要是对流通中的商品进行检验、保管、加工、集散和转换运输方式,并为解决供需之间和不同运输方式之间的矛盾,提供场所价值和时间效益,使商品的所有权和使用价值得到保护,加速商品流转,提高物流效率和质量,促进社会效益的提高。概括起来,仓储的功能可以分为如下几个方面：

（一）调节功能

仓储在物流中起着"蓄水池"的作用。一方面仓储可以调节生产与消费的矛盾，如销售与消费的矛盾，使它们在时间上和空间上得到协调，保证社会再生产的顺利进行；另一方面，它还可以实现对运输的调节。因为产品从生产地向销售地流转，主要依靠运输完成，但不同的运输方式在流向、运程、运量及运输线路和运输时间上存在着差距。一般说来，很多商品从产地向销售地流转过程中，需要在中途改变运输方式、运输线路、运输规模、运输方法和运输工具，以及为协调运输时间和完成产品倒装、转运、分装、集装等物流作业，这就需要在产品运输的中途停留储存，即仓储。

（二）检验功能

在物流过程中，为了保障商品的数量和质量准确无误，明确事故责任，维护各方面的经济利益，要求必须对商品及有关事项进行严格的检验，以满足生产、运输、销售以及用户的要求，而物流过程中的检验，一般安排在仓库进货、储存或出货作业环节，仓储活动为组织检验提供了场地和条件。

（三）集散功能

物流仓储把各生产企业的产品汇集起来，形成规模，然后根据需要分散发送到各消费地去。通过一集一散，衔接产需，均衡运输，提高了物流速度、物流效率与效益。

（四）配送功能

仓储的配送功能是根据用户的需要，对商品进行分拣、组配、包装和配送等作业，并将配好的商品送货上门。也可以这样说，仓储配送功能是仓储保管功能的外延，它提高了仓储的社会服务效能。要使仓储的配送功能较好地实现，要求确保仓储商品的安全，最大限度地保持商品在仓储中的使用价值，减少保管损失。其次是合理仓储，要保证货畅其流，要以不间断满足市场供应为依据，以此确定恰当的仓储定额和商品品种结构，实现仓储的合理化。否则仓储过多，就会造成商品的积压，增加占用资金，使仓储保管费用增加，造成商品在库损失，形成巨大的浪费。如果仓储过少，又会造成市场脱销，影响社会消费，最终也会影响国民经济的发展。因此，仓储的合理化具有很重要的意义。

二、仓储的种类

虽然说仓储的本质都为物品的储藏和保管，但由于经营主体的不同、仓储对象的不同、经营方式的不同、仓储功能的不同，从而使得不同的仓储活动具有不同的特性。

（一）按仓储经营主体划分

1. 企业自营仓储

企业自营仓储包括生产企业和流通企业的自营仓储。生产企业自营仓储是指生产企业使用自有的仓库设施，对生产使用的原材料、半成品和最终产品实施储存保管的行为。生产企业自营仓储的对象一般来说品种较少，基本上是以满足生产需要为原则。流通企业自营仓储则是流通企业自身以其拥有的仓储设施对其经营的商品进行仓储保管的行为。流通企业自营仓储中的对象种类较多，其目的为支持销售。企业自营的仓储行为具有从属性和服务性特征，即从属于企业，服务于企业，所以，相对来说规模较小、数量众多、专用性强、仓储专业化程度低，一般很少对外开展商业性仓储经营。

2. 营业仓储

营业仓储是仓库所有者以其拥有的仓储设施，向社会提供商业性仓储服务的仓储行为。仓储经营者与存货人通过订立仓储合同的方式建立仓储关系，并且依据合同约定提供服务和收取仓储费。营业仓储的目的是为了在仓储活动中获得经济回报，追求经营利润最大化。其经营内容包括提供货物仓储服务、提供场地服务、提供仓储信息服务等。

3. 公共仓储

公共仓储是公用事业的配套服务设施，为车站、码头提供仓储配套服务。其主要目的是对车站、码头的货物作业和运输流畅起支撑和保证作用，具有内部服务的性质，处于从属地位。但对于存货人而言，公共仓储也适用营业仓储的关系，只是不独立订立仓储合同，而是将仓储关系列在作业合同、运输合同之中。

4. 战略储备仓储

战略储备仓储是国家根据国防安全、社会稳定的需要,对战略物资实行战略储备而形成的仓储。战略储备由国家进行控制,通过立法、行政命令的方式进行,由执行战略物资储备的政府部门或机构进行运作。战略储备特别重视储备品的安全性,且储备时间较长。战略储备物质主要有粮食、油料、能源、有色金属、淡水等。

(二) 按仓储功能划分

1. 储存仓储

储存仓储是指物资较长时期存放的仓储。储存仓储一般设在较为偏远的但具备较好交通运输条件的地区。存储费用低廉就很有必要,储存仓储的物资品种少,但存量大。由于物资存期长,储存仓储特别注重两个方面:一是仓储费用的尽可能降低、二是对物资的质量保管和养护。

2. 物流中心仓储

物流中心仓储是指以物流管理为目的的仓储活动,是为了有效实现物流的空间与时间价值,对物流的过程、数量、方向进行调节和控制的重要环节。一般设置于交通便利、储存成本较低的口岸。物流中心仓储品种并不一定很多、但每个品种基本上都是较大批量进货、进库、一定批量分批出库,整体吞吐能力强、故要求机械化、信息化、自动化水平要高。

3. 配送仓储

配送仓储也称为配送中心仓储,是指商品在配送交付消费者之前所进行的短期仓储,是商品在销售或者供生产使用前的最后储存,并在该环节进行销售或使用前的简单加工与包装等前期处理。配送仓储一般通过选点,设置在商品的消费经济区间内,要求能迅速地送达销售和消费。配送仓储物品品类繁多、但每个品种进库批量并不大,需要进货、验货、制单、分批少量拣货出库等操作,往往需要进行拆包、分拣、组配等作业,主要目的是为了支持销售和消费。配送仓储特别注重两个方面:一是配送作业的时效性与经济合理性,二是对物品存量的有效控制。

基于此,配送中心仓储十分强调物流管理信息系统的建设与完善。

4. 运输转换仓储

运输转换仓储是指衔接铁路、公路、水路等不同运输方式的仓储,一般设置在不同运输方式的相接处,如港口、车站库场所进行的仓储。它的目的是为了保证不同运输方式的高效衔接,减少运输工具的装卸和停留时间。运输转换仓储具有大进大出以及货物存期短的特性,十分注重货物的作业效率和货物周转率。基于此,运输转换仓储活动需要高度机械化作业为支撑。

5. 保税仓储

保税仓储是指使用海关核准的保税仓库存放保税货物的仓储行为。保税仓储一般设置在进出境口岸附近。保税仓储受到海关的直接监控,虽然说货物也是由存货人委托保管,但保管人要对海关负责,入库或者出库单据均需要由海关签署。

(三)按仓储物的处理方式划分

1. 保管式仓储

保管式仓储是指存货人将特定的物品交由仓储保管人代为保管,物品保管到期,保管人将代管物品交还存货人的方式所进行的仓储。保管式仓储也称为纯仓储。仓储要求保管物除了发生的自然损耗和自然减量外,数量、质量、件数不应发生变化。保管式仓储又可分为物品独立保管仓储和物品混合在一起保管的混藏式仓储。

2. 加工式仓储

加工式仓储是指仓储保管人在物品仓储期间根据存货人的合同要求,对保管物进行合同规定的外观、形状、成分构成、尺度等方面的加工或包装,使仓储物品满足委托人所要求达到的变化的仓储方式。

3. 消费式仓储

消费式仓储是指仓库保管人在接受保管物时,同时接受保管物的所有权,仓库保管人在仓储期间有权对仓储物行使所有权,待仓储期满,保管人将相同种类、品种和数量的替代物交还委托人所进行的仓储。消费式仓储特别适合于保管期较短的商品储存,如储存期较短的肉禽蛋类、蔬菜瓜果类农产品的储存。消费式仓储也适合一定时期内价格波动较大的商品的投机性存储,是仓储经营人利用仓储物品开展投机经营的增值活动,具有一定的商品保值和增值功能,同时又具有较大的仓储风险,是仓储经营的一个重要发展方向。

第三节 仓储合理化与现代化

一、仓储的基本原则

1. 效率原则

效率是指在一定劳动要素投入量时的产品产出量。较少的劳动要素投入和较高的产品产出才能实现高效率。高效率是现代生产的基本要求,高效率意味着劳动产出大,劳动要素利用率高。仓储的效率表现在仓库利用率、货物周转率、进出库时间、装卸车时间等指标的先进性上,能体现出"快进、快出、多存储、保管好"的高效率仓储。

仓储生产管理的核心就是效率管理,是以最少的劳动量的投入所获得最大的产品产出的管理。效率是仓储其他管理的基础,高效率的实现是管理艺术的体现。仓储管理要通过准确核算,科学组织,妥善安排场所和空间,实现设备与人员、人员与人员、设备与设备、部门与部门之间的合理配置与默契配合,使生产作业过程有条不紊地进行。高效率还需要有效管理过程的保证,包括现场的组织调度,标准化、制度化的操作管理,严格的质量责任制的约束。

2. 经济效益、社会效益与生态效益相统一的原则

厂商生产经营的目的是为了追求最大化利润,这是经济学的基本假设条件之一,也是社会现实的反映。利润是经济效益的表现。实现利润最大化则需要做到经营收入最大化或经营成本最小化。作为市场经营活动主体的仓储业,应该围绕着获得最大经济效益的目的进行组织和经营。同时,仓储业也需要承担一定的社会责任,履行治理污染与环境保护、维护社会安定的义务,满足创建和谐社会所不断增长的物质文化与精神文化的需要,实现生产经营的综合效益最大化,实现仓储企

业与社区的和谐发展,实现仓储企业与国民经济、行业经济、地区经济同步可持续发展。

3. 服务的原则

服务是贯穿于仓储活动中的一条主线,仓储的定位、仓储的具体操作、对储存货物的控制等等,都要围绕着服务这一主线进行。仓储服务管理包括直接的服务管理和以服务为原则的生产管理。仓储管理要在改善服务、提高服务质量上狠下工夫。

仓储的服务水平与仓储经营成本有着密切的相关性,两者互相对立。服务好,成本高,收费就高;反之则反是。合理的仓储服务管理就是要在仓储经营成本和服务水平之间寻求最佳区域并且保持相互间的平衡。

二、仓储作业的组织原则

仓储作业过程主要由入库、保管、出库三个阶段组成,每个阶段可细分为若干个相互联系又相对独立的作业环节。仓储作业量在不同时间段具有不均衡性,作业过程具有非连续性,从仓储技术作业过程的作业对象和作业范围看,又具有复杂性特征,这给组织仓储作业过程带来了一定的困难。要实现仓储组织的目标,在组织仓储作业过程时,就应该在综合全面地考虑各作业环节特征及其影响因素的同时,注意以下原则:

(一) 保证仓储作业过程的连续性

连续性是指仓储物资在仓储作业过程中的流动,在时间上是紧密衔接的、连续的。仓储物资在库期间经常处在运动之中,从物资到库后的卸车、验收、库内搬运、堆码,到出库时的备料、复核、装车等,都是一环紧扣一环、互相衔接的。因此,在组织仓储作业过程中,要求仓储物资在各个环节或工序间的流动在时间上尽可能衔接起来,不发生或少发生各种不必要的停顿或等待。

保持作业过程的连续性,可以缩短物资在各个环节的停留时间,加快物资周转和提高劳动生产率。特别是在现代化大生产条件下,对作业过程的连续性有越来越高的要求。因此,要能够满足现代化大生产的客观要求,必须从技术上和组织上采取措施,保证仓储作业过程的连续性。同时,我们知道仓储作业是一个统一的过程,组织仓储作业时,考虑到相互联系的各个环节的作业要求,应该从整个作业过程出发来评价和选择作业方案,进行作业安排。例如,商品出入库的堆放位置和堆码形式,不仅要符合商品入库的堆放位置和堆码形式的要求,而且要考虑到商品出库的装卸作业和搬运路线。因此,在组织作业时应强调系统观点,从整个系统的作业效率来决定商品的堆放位置和堆码形式。

(二)实现仓储作业过程的比例性

比例性,是指仓储作业过程的各个阶段、各个工序之间在人力、物力的配备和时间的安排上必须保持适当的比例关系。例如,验收场地和保管场地之间、运输力量和搬运力量之间、验收人员和保管人员之间、验收时间和收发货时间之间等,都要有一个适当的比例。保持作业过程的比例性,可以充分利用人力和设备,避免和减少物资在各个作业阶段和工序的停滞与等待,从而保证作业过程的连续性。

作业过程的比例性,在很大程度上取决于仓库总平面布置的正确性,特别是各作业环节之间各种设备能力的比例。因此,在进行仓库总平面布置时就应注意这个问题。同时,由于在物资仓储过程中作业技术的改进,以及工人技术熟练程度的提高和仓储物资品种、规格、数量发生变化,作业过程各环节间的比例可能会变得不协调。因此,在组织作业过程中,应充分考虑仓储作业具有不均衡性的特点,要经常了解和掌握各个环节的作业情况,根据具体情况,事先做好各项准备和安排,采取措施,及时调整设备和作业人员,建立新的比例关系。避免某些环节由于缺少人力、设备而延长作业时间,同时却又在另外一些环节上由于作业的停顿和等待造成人员、设备的空闲的不正常状态。

三、仓储管理的现代化

仓储管理的现代化是根据我国仓储企业实际和客观需要,综合运用科学的思想、组织、方法和手段对仓储企业生产经营进行有效的管理,使之趋向世界先进水平,以创造最佳的经济效益。它要求在仓储管理中应用切合实际的现代管理理论、方法,并广泛采用运筹学、电子计算机、现代通讯以及其他先进技术手段和方法。实现仓储管理现代化对我国具有重要的现实意义,仓储管理现代化是提高仓储企业素质和经济效益的重要途径,又是迎接世界新技术革命挑战、加速仓储技术进步的迫切要求。

仓储管理现代化与仓储技术现代化处于同等重要的地位。仓储技术现代化包括仓储标准化;仓储作业机械化、自动化;仓储信息化、信息网络化等。仓储管理现代化与仓储技术现代化必须相互促进才能加快仓储现代化的进程。仓储管理现代化主要包括以下内容:

(一) 仓储管理思想的现代化

仓储管理思想的现代化是仓储管理现代化体系的灵魂。要彻底摆脱传统的经验管理思想的束缚,树立起具有中国特色社会主义的、现代化的经营管理思想,包括市场经济观念、用户观念、竞争观念、创新观念、效益观念、信息和时间是企业重要资源观念等,使企业具有充沛的活力。

(二) 仓储管理组织的现代化

这是仓储企业管理现代化的基础和先决条件。根据仓储企业具体情况,从提高仓储企业的生产经营效率出发,按照职责分工明确,指挥灵活统一、信息灵敏准确和精兵简政的要求,合理设置组织机构、合理配置高素质人员,并建立健全严格的规章制度,保证仓储生产经营活动有条不紊地进行。

(三) 仓储管理方法的现代化

仓储管理要从传统的经验管理上升到科学的现代化的管理阶段,必然要求管理方法现代化,也就需要引入现代管理科学的理论和方法,应用系统科学方法、运筹学方法、数理统计方法、计算机模拟方法等,从数量上明确物与物之间各方面的制约关系及其影响的程度,从数量对比的基础上选择出最优方案,做出科学合理的决策。要运用数学模型进行预测,从过去的统计资料中科学地找出事物的发展规律,推断未来,为决策提供依据。例如预测仓储物资的质量变化规律,以便合理安排物资库存等。

(四) 仓储管理手段的现代化

随着仓储规模扩大,储存物资品种增多,管理信息量增大,管理越来越复杂,管理信息量大与管理手段落后的矛盾日益尖锐。仓储管理的复杂化也使得管理决策更加困难,这就迫切需要仓储活动更加快速化和科学化的管理手段。同时,自第二次世界大战以来,科学技术的迅猛发展,电子计算机及其软件技术的开发与应用,通信手段的日益先进,使仓储管理手段的变革成为可能。目前,很多企业为了提高仓储作业效率和降低仓储作业人员劳动强度,普遍开展了仓储设备的更新。计算机及其软件在仓储管理中的应用已相当普遍,建立仓储管理信息处理系统,提高指挥决策的科学性、协调控制能力,已经成为仓储管理发展的必然趋势。

(五)仓储管理人员的现代化

仓储管理人员的现代化是实现仓储管理现代化的保证和条件。随着社会生产力的提高,仓储物质品种日益增多和复杂,仓储设备、设施日益现代化,仓储管理日益复杂,要求有一支素质高、结构合理、具有广博知识、精通业务、熟练掌握技能、具有经济管理专业知识和仓储技术专业知识的人才队伍。为了适应仓储管理现代化的需要,应当加强对仓储管理人才的培养,注重提高仓储管理人才的综合素质,使其具有相应的管理技术能力、指挥能力、协调能力。

四、影响仓储未来发展的九大趋势

最近几年,由于 JIT、快速反应及 ECR 等经营理念的出现和直拨、不间断供货等经营模式的实践,使一些人在匆忙间作出预言:仓储业将消亡。然而,在现实世界中,仓储依然连接着供应商与顾客。并且在实现供应链协同运作的过程中,市场的力量促使仓库不断地改进,因此仓库依然保持有重要的作用。但同时我们一定要留心在新形势下影响企业成功与否的涉及仓储的若干个发展趋势:

1. 以顾客为中心

成功的企业愿意和他们的客户保持交流并倾听他们的意见,因为他们知道仓库的作业必须通过在适当的时间以适当的方式存储或发送适当的产品,在满足客户需要的基础上实现产品的增值。另一方面,成功的企业将和供应商与顾客发展真正的合作伙伴关系,从而从共享的信息、互相商定的计划和双赢的协议中受益。运作高效、反应迅速的仓储是实现这一目标的关键。

2. 减少作业，压缩时间

今后，仓储中心在数量上将减少，但在每个中心的商品数量将增加。因此，以后的分销中心一方面规模更大，另一方面日常所要处理的订单也更多。这意味着装运频次的加快和收货、放置、拣货及装运作业的增加。这一趋势将对物料处理系统提出更高的要求，对叉车和传送带等设备产生重大影响。

3. 仓库作业的自动化

为适应仓储业作业的急速膨胀，仓储业需要大大提高自动化程度。比方说，我们需要使用更多的传送带来长距离地运送小件物品，同时设定适当数量的重新包装站和装卸作业平台。另外，如果我们使用更多的自动分拣设备，我们就能在不建造额外场所的情况下提高整体工作能力。因此，在诸如货物搬运这类增值很少甚至无增值的作业方面，自动化设备将继续替代劳力。

4. 订单批量趋小

在当代，订单呈现出批量趋小、频次趋高的趋势。造成这一趋势的原因包括：信息更易获得、技术进步、VMI 计划的执行和某些地点的批发仓库的取消，尤其是"直接面向商店"(direct-to-store)和"直接面向客户"(direct-to-customer)计划的实施，使得大批量装运的日子一去不复返了。在将来，为任何规模的订单服务对企业来说将不仅仅是意味着挑战，更意味着机遇。

5. 连续供货

这也就是要求产品在供应链系统中同步化顺畅运作，避免巨大的库存。以前的仓储中心，有可能每个月甚至每个季度才发一次货，但现在却是每礼拜一次甚至是每礼拜两次。因此信息的流动也需要加速，以和物流保持协调一致。在线或即时信息系统将替换原先的滞后系统。在信息时代，仓储业在数据处理方面将会有巨大的变化和改进。

6. 直拨

也就是物品在物流环节中，不经过中间仓库或者站点，直接从一个运输工具换载到另一个运输工具的物流衔接方式。分销商在将商品存入仓库之前,常常将收到的货物以直拨方式满足被延期交付的订单。在将来,每个仓库需要处理的订单会更多,这一趋势将使大多数的分销中心希望能通过运用直拨方式来提高效率。这对参与方之间的紧密合作和即时的信息交换有较高的要求。

7. 运作信息化

仓库管理者将把货物从仓库的进进出出(包括收货、放货、分拣和装运)的作业看作是他们工作中的最关键部分。但他们在执行这些工作时遇到了一个很大的困难——难以及时获取精确的信息。实施仓库工作的无纸化可以改变这一现状。从原则上讲,无纸化仓库意味着所有的物流运动的电子化操作,从而减少甚至消除在产品鉴别、地点确认、数据输入和准确分拣方面可能产生的传统错误。同时,电子控制系统还能避免数据输入的延误,即时更新库存,随时找到所需的货物。

8. 第三方仓储

近年来,一些公司认识到培育、巩固他们的核心竞争力的重要性,从而不愿再为高库存专门设立存储场所,而是将这一部分业务外包,这在一定程度上促进了第三方仓储的发展。在将来,会有越来越多的中小型企业借助第三方仓储来减少资本的投入,提高服务水平。从长期来看,第三方仓储因有众多的优点而会成为主要的市场主体,但仍然有一些产品和企业并不适于采用第三方仓储。

9. 优质人力资源

仓库作业的自动化和电子化将要求工人必须不断提高他们的技能,尤其是计算机技能。为了提高雇员的素质和教育水平,公司必须雇佣和留住最好的员工,并训练他们掌握基本的机械操作,熟悉所有的仓储作业。然而,仓库管理的成功最终都要依赖于其领导者的素质,我们需要的是一个有鼓舞力的领导,他能够找到企业的发展方向并知道该如何去做。

第四节 仓储与仓库

一、仓库的概念

仓库(Warehouse)是保管、存储物品的建筑物和场所的总称。仓库的概念可以理解为用来存放货物(包括商品、生产资料、工具或其他财产),并对其数量和状态进行保管的场所或建筑物等设施,还包括用于减少或防止货物损伤而进行作业的土地或水面。仓库还应包括设置在仓库内,为仓储作业服务的设备和设施,如地坪、货架、衬垫、固定式提升设备、通风照明设备等。

二、仓库的功能

仓库的一个最基本功能就是存储物资,并对存储的物资实施保管和控制。但随着人们对仓库概念的深入理解,仓库也负担着物资处理、流通加工、物流管理和信息服务等功能,其含义远远超出了单一的储存功能。以系统的观点来看待仓库,仓库应该具备如下功能:

(一) 储存和保管的功能

仓库具有一定的空间,用于储存物品,并根据储存物品的特性配备相应的设备,以保持储存物品完好性。例如,储存挥发性溶剂的仓库,必须设有通风设备,以防止空气中挥发性物质含量过高而引起爆炸。贮存精密仪器的仓库,需防潮、防尘、恒温,因此,应设立空调、恒温等设备。在仓库作业时,还有一个基本要求,就是防止搬运和堆放时碰坏、压坏物品。从而要求搬运机具和操作方法的不断改进和完善,使仓库真正起到贮存和保管的作用。

(二) 调节供需的功能

创造物资的时间效用是物流的两大基本职能之一,物流的这一职能是由物流系统中的仓库来完成的。现代化大生产的形式多种多样,从生产和消费的连续性来看,每种产品都有不同的特点,有些产品的生产是均衡的,而消费是不均衡的;还有一些产品生产是不均衡的,而消费却是均衡不断地进行的。要使生产和消费协调起来,这就需要仓库来起"蓄水池"的调节作用。

(三) 调节货物运输能力

各种运输工具的运输能力是不一样的。船舶的运输能力很大,海运船一般是万吨级,内河船舶也有几百吨至几千吨的。火车的运输能力较小些,每节车皮能装运30—60吨,一列火车的运量最多达几千吨。汽车的运输能力很小,一般每辆车装4—10吨。它们之间的运输衔接是很困难的,这种运输能力的差异,也是通过仓库进行调节和衔接的。

(四) 流通配送加工的功能

现代仓库的功能已处在由保管型向流通型转变的过程之中,即仓库从贮存、保管货物的中心向流通、销售的中心转变。仓库不仅要有贮存、保管货物的设备,而且还要增加分拣、配套、捆装、流通加工、信息处理等设施。这样,既扩大了仓库的经营范围,提高了物资的综合利用率,又方便了消费,提高了服务质量。

(五) 信息传递功能

伴随着以上功能的改变,导致了仓库对信息传递的要求。在处理仓储活动有关的各项事务时,需要依靠计算机和互联网,通过电子数据交换(EDI)和条形码等技术来提高仓储物品信息的传递速度,及时而又准确地了解仓储信息,如仓库利用水平、进出库的频率、仓库的运输情况、顾客的需求以及仓库人员的配置等。

(六) 产品生命周期的支持功能

根据美国物流管理协会2002年1月发布的物流定义:在供应链运作中,以满足客户要求为目的,对货物、服务和相关信息在产出地和销售地之间实现高效率和低成本的正向和逆向的流动与储存所进行的计划执行和控制的过程。可见,现代物流包括了产品从"生"到"死"的整个生产、流通和服务过程。因此,仓储系统能对产品生命周期提供支持。

随着强制性质量标准的贯彻和环保法规约束力度的加大,制造商和配送商要负责进行包装材料的回收,必然导致退货逆向物流和再循环回收等逆向物流的产生。逆向物流与传统供应链方向相反,是要将最终顾客持有的不合格产品、废旧物品回收到供应链中的各个节点。作为供应链中的重要一环,在逆向物流中仓库又承担了退货管理中心的职能,负责及时确定问题商品,通知所有相关方面和发现退回商品的潜在价值,为企业增加预算外或抢救性收入。

三、仓库的布局

仓库的布局是指一个仓库的各个组成部分,如库房、货棚、货场、辅助建筑物、铁路专运线、库内道路、附属固定设备等。在规定的范围内,进行平面和立体的全面合理安排。

(一) 仓库总平面布置的要求

要适应仓储企业生产流程,有利于仓储企业生产正常进行。

(1) 单一的物流方向。仓库内商品的卸车、验收、存放地点之间的安排,必须适应仓储生产流程,按一个方向流动。

(2) 最短的运距。应尽量减少迂回运输,专运线的布置应在库区中部,并根据作业方式、仓储商品品种、地理条件等,合理安排库房、专运线与主干道的相对位置。

(3) 最少的装卸环节。减少在库商品的装卸搬运次数和环节,商品的卸车、验收、堆码作业最好一次完成。

(4) 最大地利用空间。仓库总平面布置是立体设计,应有利于商品的合理储存和充分利用库容。

(二) 仓库的总体构成

一个仓库通常由生产作业区、辅助生产区和行政生活区三大部分组成:

1. 生产作业区

它是仓库的主体部分,是商品储运活动场所。主要包括储货区、铁路专运线、道路、装卸台等。储货区是储存保管的场所,具体分为库房、货棚、货场。货场不仅可存放商品,同时还起着货位的周转和调剂、作业作用。铁路专运线、道路是库内外商品的运输通道,商品的进出库、库内商品的搬运,都通过这些运输线路。专运线应与库内其他道路相通,保证通畅。装卸站台是供火车或汽车装卸商品的平台,有单独站台和库边站台两种,其高度和宽度应根据运输工具和作业方式而定。

2. 辅助生产区

辅助生产区是为商品储运保管工作服务的辅助车间或服务站,包括车库、变电室、油库、维修车间等。

3. 行政生活区

行政生活区是仓库行政管理机构和员工休憩的生活区域。一般设在仓库入口附近,便于业务接洽和管理,行政生活区与生产作业区应分开,并保持一定的距离,以保证仓库的安全及行政办公和居民生活的安静。

 本章小结

仓储是对有形物品提供存放场所、物品存取过程和对存放物品的保管、控制的过程,是人们的一种有意识的行为。由于经营主体的不同、仓储对象的不同、经营方式的不同、仓储功能的不同使得不同的仓储活动具有不同的特性。仓储的物资储藏的基本功能决定了仓储的主要任务是物资存储、流通调控、数量管理、质量管理、交易中介、流通加工、配送以及配载等。

仓储管理是仓储机构为了充分利用所具有的仓储资源,提供高效的仓储服务所进行的计划、组织、控制和协调过程。仓储管理的主要任务包括:利用市场经济的手段获得最大的仓储资源的配置,以高效率为原则组织管理机构,以不断满足社会需要为原则开展商务活动,以高效率、低成本为原则组织仓储生产,以优质服务、诚信建立企业形象,通过制度化、科学化的先进手段不断提高管理水平,从技术到精神领域提高员工素质。仓储管理的基本原则有效率原则、经济效益原则和服务原则。商品由生产地向消费地转移,是依靠仓储活动来实现的,仓储活动的意义正是从生产与消费在空间、时间以及品种、数量等方面存在的矛盾中产生的。搞好仓储活动是使社会再生产过程顺利进行的必要条件;是保持物资原有使用价值和合理使用物资的重要手段;是加快资金周转、节约流通费用、降低物流成本、提高经济效益的有效途径。仓储的作用主要体现在:仓储是物流的主要功能要素之一;仓储是社会物质生产的必要条件之一;仓储可以创造"时间效用"；仓储是"第三个利润源"的重要源泉之一。仓储的主要功能包括调节功能、检验功能、集散功能和配送功能。

仓储管理现代化要求在仓储管理中应用切合实际的现代管理理论、方法，并广泛采用运筹学、电子计算机、现代通讯以及其他先进技术手段和方法。仓储管理思想的现代化是仓储管理现代化体系的灵魂；仓储管理组织的现代化是仓储企业管理现代化的基础；仓储管理人员的现代化是实现仓储管理现代化的保证和条件；仓储管理要从传统的经验管理上升到科学的现代化的管理阶段，必然要求管理方法现代化、仓储管理手段的现代化。

思考题

1. 什么是仓储？仓储管理的主要作用有哪些？
2. 仓储实现了哪些主要功能？
3. 简述仓库的功能，仓库的一般布局如何？
4. 仓储和仓储作业组织的基本原则有哪些？
5. 简述仓储管理现代化的主要内容，未来仓储的发展趋势如何？

练 习 题

一、单项选择题

1. 商品生产和消费在空间、时间、品种、数量等方面存在矛盾，可以解决的环节是（　　）。
   A. 生产领域　　　　　　B. 消费领域
   C. 运输环节　　　　　　D. 仓储环节

2. 仓储可以（　　）。
   A. 改变产品功能　　　　B. 改变产品性质
   C. 增加产品使用价值　　D. 创造时间效用

3. 静态仓储是指对仓库内物品的（　　）。
   A. 存放　　B. 保管　　C. 控制　　D. 提供使用

4. 仓储最基本的任务是（　　）。
   A. 物资储存　　　　　　B. 物品维护
   C. 库存控制　　　　　　D. 流通加工
5. 一个仓库的主体部分是（　　）。
   A. 生产作业区　　　　　B. 辅助生产区
   C. 行政生活区　　　　　D. 其他
6. 仓储占用企业流动资金可以达到（　　）。
   A. 5%～10%　　　　　　B. 10%～20%
   C. 20%～40%　　　　　 D. 40%～70%

二、多项选择题

1. 仓储是指在仓库内对原材料等货物进行的一系列作业活动（　　）。
   A. 保管　　B. 管理　　　C. 保养　　　　D. 维护
   E. 供给
2. 仓储提升物质产品的价值的原因是（　　）。
   A. 仓储活动消耗了物化劳动
   B. 仓储活动使仓储资产价值转移到仓储产品中去
   C. 仓储的拣选活动完善了产品品质
   D. 仓储活动改变了空间距离
   E. 仓储活动使物品发生了位移
3. 仓储的逆作用表现为（　　）。
   A. 改变物的时间状态　　　B. 仓储货物发生资金占用费用
   C. 仓储保管人员发生工资支出　D. 保险费支出
   E. 仓库建设费用支出
4. 仓储活动主要从以下哪几个方面保证社会再生产过程的顺利进行（　　）
   A. 提升了物质产品的使用价值
   B. 克服生产与消费地理上的分离
   C. 衔接生产与消费时间上的背离

第四章 仓 储

D. 调节生产与消费方式上的差别
E. 改变了物品的用途
5. 以下属于未来仓储主要特征的是（   ）。
   A. 以顾客为中心   B. 仓库作业的自动化
   C. 第三方仓储   D. 连续供货
   E. 间歇供货
6. 搞好仓储活动，可以为企业带来的好处有（   ）。
   A. 加快资金周转   B. 降低物流成本
   C. 增加机会成本   D. 提高经济效益
   E. 增加保险费用

三、是非题（A 为正确，B 为错误）

1. 仓储的基本任务是库存控制。（   ）
2. 仓储的对象既可以是生产资料，也可以是生活资料，但必须是实物动产。（   ）
3. 仓储管理思想的现代化是仓储管理现代的基础和先决条件。（   ）
4. 储存仓储一般设在较为偏远的但具备较好交通运输条件的地区。（   ）
5. 仓储是社会产品出现剩余之后产品流通的产物。（   ）
6. 仓储活动所消耗的物化劳动改变了劳动对象的功能。（   ）

案例分析题（一）

从仓库到现代物流中心的嬗变

资料来源：www.jctrans.com（锦程物流网）2007 年 3 月
近几年，中储发展股份有限公司西安分公司全面落实科学发展观，

积极拓宽经营思路，坚持全方位发展，注重多种经营并举，不断走出一条自我发展之路，目前公司已由原来一个普通的仓储企业发展成一个集仓储、运输、货运代理、现货市场、信息服务、流通加工、物流质押（金融）等于一体的综合性大型现代化物流中心，同时带动了周边地区小型物流运输、连锁经营、餐饮服务等相关产业的发展，成为推动陕西区域经济发展繁荣的起动机和助推器，引领着陕西乃至西北地区现代物流企业的快速健康发展。

中储发展股份有限公司西安分公司（原西安中储物流中心）隶属国资委所属国有企业集团之一中国诚通集团下属的中国物资储运总公司。经过多年的市场洗礼，企业已发展成为集仓储、运输、货运代理、流通加工、物流质押（金融）、经销、信息服务、现货市场等于一体的第三方综合性大型物流企业。公司占地面积40万平方米，拥有4条铁路专用线，库房30多栋，10万平方米，货场15万平方米，各种起重、装卸、运输设备100多台（辆），物资吞吐量每年在240万吨以上。

目前公司主要客户资源以钢材、家电为主，另有：有色金属材料、纸品、装饰建材、食品等。现有客户600多家，遍及全国各地，其中既有大钢厂的直销公司，也有物资经销企业；有家电客户有60多家，格力、春兰、新飞、荣事达、澳柯玛、西门子、小天鹅、志高、科龙等已成为公司的长期服务对象。近年来公司加快城市快速消费品业务拓展，先后引进了雪花啤酒、茅台酒、美特斯邦威、李宁服饰、西北国药、双汇等品牌客户。连续多年被陕西省工商部门评为"重合同，守信用"企业；上缴利税超过1亿元。企业发展已步入快车道。

转变经营理念

随着物流业在我国的兴起，许多企业纷纷以"现代物流的旗号"相继进入人们的视线，一时间，发展现代物流成为一个热门话题。公司作为西北大型物流企业，敏锐地看到这一变化，他们努力发挥自身储运优势，积极尝试从传统储运向现代物流转变。坚持全方位发展、注重多种经营并举，给一度大量闲置的库房和场地带来无限生机，实现了经营理念的跨越，彻底打破了原来的流通体制，极大地满足了客户的个性化消

第四章 仓　储

费需求。

他们不断整合社会闲散资源,对周边个体运输户进行整合,充分利用现代物流理念对车辆进行管理,以达到满足客户需求、降低社会总成本的目标。

培育物流市场

仓储不是物流,它仅是物流的一个环节。物流具有系统化特性,只有把保管、运输、配送、分拣、包装、加工、装卸、信息服务等环节系统的加以考虑,才能使物流活动达到效率化、快速化和整体最优。多年来,公司凭借15万平方米货场和10万平方米库房、4条铁路专用线和完善的起重运输设施,以及中储在全国物流组织网络的优势,紧密联系我国国情,结合地区实际,坚持"本土化"经营。同时借鉴国内外先进物流业经验,奋力开拓市场,积极寻求发展机遇。在拓展配送业务过程中,重点开展家电产品销向物流服务。根据客户商品特点,先后购置十多辆箱式货车以充实运力,满足配送需要。现在,格力、春兰、荣事达、新飞、志高、雪花啤酒等近20家家电客户及生活资料客户已与公司进行深层次物流配送合作,配送规模也由单一配送转向共同配送,运输成本大大降低。配送形式以BTOB为主,负责向陕西地区各大超市和商店及西北五省运送。在深入市场调研的基础上,公司了解到许多客户在发展过程中遇到了资金瓶颈问题,通过论证,公司开发了物流质押(金融)业务,延伸物流服务链条,与银行合作,为客户解决资金短缺问题。通过此项业务的开展,实现了公司、客户和银行"多方共赢"。

提高服务水平

信息化是现代物流的灵魂,没有信息化就没有物流的现代化。在中储总公司的指导下,根据公司实际,他们首先对业务流程进行了改造优化,开发引进了仓储管理软件。目前公司仓储业务基本实现计算机管理,客户登录中储物流网即可查询库存动态,对库存进行有效监控。同时,还可以通过公司中心网站进行信息广告发布,实现信息共享交流。完善了办公局域网,管理层可以运用计算机对生产经营动态随时进行控制，极大地提高了工作效率。此外，还对起吊设备进行信息化改造，每钩货物都可以在起吊过程中准确测出重量，极大方便了客户。在治安安全方面投资 30 多万元进行技防布控，在办公区、生产作业区和安全重点防范区域安装了监控设备、红外线感应系统等高科技安全监控设施，有效保证了公司物资、财产和人员的安全。

促进管理升级

随着服务行业的对外开放，他们及时调整管理理念并作出决策，按照 ISO9001：2000 质量管理体系标准化的要求，开展质量认证。经过近半年的努力，建立了一套既切合企业实际又符合质量体系标准的质量管理系统。在试运行中，质量管理文件得到了有效实施，全员上下基本能够按照质量管理文件规范工作行为，管理过程、作业环节得到有效控制。2002 年 11 月 20 日顺利通过了瑞士通标标准公司（SGS）的第三方认证审核，实现了公司管理标准的大幅提升。

发展现代物流人才是关键。要发展现代物流，还需要大量的现代物流理念和理论知识做基础。公司积极采用各种办法加大对员工的培训力度，除经常选派一些生产、管理干部外出学习参观，积极参加物流论坛外，还加强对员工服务理念的教育。经常开展多种形式的优质服务活动，使员工服务意识得到大幅提升，形成了"以客户为中心、为客户创造价值"的服务理念，"优质高效、便捷周到"的中储服务品牌已经贯穿于工作的各个方面。公司鼓励员工自学成才、岗位成才，对学有所成并取得证书的员工给予一定的经济补助。自推出物流师执业资格认证考试以来，公司已经有 45 人获得中级物流师职称证书，为企业今后的管理和发展奠定了良好基础。

请思考：

1. 通过案例分析说明传统仓库与现代物流中心的区别？
2. 通过分析中储物流西安分公司向现代物流中心的转变过程，你认为其转变成功的关键是什么？
3. 通过本案例分析，你认为中国目前传统仓库怎样才能实现向现代物流中心的转变?

案例分析题(二)

美国某药品和杂货零售商的混合仓储管理模式

资料来源:《企业物流——供应链的规划、组织和控制》,机械工业出版社,2002 年

美国某药品和杂货零售商成功实现其并购计划之后销售额急剧上升,需要扩大分拨系统以满足需要。一种设计是利用 6 个仓库供应全美约 1 000 家分店。公司既往的物流战略是全部使用自有仓库和车辆为各分店提供高水平的服务,因而此次公司计划投入 700 万美元新建一个仓库,用来缓解仓储不足的问题。新仓库主要供应匹兹堡附近的市场,通过配置最先进的搬运、存储设备和进行流程控制降低成本。管理层已经同意了这一战略,且已经开始寻找修建新仓库的地点。

然而,公司同时进行的一项网络设计研究表明,新仓库并没有完全解决仓储能力不足的问题。这时,有人建议采用混合战略——即除使用自建仓库外,部分利用营业型租赁仓库,这样做的总成本比全部使用自建仓库的总成本要低。于是企业将部分产品转移至营业型仓库,然后安装新设备,腾出足够的自有空间以满足可预见的需求。新设备的成本为 20 万美元。这样,企业成功地通过混合战略避免了单一仓储模式下可能导致的 700 万美元的巨额投资。

请思考:

该企业采用了哪些类型的仓储?对于企业有什么作用?

第五章

流通加工与配送

 学习要点

- 掌握流通加工的概念和作用
- 掌握流通加工不合理的表现形式
- 掌握流通加工合理化的措施
- 重点掌握配送的概念、作用和分类
- 了解不合理配送的表现形式
- 掌握配送合理化的实现方法
- 掌握配送中心的概念、分类和作业流程

 导引案例

联华生鲜食品加工配送中心

资料来源：http://www.kesum.cn/Article/ltcyyj/lsyyj/psyj/200605/19261.html，物流世界网，2006年5月9日（内容有所删减）

联华生鲜食品加工配送中心是我国国内目前设备最先进、规模最大的生鲜食品加工配送中心之一。总投资6 000万元，建筑面积35 000平方米，年生产能力20 000吨，其中肉制品15 000吨，生鲜盆菜、调理半成品3 000吨，西式熟食制品2 000吨，产品结构分为15大类约1 200种生鲜食品。在生产加工的同时配送中心还从事水果、冷冻品及

南北货的配送任务。

生鲜商品按称重包装属性可分为：定量商品、称重商品和散装商品；按物流类型分为：储存型、中转型、加工型和直送型；按储存运输属性分为：常温品、低温品和冷冻品；按商品的用途分为：原料、辅料、半成品、产成品和通常商品。生鲜商品大部分需要冷藏，所以其物流流转周期必须很短，节约成本。生鲜商品保值期很短，客户对其色泽等要求很高，所以在物流过程中需要快速流转。可见，对生鲜配送中心的两个评判标准是"快"和"准确"。

联华生鲜食品加工配送中心的运作包括以下几个方面：

一、订单管理

门店的要货订单通过联华数据通讯平台，实时传输到生鲜配送中心，在订单上制定各商品的数量和相应的到货日期。生鲜配送中心接受到门店的要货数据后，立即输入到系统中生成门店要货订单，按不同的商品物流类型进行不同的处理。各种不同的订单在生成后，通过系统中的供应商服务系统自动发送给各供应商，时间间隔在10分钟内。

二、物流计划

在得到门店的订单并汇总后，物流计划部根据第二天的收货、配送和生产任务制订物流计划，包括：线路计划、批次计划、生产计划、配货计划。

三、物流运作

1. 储存型物流运作

商品进货时先要接受订单的品种和数量的预检，预检通过方可验货，验货时需进行不同要求的品质检验，终端系统检验商品条码和记录数量。检货采用播种方式，根据汇总取货，汇总单标志从各个仓位取货的数量，取货数量为本批配货的总量，取货完成后系统预扣库存，被取商品从仓库仓间拉到待发区。在待发区配货分配人员根据各路线、各门店配货数量对各门店进行播种配货，并检查总量是否正确。

2. 中转型物流运作

供应商送货同储存型物流，先预检，预检通过后方可进行验货配货。供应商把中转商品卸货到中转配货区，中转商品配货员使用中转配货系统按商品路线和门店的顺序分配商品，数量根据系统配货指令的指定执行,贴物流标签。将配完的商品采用播种的方式放到指定的路线门店位置上,配货完成统计单个商品的总数量和(或)总重量,根据配货的总数量生成进货单。

3. 加工型物流运作

生鲜的加工按原料和成品的对应关系可分为两种类型:组合和分割,两种类型在 BOM 设置和原料计算以及成本核算方面都存在很大的差异。生产计划和(或)任务中需要对多级产品链计算嵌套的生产计划和(或)任务,并生成各种包装生产设备的加工指令。对于生产管理,在计划完成后,系统按计划内容出标准领料清单,指导生产人员从仓库领取原料以及生产时的投料。

四、配送运作

商品分拣完成后,都堆放在待发库区,按正常的配送计划,这些商品在晚上送到各门店,门店第二天早上将新鲜的商品上架。在装车时按计划依路线、门店顺序进行,同时抽样检查准确性。在货物装车的同时,系统能够自动算出包装物(笼车、周转箱)的各门店使用清单,装货人员也据此来核对差异。在发车之前,系统根据各车的配载情况输出各运输车辆随车商品清单、各门店的交接签收单和发货单。商品到门店后,由于数量的高度准确性,在门店验货时只要清点总的包装数量,退回上次配送带来的包装物,完成交接手续即可,一般一个门店的配送商品交接只需要 5 分钟。

请你思考问题:

1. 分析联华生鲜食品加工配送中心属于什么类型?
2. 配送中心的流通加工合理化的具体措施是什么?
3. 结合案例总结配送中心的作业流程。

第一节 流通加工的含义

流通加工是现代物流系统中一个比较特殊的环节。它是为了弥补生产过程中加工不足的问题,更有效地满足用户的需要,使产需双方更好地衔接,使这些加工活动成为物流过程的一部分。因此,流通加工具有一定的生产性质,其主要任务是提高物流系统对用户的服务水平。随着用户的需求日新月异、市场竞争日趋激烈,流通加工的意义必将越来越重要。

一、流通加工的概念

(一) 流通加工的定义

按照我国的国家标准物流术语,流通加工是指物品在从生产地到使用地的过程中,根据需要实施包装、分割、计量、分拣、刷标志、拴标签、组装等简单作业的总称。可见,流通加工是在物品从生产领域向消费领域流动的过程中,为了促进销售、维护物品质量和提高物流效率,对物品进行的加工,使物品发生物理的或化学的变化。例如,鱼、肉的分割、礼品的拼装、家用电器的组装、玻璃的开片、钢材的裁剪等都属于流通加工的内容。

流通与加工原本属于两个不同的范畴。加工是改变物品的性质或形态的生产活动。而流通是改变物品的时间和空间状态,并不改变物品的性质或形态。两者的有机组合就形成了流通加工。流通加工处于不易区分生产还是流通的中间区域,它不改变物品的基本形态和功能,只是完善物品的使用功能,以提高物品的附加值和物流系统的效率。因此,流通加工既属于加工范畴,又属于物流活动的一部分。

(二) 流通加工与生产加工的区别

从流通加工的定义可以看出,流通加工是流通领域的简单生产活动,是生产加工在流通领域的延伸。流通加工和一般的生产型加工在加工方法、加工组织、生产管理方面并无显著区别,但两者在加工对象、加工程度、加工目的等方面存在较大差别。

1. 加工对象不一样

流通加工的对象是进入流通过程的产品,其具有商品的属性。而生产加工的对象是原材料、零配件、半成品,它们不是最终产品。

2. 加工程度不一样

流通加工大多是简单加工,是对生产加工的一种辅助及补充,绝不是对生产加工的取消或代替，不属于复杂加工。而生产加工的复杂程度和加工深度远远高于流通加工。

3. 附加价值不一样

流通加工旨在完善产品的使用价值，并在不做大改变的情况下，提高其价值。而生产加工的目的在于创造产品价值及使用价值。

4. 加工责任人不一样

流通加工是由商业或物资流通企业根据流通需要进行的，而生产加工则由生产企业完成。可见，两者的加工责任人不同。

5. 加工目的不一样

流通加工除为了消费（或再生产）所进行的加工外，有时是以自身流通为目的的，纯粹是为流通创造条件。而生产加工是以交换、消费为目的的生产活动。

二、流通加工的作用

（一）增加收益

在流通过程中，对产品的某些功能进行简单加工，就可促进产品销售，为企业带来更多的经济效益。这是流通加工的一个重要功能，使物品更好地满足用户的需求，激发消费者的购买欲望。例如，内地的一些制成品，如时装、洋娃娃玩具、轻工纺织产品、工艺美术品等，在深圳地区进行简单装潢加工，改变产品的外观，使产品售价提高 20％ 以上。可见，流通加工可以成为提高产品附加价值的活动。

（二）方便用户

对于用户来说，流通加工能给他们带来很多方面的便利。例如钢板裁剪，薄板厂生产出来的薄板，一卷 60 吨，运输、吊装、储存都很方便，但运到金属公司并销售给用户时，问题就产生了。有的用户只买几米，不是整卷，此时就需要金属公司用切板机将钢板切割、裁剪成适合用户需要的形状尺寸，用户买回去可直接使用。再如集中下料，也是一种很重要的流通加工，是将生产企业直接运来的整包装分割成用户需要的规格、尺寸或包装的物品。

(三) 降低成本

流通加工不但方便了用户购买和使用产品,还降低了用户成本。用量小或有临时需要的用户,往往缺乏进行高效率初级加工的能力。通过流通加工,就可使这样的用户省去进行初级加工的机器设备投资及人力消耗,从而降低了成本。目前发展比较快的初级加工有:冷拉钢筋及冲制异形零件,将水泥加工成生混凝土,将原木或板材加工成门窗,净菜加工等。对于生产企业来说,采用流通加工,可以进行标准化、整包装生产,从而节省了包装费用和运输费用,降低了成本,提高了效益。

(四) 提高物资利用率

通过流通加工,可实现废物再生、物资充分利用、综合利用,使物资利用率大大提高。例如,集中下料可以合理套裁、优材优用、小材大用,明显地提高了原材料的利用率。再如,北京、济南等城市曾对平板玻璃进行集中裁制、实施开片供应,玻璃利用率从 60% 左右提高到 85%—95%。可见,流通加工在物资利用率提高中的作用是巨大的。此外,木屑压制成木板、边角废料改制等流通加工还可以实现废物再生利用,从另外一个角度提高物资的利用率。

(五) 提高设备利用率

建立集中加工点实施流通加工,由于可以采用效率高、技术先进、加工量大的专用机具和设备,既提高了设备利用率,又提高了加工质量,其最终结果是降低了加工费用及原材料成本。例如,一般的使用部门在对钢板下料时,通常采用气割法,需留出较大的加工余量。这样做不但出材率低,且由于热加工容易改变钢的组织结构,加工质量也不好。在集中加工的条件下,可采用高效率的剪切设备,在一定程度上弥补了上述缺陷。

(六) 发挥输送最高效率

流通加工环节将实物的流通分为两个阶段:第一个阶段是从生产企业到流通加工,这一阶段输送距离长,可以采用船舶、火车等大运量输送手段;第二个阶段是从流通加工到消费环节,这一阶段距离短,主要利用汽车、摩托车等小型车辆来配送经过流通加工后的小批量、多规格、多用户的产品。这样,加快了输送速度,节省了运力运费,充分发挥了各种输送手段的最高效率。例如,铝制门窗若在制造厂就装配完毕,即使采用大运量运输手段,有效负载也不高,还可能导致货物的破损。若把铝制品门窗的零部件,分别集中捆扎、装箱,采用大运量运输工具运抵销售地以后,再组装成成品,利用汽车等小型运输工具送至用户处,则更加方便、经济。

三、流通加工的类型

（一）弥补生产领域加工不足的流通加工

有些产品在生产领域的加工只能到一定的程度,因为有许多限制性因素限制了它们的终极加工。例如,钢铁厂的大规模生产只能按标准规定的规格生产,既能使产品具有较强的通用性,又能保证生产有较高的效率和效益。因此,进一步的切裁处理由流通加工完成。这类流通加工实际是生产的延续,是生产加工的深化。

（二）适应需求多样化的流通加工

生产部门的大批量、标准化生产往往不能满足消费者多样化的需求。流通加工是解决这个矛盾的重要方法。它不但使生产型企业的流程减少,集中力量从事技术性较强的劳动,也使消费者省去繁琐的预处理工作,集中精力从事较高级的、能满足需求的劳动。例如,将平板玻璃按照客户需要开片,将木材改制成枕木、板材、方材。为满足客户需求,同时保证标准化生产的高效率,将产品进行改制加工,是流通加工的一种重要形式。

（三）保护产品的流通加工

在最终消费者对产品进行消费前的整个物流过程,为使产品的使用价值能顺利实现,都存在对产品的保护问题。和前两种流通加工不同,这种加工并不改变进入流通领域的"物"的性质或外形。这种加工主要采取保鲜、冷冻、稳固、改装、涂覆等方式。例如,水产品、肉产品的保鲜、冷冻加工;为防止金属材料的锈蚀而进行的喷漆、涂油等措施;水泥的防潮、防湿加工;木材的防腐朽、防干裂加工;煤炭的防高温自燃加工等。

第五章 流通加工与配送

（四）方便物流的流通加工

有一些产品本身的形态使之难以进行物流操作，如对气体、液体的运输，对鲜鱼的装卸、储存操作，对部分机械设备的运输等。通过流通加工，对气体进行液化后罐装、对货物进行适当包装等，可使产品便于流通。这种加工往往改变货物的物理状态而保持化学性质不变，在完成流通作业后则可使货物恢复原物理状态。例如，石油气的液化加工，使很难输送的气态物转变为容易输送的液态物，从而提高物流效率。待液化的石油气运至目的地后，再将其气化，恢复原状。

（五）促进销售的流通加工

流通加工可以从多方面起到促进销售的作用。这种加工可以是不改变产品本体、只进行简单改装的加工，也可以是组装、分块等加工。这类流通加工的例子很多，比如对蔬菜、肉类、鱼类洗净、切块以满足消费者的要求；对货物进行从工业包装到商业包装的转换，以吸引消费者，激发购买欲望；将过大包装或散装物分装成适合消费者一次购买的小包装；将零配件组装成车辆、用具以便于直接销售等。

（六）提高加工效率的流通加工

单个生产企业的初级加工由于数量有限或缺乏技术容易导致加工效率不高，而专业流通企业可以综合若干家生产企业的产品进行集中加工，采用先进的科学技术，实现规模效益，从而解决单个企业加工效率不高的弊病。流通加工利用其综合性强、客户多的特点，还可以实行合理规划、集中下料、合理套裁的方法，从而有效提高原材料的利用率，减少损失浪费。

（七）衔接不同运输方式的流通加工

在干线运输和支线运输的节点设置流通加工环节，可有效解决大批量、低成本、长距离干线运输与多品种、少批量、多批次末端运输之间的衔接问题。例如，在散装水泥中转仓库进行流通加工，把散装水泥装袋，将大规模散装水泥转为小规模袋装水泥，有效衔接了水泥厂大批量运输和工地小批量装运的需要。

（八）生产—流通一体化的流通加工

生产—流通一体化的流通加工形式是指依靠生产企业和流通企业

的联合,或者生产企业涉足流通领域,或者流通企业涉足生产领域,形成合理分工、合理规划、合理组织,统筹进行的生产与流通加工安排。这种流通加工形式是目前流通加工领域的新形式,它可以促使产品结构、产业结构的调整,充分发挥企业集团的经济、技术优势。

第二节 流通加工的合理化

一、流通加工不合理的表现

流通加工是在流通领域中对生产的辅助性加工,是生产过程的延续。这个延续既可能有效地起到补充完善的作用,也可能对整个过程产生负效应。几种典型的不合理流通加工形式如下:

(一)流通加工地点设置不合理

流通加工地点设置即布局状况直接影响到整个流通加工是否合理、有效。一般而言,为了衔接单品种大批量的生产与多样化需求的流通加工,加工地点最好设置在需求地区,从而实现大批量的干线运输与多品种末端配送的物流优势。若将流通加工地设置在生产地区,就会产生两方面的不合理性:一是多样化需求所要求的产品品种多、批量小,导致产地向需求地的长距离运输中出现众多不便;二是在生产地增加了一个加工环节,同时增加了近距离运输、装卸、仓储等一系列物流活动,产生不经济性。

即使是产地或需求地设置流通加工的选择是正确的,还存在流通加工在小地域范围的正确选址问题,如果处理不当,仍会出现不合理。这种不合理主要表现在:流通加工与生产企业或用户之间距离较远,交通不便利,流通加工点投资过高,加工点周围社会、环境条件不良等。

(二)流通加工方式选择不当

流通加工方式包括流通加工对象、流通加工工艺、流通加工技术、流通加工程度等。流通加工方式的确定实际上是与生产加工的合理分工密切联系在一起的。分工不合理会导致以下情况发生:本来应由生产加工完成的,却错误地由流通加工完成;本来应由流通加工完成的,却错误地由生产过程去完成。这些情况都是不科学的。

流通加工不是对生产加工的代替,而是进一步的完善和补充。因此,一般而言,如果工艺复杂,技术装备要求较高,加工可以由生产过程延续。当加工可以由生产过程轻易解决时也不宜再设流通加工环节。需要注意的是,流通加工不宜与生产过程争夺技术要求较高、效益较好的最终生产环节,更不宜利用一个时期市场的压迫力使生产者进行初级加工或前期加工,而流通企业则从事完成装配或最终形成产品的加工。总之,如果流通加工方式选择不当,就会出现与生产环节争夺利益的不合理局面。

(三) 流通加工作用不大,形成多余环节

有的流通加工过于简单,或者对生产及消费者的作用都不大。有时由于流通加工的盲目性,未能解决品种、规格、质量、包装等问题,相反却增加了不必要的环节,造成浪费。这些都是流通加工不合理的表现形式。

(四) 流通加工成本过高,效益不好

流通加工之所以具有生命力,重要优势之一是有较大的产出投入比,有效地起着补充、完善生产环节的作用。所以,若流通加工成本过高,就不能实现以较低投入创造更高使用价值的目的,流通加工失去了存在的意义。除了一些必需的,政策要求即使亏损也应进行的加工外,凡是成本过高,效益不好的流通加工都应看成不合理的加工方式。

二、流通加工合理化的措施

流通加工的合理化是指合理选择加工方式,实现流通加工的最优配置,以避免各种不合理加工,使流通加工具有存在的价值。流通加工必须具有合理性,使正效应发挥最大化,使负效应尽可能避免。可以通过以下措施实现流通加工的合理化:

(一) 流通加工和配送相结合

这是将流通加工环节设置在配送点中的一种合理化方法。一方面按配送的需要进行加工,另一方面加工是配送业务流程中分货、拣货、

配货的一环,加工后的产品直接投入配货作业。流通加工和配送相结合,就无需单独设置一个加工的中间环节,使流通加工与中转流通巧妙结合在一起。此外,由于配送之前有加工,使配送服务水平大大提高。这是当前流通加工合理化的重要方法,在水泥、煤炭等产品的流通作业中表现出较大的优势。

(二) 流通加工和配套相结合

配套通常指对使用上有联系的用品集合成套地供应给客户。在对配套要求较高的流通中,配套的主体来自各个生产单位,但有时无法全部依靠现有的生产单位实现完全配套。因此,进行适当的流通加工,可以有效促成配套,大大提高流通作为衔接桥梁的能力。

(三) 流通加工和运输相结合

流通加工能够有效地衔接干线运输与支线运输,促进两种运输形式的合理化。支线运输转干线运输或者干线运输转支线运输的过程中,本来无法避免停顿现象。而利用流通加工,按干线或支线运输的合理要求对货物进行适当加工,就可避免上述停顿现象,从而大大提高运输转载水平。

(四) 流通加工和商流相结合

通过流通加工,可以有效促进销售,使商流合理化。例如,加工和配送的结合也可看成加工和商流相结合的成功例证,因为通过加工提高了配送水平,增强了销售能力。此外,通过简单加工改变包装,为用户提供方便的购买量,通过组装加工消除用户使用前的组装、调试困难,都是有效地促进商流的例子。

(五) 流通加工和节约相结合

节约能源、节约设备、节约人力、节约耗费也是流通加工合理化的重要考虑因素。对于流通加工合理化的最终判断,是看其是否能实现社会效益和企业效益,且是否取得了最优效益。流通加工企业与一般生产企业有一个重要的不同点,那就是流通加工企业更应树立社会效益第一的观念。如果只追求企业的微观效益,盲目加工,与生产企业争利,甚至是破坏环境,这都有违流通加工的宗旨。

(六)倡导绿色流通加工

流通加工具有较强的生产性,为流通部门在保护环境方面提供了广阔的用武之地。绿色流通加工是绿色物流的3个子范畴之一。绿色流通加工的实现常通过以下两条途径:一是变消费者分散加工为专业集中加工,以规模作业方式提高资源利用效率,减少环境污染。例如,餐饮服务业对食品的集中加工,减少了家庭分散烹调所造成的能源浪费和空气污染。二是集中处理消费品加工中产生的边角废料,可以减少消费者分散加工所造成的废弃物污染。例如,流通部门对蔬菜的集中加工,减少了居民分散垃圾的丢放及相应的环境治理问题。

第三节 配送的含义

配送是物流中一种特殊的、综合的活动形式,是商流与物流的紧密结合,包含了物流中若干功能要素。随着物流学的诞生,配送这个新事物一经出现,就立即引起各方关注。于是,便出现了合理的货物配备、合理的路线规划、合理的车辆调配、合理的配装及送达等新内涵。这些新内涵进一步延伸,就形成了现代社会的配送。

一、配送的概念

(一)配送的定义

按照我国国家标准物流术语的表述,配送是在经济合理的区域范围内,根据用户要求,对物品进行拣选、加工、包装、分割、组配等作业,并按时送达指定地点的物流活动。可见,配送几乎包括了物流的所有功能要素,是在一个经济合理区域内全部物流活动的体现。

配送的发展大致经历了三个阶段。初级阶段表现为送货上门。为了改善经营效率,许多商家广泛采用送货上门的服务方式。配送发展的第二个阶段是随着电子商务的出现而出现的,这是一次深刻的物流革命,不仅影响到物流配送本身,也影响到上下游各体系,如供应商、消费者。第三个发展阶段是物流配送的信息化及网络技术的广泛应用。

配送作为现代物流的一种有效组织方式,目前已得到了广泛的运用和发展。

(二) 配送的概念说明

对配送的深入认识,应当掌握以下几点:

1. 配送是"配"和"送"有机结合

配是指配用户、配时间、配货品、配车辆、配路线,送是指送货运输。配送是"配"和"送"有机结合的形式。

2. 配送与一般送货是有区别的

配送是特殊的送货,是高水平的送货,它与一般送货的区别表现在以下三个方面:首先,配送是一种体制行为,是一种现代物流形式,而一般送货可以是一种偶然的行为;其次,配送是一种有组织、有计划、高效率、优质服务的行为,而一般送货是被动的服务行为。最后,配送依靠现代生产力和现代物流科技,而传统送货主要依靠自发意识。

3. 配送以低成本、优质服务为宗旨

专业配送系统中的运输工具,如一辆汽车,能够实现多用户、多品种、按时的联合配送,比多个用户各派一辆汽车分别直送要大大节约车辆、节约人力、节约费用,从而最大限度地降低成本。此外,专业配送还可实现按时、按量、按品种配套齐全送达用户,并提供各种服务,可以适时适量满足用户需要,提高服务水平。可见,配送是以低成本、优质服务为宗旨的。

4. 配送是一种先进的现代物流形式

配送是一种先进的现代物流形式,具体体现在两个方面:一方面,配送不但给供应者和需求者带来降低物流成本、享受优质服务的效益,而且还能为社会节省运输车次、缓解交通压力、减少运输污染做出贡献。另一方面,配送既能保障供应,保障人们的生产、生活正常进行,又能使企业生产和人们生活产生革命性的变化,促进生产力的发展和人们生活水平的提高。

(三) 配送的要素构成

1. 集货

集货是配送的准备工作或基础工作,是将分散的或小批量的物品集中起来。配送的优势之一,就是可以集中用户的需求进行一定规模的集货。

2. 分拣

分拣是将物品按照品种、出入库先后顺序而进行分门别类堆放的作业。分拣是配送区别于其他物流形式的功能要素,也是决定配送成败的重要因素。

3. 配货

配货是使用各种拣选设备和传输装置,将存放的物品,按照客户的要求分拣出来,配备齐全,送入指定发货地点。配货也是配送不同于其他物流形式的功能要素。

4. 配装

在单个客户配送数量未达到车辆有效载荷时,应该集中不同客户的货物,进行搭配装载以充分利用运能。配送中的配装功能就能很好地解决上述问题。

5. 配送运输

配送中所包含的运输是较短距离、较小规模、频度较高的运输形式,属于支线运输、末端运输,一般用汽车做运输工具。

6. 送达服务

配好的货物运送至用户处,还不算配送工作的完结,因为送达货物和用户接货有时还会出现一些不协调。所以,要圆满实现货物移交,还应讲究卸货地点与方式。送达服务就可实现顺利交货。

7. 配送加工

配送加工是按照配送客户的要求所进行的流通加工,是为了提高客户的满意度而进行的。因此,这一要素在配送中不具有普遍性,但配送加工带来的好处也是很明显的。

二、配送的作用

配送与包装、运输、仓储、装卸搬运、流通加工融为一体,构成了物流系统的功能体系。配送的作用表现在以下几个方面:

(一) 增强企业竞争力

分销领域采用配送系统,可以降低物流成本、提高服务水平,从而进一步扩大销售、扩大市场。产成品实行配送体制，配送需要多少，就生产多少，实现产成品零库存，最大限度地节约资源。采购领域利用配送，实现企业需要多少，供应商就配送多少，何时需要，供应商就何时送货。可见，企业实行配送体制，促进了分销体制、生产体制、采购体制发生革命性的变化，增强企业的竞争力。

（二）提升物流服务水平

配送能够按时按量、品种配套齐全地送货上门，可以使用户免去出差采购、运输进货等劳役之苦，从而简化手续、方便用户、节省成本、提高效率。配送还保障了物资供应，从而保证企业生产和流通的正常进行，满足人们生产生活的物资需要与服务享受。总之，通过配送可以提升物流服务水平。

（三）提高库存周转率

通过配送中心集中库存，可以最大限度地利用有限仓库、有限库存为更大范围、更多客户服务。这种配送方式需求大、市场面广，物资利用率和库存周转率必然大大提高。此外，通过仓储与配送环节的有机结合，发挥规模经济优势，以使单位存货、配送和管理的总成本下降。

（四）完善干线运输体系

采用配送作业，可以在一定范围内，将干线运输、支线运输与仓储等环节统一起来，使干线输送体系得到优化，形成一个将大范围物流与局部范围配送相结合的、完善的物流配送体系。

（五）保护生态环境

合理的配送体系可以节省运输车辆、缓解交通紧张、减少噪声污染、降低尾气排放，为保护生态平衡、创造美好家园做出巨大贡献。

三、配送的分类

根据组织形式、配送物品品种和数量、配送时间和数量等标志，配送可以进行不同的分类。

（一）按配送的组织形式分类

1. 分散配送

分散配送是指销售网点或仓库根据自身或客户的需要，对多品种、小批量货物进行配送。它的特点是分布广、服务面宽,适用于近距离、多品种小额货物的配送。

2. 集中配送

集中配送又称为配送中心配送,指专门从事配送业务的配送中心针对社会性客户的货物需要而进行的配送。它的特点是规模大、专业性强、计划性强;与客户关系稳定且密切;配送品种多、数量大。集中配送是配送的主要形式。

3. 共同配送

共同配送是指若干企业制定统一计划,集中配送资源,以满足客户对货物需求的配送形式。共同配送一般有两种类型:一种是几家中小生产企业通过合理分工和协商,实行共同配送;另一种是中小型配送中心之间联合,实现共同配送。

(二) 按配送的物品品种、数量分类

1. 单品种、大批量配送

采用这种方式配送的物品是工业企业或商业批发企业需要量较大的商品,一般通过单个品种或少数品种一次要货量就可以达到整车运输,因而不再需要与其他物品搭配,由配送中心、工厂或批发站组织配送。

2. 多品种、小批量配送

这种配送是按照客户的要求,将所需的数量不大的各种物品,选好备齐,凑装整车,由配送运输到一个或若干个客户。例如,百货商店和副食品商店的零售货物配送,以及一些工厂需要的零配件配送,都属于这种方式。采用这种方式配送,客户的一次进货量都不大,既节省了占用资金,又避免了库存积压。

3. 配套或成套配送

配套或成套配送是指按企业生产需要,尤其是装配型企业,将生产每一件产品所需要的零部件配齐成套,按生产企业指定的时间送达,企业再将这些成套部件送往生产装配线进行组装。这种配送方式使配送中心承担了工厂的大部分工作,有利于减少工厂库存,充分体现了物流为生产服务的精髓。

（三）按配送的时间、数量分类

1. 定时配送

定时配送是指根据规定的时间进行配送，如几天一次、一天一次、几小时一次等。这种配送方式每次配送的数量及品种，都是按事前拟订的计划进行的。

2. 定量配送

定量配送是指按规定的数量进行配送，不严格规定时间，通常只确定一个时间的期限范围，在这个期限范围内按照批量进行配送。

3. 定时、定量配送

这是按照规定的时间和规定的数量进行配送的方式，也就是把上述定时与定量配送方式综合起来，发挥两者优势，收到最大效果。当然，实际执行中，定时、定量配送的难度也是比较大的。

4. 定时、定路线配送

定时、定路线配送是在确定的运送路线上，指定运送时间表，再由配送中心按运送时间表进行配送。客户则按照到达时间表，在规定路线或场站等待接货。这种配送方式的计划性很强。

5. 随时配送

随时配送既不预先规定配送数量、配送时间，也不规定配送路线，完全按客户随时提出的数量、品种、时间等要求配送的方式，临时组织配送活动。这种配送方式要求时间快、质量高、灵活性大，是一种很受顾客欢迎的配送方式。

第四节　配送的合理化

一、配送合理化的评判标志

对配送合理化与否的判断，目前国内外尚无统一的技术经济指标体系和判断方法。根据一般认识，以下几项标志应纳入配送合理化的评判范围：

(一)库存评判标志

库存是判断配送合理与否的重要标志,具体可以用库存总量降低、库存周转加快两项指标来说明。在一个配送系统中,库存从分散的各个客户转移至配送中心。因此,配送中心库存量加上各客户在实行配送后的库存量应低于实行配送前各客户库存量之和。由于配送企业的调剂作用,可以以相对较低的库存保证较高的供应能力,从而实现库存周转快于原来各企业库存周转。

(二)资金评判标志

资金评判标志具体包括资金总量、资金周转、资金投向三项指标。若资金总量降低、资金周转加快、资金投向更集中,则说明配送的合理化程度提高。资金总量指用于资源筹措所占用的流动资金总量。随着储备总量的下降及供应方式的改变,资金总量会有一个较大的降幅。由于整个运行节奏加快,同样数量的资金,过去需要较长时期才能满足一定供应的要求,实行配送后,能在较短时期内达此目的。可见,资金周转是否加快,是衡量配送合理与否的标志。资金分散投入还是集中投入,是资金调控能力的重要反映。实施配送之后,资金应从分散投入改为集中投入,以增加调控作用。因此,资金投向的改变也是衡量配送合理与否的标志。

(三)成本和效益评判标志

从成本和效益角度判断配送合理化的标志有总效益、宏观效益、微观效益、资源筹措成本。不同的配送方式有不同的判断侧重点。例如,配送企业、客户是各自独立的以利润为中心的企业,那么配送合理化不仅要看总效益,还要看对社会的宏观效益和对两个企业的微观效益。又如,当配送是由客户集团自己组织的,配送则主要强调保证能力和服务性,此时配送合理化的评判主要以总效益、宏观效益和客户集团企业的微观效益指标,不必过多顾及配送企业的微观效益。

(四)供应保证评判标志

配送合理化的重要判断标志之一就是必须提高对客户的供应保证能力。供应保证能力主要从以下方面判断:第一,缺货次数。对各客户来说,实行配送后,该到货而未到货以致影响生产经营的次数必须下降才算合理。第二,配送企业集中库存量。对每一个客户来讲,配送企业集中库存量所形成的保证供应能力高于配送前单个企业保证的程度时，配送算是合理的。第三，即时配送的能力及速度。这是客户出现特殊情况的特殊供应保障方式，这个能力必须高于未实行配送前客户紧急进货的能力才算合理。需要说明的是，若供应保障能力过高，超过了实际的需要，也是不合理的。因此，追求供应保障能力的合理化也是有限度的。

（五）社会运力节约评判标志

运力使用的合理化可以依靠送货运力的规划，整个配送系统的合理流程，与社会运输系统合理衔接来实现。送货运力的规划是配送中心重点规划的内容之一。整个配送系统的合理流程以及与社会运输系统的合理衔接，这两个问题也有赖于配送及物流系统的合理化。通过社会运力节约来判断配送的合理性比较复杂，可采用以下标志做简化判断：社会车辆空驶减少为合理；社会车辆总数减少，而承运量增加为合理；一家一户自提自运减少，而社会化运输增加为合理。

（六）物流合理化评判标志

配送必须有利于物流合理，因此，很多物流合理化的标志也可以作为配送合理化的评判指标。例如：物流费用的降低，物流损失的减少，物流速度的加快，物流中转次数减少，发挥了各种物流方式的最优效果，有效衔接了干线运输和末端运输，采用了先进的技术手段等。

二、不合理配送的表现形式

配送决策的优劣很难有一个绝对的标准，因为有时某些不合理现象是伴生的，要追求大的合理，就可能派生小的不合理。例如，企业效益是配送的重要衡量标志，但有时为了配送企业的长远发展，需损失一些当前利益，甚至要做赔本买卖。因此，配送的决策是全面、综合的决策。以下仅单独论述不合理配送的表现形式，运用时要防止片面化和绝对化。

（一）资源筹措不合理

配送是利用较大批量筹措资源，实现规模效益，使配送资源筹措成本低于客户自己的筹措资源成本，从而取得竞争优势。不合理的资源措施方式有很多，例如仅仅为某一两个用户代购代筹资源。在这种筹措资源的方式下，客户不仅不能降低资源筹措费，反而要多支付一笔配

第五章 流通加工与配送

送企业的代筹代办费,所以是不合理的。不合理的资源筹措方式还有:资源筹措过多或过少,配送量计划不准,在资源筹措时不考虑与资源供应者之间建立长期稳定的供需关系等。

(二) 库存决策不合理

配送应该充分利用集中库存总量低于各客户分散库存总量的优势,节约社会财富,降低客户实际平均分摊库存负担。不合理的库存决策有:配送企业不依靠科学管理来实现一个低总量的库存,而仅仅实现库存转移,未充分考虑如何降低库存量的问题。此外,配送企业库存决策不合理还表现在:存储量不足,不能保证随机需求等。

(三) 价格不合理

总的来说,配送的价格应该低于不实行配送时客户自行进货时产品的购买价格加上自行提货、运输、进货的成本总和,从而使客户有利可图。有些情况下,由于配送具有较高服务水平,价格相应地稍高一些,客户也是可以接受的。但是,若配送价格普遍高于客户自己的进货价格,损伤了客户的利益,就是一种不合理表现。相反地,若价格制定过低,致使配送企业处于无利或亏损状态,这也是不合理的。

(四) 配送与直达决策不合理

一般而言,配送是需要增加环节的,但这个环节的增加可降低客户平均库存水平,从而抵消了增加环节的支出,还能取得剩余效益。但是,当客户使用批量很大时,可以直接通过社会物流系统均衡批量进货,比起通过配送中转送货,更能节约费用。所以,在这种情况下,通过配送而不直接进货,就属于不合理范畴。

(五) 送货中运输不合理

配送与客户自提相比较,尤其是对于多个小客户来讲,利用集中配装一车送几户,可以大大节省运力和运费。如不能利用这一优势,配送中仍是一户一送,导致车辆不能满载,就是不合理的。此外,即时配送过多过频,也会导致上述情况发生。不合理运输的若干表现形式在配送中都可能出现,都会使配送变得不合理。

(六) 经营观念不合理

在配送实施过程中,有些不合理现象是经营观念的不合理导致的。

这些不合理的经营观念使配送优势无从发挥，还可能损坏配送的形象。例如，配送企业利用配送手段，向客户转嫁资金和库存困难。在库存过大时，配送企业强迫客户接货，以缓解自己的库存压力；在资金紧张时，配送企业长期占用客户资金；在资源紧张时，配送企业将客户委托资源挪做他用以谋求获利。经营观念的不合理是企业在开展配送时尤其需要注意和防范的。

三、配送合理化的实现

建立现代化、高效率的配送系统，要以信息技术、自动化技术等先进技术为手段，要以良好的交通设施为基础，从而不断优化配送方式，实现配送合理化。以下是目前国内外普遍推行的一些配送合理化措施：

（一）推行专业化配送

通过采用专业化的设备、设施及操作程序，以降低配送过分综合化的复杂程度及难度，从而提高配送效果，实现配送合理化。

（二）运用加工配送

通过流通加工与配送的有机结合，实现配送的增值。同时，流通加工借助配送，使加工目的更明确，与客户联系更紧密，避免盲目性。

（三）利用共同配送

共同配送是指多个客户联合起来共同由一个第三方物流服务公司来提供配送服务。通过联合多个企业共同配送，不但可以充分利用运输工具容量，提高运输效率，而且可以最近的路程、最低的成本完成配送，从而追求合理化。

（四）实行送取结合

配送企业若与客户建立稳定、密切的协作关系，则不仅成为客户的供应代理人，而且成为客户的储存据点，甚至可以成为产品代销人。在配送时，将客户所需的物资送到，再将该客户生产的产品用同一运输工具运回。这种送取结合的方式，可以充分利用运力，使配送企业取得更大的效益。

（五）实现准时配送

准时配送也是配送合理化的重要内容。配送做到了准时，客户才有资源把握，可以放心地实施低库存或者零库存。准时供应配送系统成为许多配送企业追求配送合理化的重要手段。

（六）采用即时配送

即时配送是解决用户企业断供之忧，提高供应保证能力的重要手段。虽然即时配送成本较高，但它是配送合理化的重要保证手段。例如，客户实行零库存，即时配送就是其重要的保证手段。

第五节 配送中心

配送中心是一种多功能、集约化的物流据点，是一种新兴的经营管理形态。现代化的配送中心把订货、收货、验货、仓储、装卸搬运、拣选、分拣、流通加工、配送、结算、信息处理等作业有机地结合起来。通过发挥配送中心的各种功能，可以压缩企业的库存费用，提高企业的服务水平，以及降低整个系统的物流成本。

一、配送中心的概念

配送中心是指以组织配送性销售或供应，执行实物配送为主要职能的流通型节点。配送中心的基本功能是为一定范围内的客户进行配送服务，同时还兼有包装、装卸搬运、运输、储存、流通加工及信息处理等功能。

配送中心为了做好送货的编组准备，需要采取零星集货、批量进货等资源搜集工作，以及对货物的集散、分整、配备等工作。因此，配送中心具有集货中心、分货中心的职能。为了更有效地实行配送，配送中心往往还有较强的流通加工能力。可见，配送中心又具有加工中心的职能。此外，配送中心还须执行货物配备后的送达到户的使命。综上所述，配送中心是集货中心、分货中心、加工中心功能的综合，并具有配与送的更高水平。

二、配送中心的分类

对配送中心的适当划分,是深入认识配送中心的需要。从理论上和实际作用上,配送中心可以有许多分类的方法,这里就实际运行中常见的配送中心做些介绍。

(一) 专业配送中心

专业配送中心有两种含义:一种是指配送对象、配送技术属于某一专业领域,综合该专业的多种物资进行配送,如多数制造业的销售配送中心。另一种是指以配送为专业化职能,基本不从事经营的服务型配送中心。

(二) 柔性配送中心

柔性配送中心在某种程度上是与专业配送中心相对立的。这种类型的配送中心不朝固定化、专业化方向发展,而向能够随时变化,对客户要求具有较强适应性、不固定供需关系的方向发展。

(三) 供应配送中心

供应配送中心指专门为某个或某些客户组织供应的配送中心。例如,代替零件加工厂送货的零件配送中心,为大型连锁超市组织供应的配送中心。上海地区几家造船厂的钢板配送中心就属于供应配送中心。

(四) 销售配送中心

这是以销售经营为目的,以配送为手段的配送中心。销售配送中心主要有三种类型:一是生产企业为自己产品直接销售给消费者的配送中心。二是流通企业建立的配送中心,以扩大销售。三是流通企业和生产企业联合的协作型配送中心。

(五) 城市配送中心

即以城市作为配送区域的配送中心。城市范围一般处于汽车运输的经济里程,因此这种配送中心可直接配送到最终客户。城市配送中心往往和零售经营相结合,由于运距短、反应力强,故从事多品种、少批量、多客户的配送具有较强优势。

(六) 区域配送中心

区域配送中心是拥有比较强的辐射能力和库存准备,向省(州)际、全国乃至国际范围的客户实行配送的配送中心。这种配送中心规模较大,通常既配送给下一级的城市配送中心,又配送给营业所、商店、批发商和企业客户。区域配送中心也从事零星的配送,但不是主体业务。

(七) 储存型配送中心

这是一种具有很强储存能力的配送中心。储存型配送中心平常利用巨大的仓库进行大量货物的储存,以便在客户需要的时候进行配送。目前我国拟建的配送中心多为储存型,采用集中库存形式,库存量较大。

(八) 流通型配送中心

流通型配送中心基本上没有长期储存功能,仅以暂存或随进随出的方式进行配货、送货。这种配送中心的典型作业方式是:大量货物整体购进,按一定批量送出,货物在配送中心里只作少许停留。

(九) 加工配送中心

加工配送中心是指具有加工功能的配送中心。例如,上海和其他城市已开展的配煤配送,其配送点进行了配煤加工;上海几家船厂联合建立的船板处理配送中心。

三、配送中心的作业流程

不同类型的配送中心作业内容有所不同,但一般来说,配送中心执行如下作业流程:

(一) 进货作业

进货作业是配送中心各项作业的首要环节,具体包括订货、接货、验货三个步骤。进货作业要在对需求者充分调查的基础上进行。订货是指配送中心收到、汇总需求者的订单之后,确定配送货品的种类和数量,然后了解现有库存货品情况,最终确定向供应商进货的品种和数量。供应商根据订单组织供货之后,配送中心须及时组织人力、物力接货。验货是进货作业中的重要工作,验货的内容主要包括货品的数量与质量。

(二) 保管作业

配送中心若要保证正常供应,通常会保持一定数量的商品库存。保管作业的主要内容就是随时掌握商品库存的信息,决定订货时点,控制库存商品温度与湿度,从而保证库存商品数量合适、质量完好。保管作业应从静态的存储作业保管向动态的配送作业保管发展。

(三) 分拣作业

分拣作业是根据客户的订单要求,从存储的货物中拣选出物品,然后放置指定地点的作业,是配送中心的核心作业。拣选作业通常采用按单分拣和批量分拣两种方式。按单分拣是指分拣人员、分拣工具巡回于商品的储存场所,按照客户订单要求,从经过的货位或者货架上挑选出所需的商品。批量分拣是指将数量较多的同种货物集中搬运到发货场所,根据客户订单要求,将所需数量的货物放入各自货箱或货位。

(四) 配装作业

配装作业是指为了充分利用运输工具的载重量和容积率,采用合理方法进行装载。配送很多时候面对的是小批量、多批次的送货任务,单个客户的配送数量往往达不到车辆的有效载运负荷。因此,进行配送时,要尽量把同一客户的多种货物或多个客户的货物搭配进行装载,使载运工具的负荷最大化。此外,通过装配作业,可以降低送货成本,减少交通流量。

(五) 送货作业

送货作业是利用配送车辆将客户订购的商品从配送据点送到客户处的过程,通常属于短距离、小批量、高频率的运输形式。送货作业的基本流程包括:划分基本送货区域,预先确定送货基本顺序,安排车辆,确定送货线路,确定每辆车的送货顺序,以及完成车辆配载。

本章小结

流通加工是指物品在从生产地到使用地的过程中,根据需要实施包装、分割、计量、分拣、刷标志、拴标签、组装等简单作业的总称。流通加工的作用包括:增加收益、方便用户、降低成本、提高物资利用率、提高设备利用率、发挥输送最高效率。流通加工的合理化是指合理选择加工方式,实现流通加工的最优配置,以避免各种不合理加工,使流通加工具有存在的价值。流通加工必须具有合理性,使正效应发挥最大化,使负效应尽可能避免。可以通过许多途径来实现流通加工的合理化。

配送是在经济合理的区域范围内,根据用户要求,对物品进行拣选、加工、包装、分割、组配等作业,并按时送达指定地点的物流活动。配送的构成要素有:集货、分拣、配货、配装、配送运输、送达服务和配送加工。配送合理化的评判标志包括:库存评判标志、资金评判标志、成本和效益评判标志、供应保证评判标准、社会运力节约评判标志以及物流合理化评判标志。配送合理化可以通过:推行专业化配送、运用加工配送、利用共同配送、实行送取结合、实现准时配送以及采用即时配送来实现。

配送中心是指以组织配送性销售或供应,执行实物配送为主要职能的流通型节点。在实际运行中,常见的配送中心有:专业配送中心、柔性配送中心、供应配送中心、销售配送中心、城市配送中心、区域配送中心、储存型配送中心、流通型配送中心、加工配送中心。配送中心的作业流程包括:进货作业、保管作业、分拣作业、配装作业、送货作业。

思考题

1. 结合实际说明流通加工的含义及作用。
2. 流通加工有哪些类型?
3. 阐述流通加工不合理的表现及合理化的措施。
4. 什么是配送?其要素构成有哪些?
5. 配送的作用是什么?它有哪些分类方法?
6. 配送合理化的评判标志有哪些?如何实现配送合理化?
7. 什么是配送中心?配送中心有哪些类型?
8. 阐述配送中心的作业流程。

练 习 题

一、单项选择

1. 承担配送的准备工作或基础工作,将分散的或小批量的物品集中起来的工作是( )。

A. 集货 B. 分货

C. 配货   D. 配装

2. 为了弥补生产过程中加工不足的问题,更有效地满足用户的需要,使产需双方更好地衔接,使这些加工活动成为物流过程的一部分的物流环节是(　　)。
A. 运输   B. 流通加工
C. 配送   D. 包装

3. 物品在从生产地到使用地的过程中,根据需要实施包装、分割、计量、分拣、刷标志、加标签、组装等简单作业的总称是(　　)。
A. 仓储   B. 配送
C. 运输   D. 流通加工

4. 内地的一些制成品,如时装、洋娃娃玩具、轻工纺织产品、工艺美术品等,在深圳地区进行简单装潢加工,改变产品的外观,使产品售价提高20％以上。这体现了流通加工的什么作用?(　　)
A. 增加收益   B. 方便用户
C. 降低成本   D. 提高物资利用率

5. 根据客户的订单要求,从存储的货物中拣选出物品,然后放置指定地点的作业,是(　　)。
A. 进货作业   B. 保管作业
C. 分拣作业   D. 配装作业

6. 下列可以作为流通加工的对象的是(　　)。
A. 处于销售状态的衣服   B. 生产中的原材料
C. 生产中的零部件   D. 生产中的半成品

二、多项选择

1. 保护产品的流通加工包括(　　)。
A. 木材的切割
B. 水产品、肉产品的保鲜、冷冻加工
C. 为防止金属材料的锈蚀而进行的喷漆、涂油等措施
D. 水泥的防潮、防湿加工
E. 煤炭的碎化

第五章 流通加工与配送

2. 流通加工与生产加工的区别有( )。
   A. 加工对象不一样
   B. 加工程度不一样
   C. 附加价值不一样
   D. 加工责任人不一样
   E. 加工目的不一样

3. 流通加工在小地域范围的正确选址问题,如果处理不当,仍会出现不合理。这种不合理主要表现在( )。
   A. 流通加工与生产企业或用户之间距离较远
   B. 产地或需求地设置流通加工的选择不正确
   C. 交通不便利
   D. 流通加工点投资过高
   E. 加工点周围社会、环境条件不良

4. 以下属于流通加工的内容的是( )。
   A. 鱼、肉的分割   B. 礼品的拼装
   C. 家用电器的组装   D. 玻璃的开片
   E. 钢材的裁剪

5. 配送是特殊的送货,是高水平的送货,它与一般送货的区别表现在以下三个方面( )。
   A. 配送是一种体制行为
   B. 配送是一种偶然行为
   C. 配送是一种有组织、有计划、高效率、优质服务的行为
   D. 配送是被动的服务行为
   E. 配送依靠现代生产力和现代物流科技

6. 能够提高物资利用率的流通加工包括( )。
   A. 配煤加工
   B. 平板玻璃集中裁制
   C. 木屑压制成木板
   D. 为在超市销售的衣服加防盗扣子
   E. 将超市中出售的鸡肉分块包装

三、判断题(A 为正确,B 为错误)

1. 流通加工是在物品从生产领域向消费领域流动的过程中,为了促进销售而对物品进行的加工,使物品发生物理的或化学的变化。(   )

2. 方便物流的流通加工往往改变货物的物理状态而保持化学性质不变,在完成流通作业后则可使货物恢复原物理状态。(   )

3. 按单分拣是指将数量较多的同种货物集中搬运到发货场所,根据客户订单要求,将所需数量的货物放入各自货箱或货位。(   )

4. 流通加工的目的在于创造产品价值及使用价值。(   )

5. 大量货物整体购进,按一定批量送出,货物在配送中心只做少许停留,是区域型配送。(   )

6. 配送合理化的重要判断标志之一就是必须提高对客户的供应保证能力。(   )

案例分析题

沃尔玛的物流配送运作

资料来源:http://www.huayu56.com/wuliuanli/qiyewuliuanli/20080306/19656.htm,华宇物流网,2008 年 3 月 6 日(内容有所删减)

一、背景介绍

沃尔玛公司的总部在阿肯色州的一个小城市本顿维尔,本顿维尔市现在人口大约 2 万人。沃尔玛的最早创始人山姆·沃尔玛在 1962 年开设了第一家沃尔玛商场,而配送中心一直到 1970 年才成立,现在沃尔玛的配送中心已经有了超过 30 年的历史,第一配送中心供货给 4 个州 32 个商场。沃尔玛的总部就在这个配送中心之中,沃尔玛公司的总部也就是沃尔玛第一配送中心。在不断增长扩大的过程当中,沃尔玛虽然也建立了一些新的配送中心,但是沃尔玛的总部仍然是在阿肯色州本顿维尔市的配送中心附近。

沃尔玛1999年在物流方面的投资是1 600亿美元,因为现在的业务还要继续增长到1 900亿美元,所以在物流方面的投资也要同时增长,因此沃尔玛将从现有的销售额中提取250亿美元,非常集中地用于物流配送中心建设。

二、配送中心

沃尔玛的集中配送中心是相当大的,而且都位于一楼。配送中心之所以都在一楼,是因为沃尔玛希望产品能够滚动,希望产品能够从一个门进另一个门出。如果有电梯或其他物体,就会阻碍流动过程。因此,沃尔玛都是以一个非常巨大的地面建筑作为配送中心。沃尔玛使用一些传送带,让这些产品能够非常有效地流动,对它处理不需要重复进行,都是一次性的。采用传送带,运用无缝连接形式,就可以尽可能降低成本。沃尔玛所有的系统都是基于一个Unix的配送系统,并采用传送带,采用非常大的开放式的平台,还采用产品代码,以及自动补发系统和激光识别系统,所有的这些加在一起为沃尔玛节省了相当多的成本。

配送中心的职能是:

1. 转运。沃尔玛把大型配送中心所进行的商品集中以及转运配送的过程叫转运,大多是在一天当中完成进出作业。

2. 提供增值服务。沃尔玛配送中心还提供一些增值服务,例如在服装销售前,需要加订标签,为了不损害产品的质量,加订标签需要在配送中心采用手工进行比较细致的操作。

3. 调剂商品余缺,自动补进。每个商品都需要一定的库存,比如软饮料、尿布等。在沃尔玛的配送中心可以做到这一点,每一天或者每一周他们根据这种稳定的库存量的增减来进行自动的补进。这些配送中心可以保持8 000种产品的转运配送。

4. 订单配货。沃尔玛配送中心在对于新商场开业的订单处理上,采取这样的方法:在这些新商场开业之前,沃尔玛要对这些产品进行最后一次的检查,然后运送到这些新商场,沃尔玛把它称为新商场开业的订单配货。

三、沃尔玛配送体系的特色

沃尔玛公司作为全美零售业年销售收入位居第一的著名企业,素以精确掌握市场、快速传递商品和最好地满足客户需要著称,这与沃尔玛拥有自己庞大的物流配送系统并实施了严格有效的物流配送管理制度有关,因为它确保了公司在效率和规模成本方面的最大竞争优势,也保证了公司顺利地扩张。

沃尔玛现代化的物流配送体系,表现在以下几个方面:

1. 设立了运作高效的配送中心

从建立沃尔玛折扣百货公司之初,沃尔玛公司就意识到有效的商品配送是保证公司达到最大销售量和最低成本的存货周转及费用的核心。而唯一使公司获得可靠供货保证及提高效率的途径就是建立自己的配送组织,包括送货车队和仓库。配送中心的好处不仅使公司可以大量进货,而且通过要求供应商将商品集中送到配送中心,再由公司统一接收、检验、配货、送货。

2. 采用先进的配送作业方式

沃尔玛在配送运作时,大宗商品通常经铁路送达配送中心,再由公司卡车送达商店。每店每周收到1—3卡车货物,60%的卡车在返回配送中心的途中又捎回沿途从供应商处购买的商品,这样的集中配送为公司节约了大量的资金。

3. 实现配送中心自动化的运行及管理

沃尔玛配送中心的运行完全实现了自动化。每种商品都有条形码,通过几十公里长的传送带传送商品,激光扫描器和电脑追踪每件商品的储存位置及运送情况,每天能处理20万箱的货物配送。

4. 具有完善的配送组织结构

沃尔玛公司为了更好地进行配送工作,非常注意从自己企业的配送组织上加以完善。其中一个重要的举措便是公司建立了自己的车队

第五章 流通加工与配送

以进行货物的配送,以保持灵活性和为一线商店提供最好的服务。这使沃尔玛享有极大的竞争优势,其运输成本也总是低于竞争对手。

四、沃尔玛物流配送体系的运作

1. 注重与第三方物流公司形成合作伙伴关系

在美国本土,沃尔玛做自己的物流和配送,拥有自己的卡车运输车队,使用自己的后勤和物流方面的团队。但是在国际上的其他地方沃尔玛就只能求助于专门的物流服务提供商了,飞驰公司就是其中之一。飞驰公司是一家专门提供物流服务的公司,它在世界上的其他地方为沃尔玛提供物流方面的支持。飞驰成为沃尔玛大家庭的一员,并百分之百献身于沃尔玛的事业,飞驰公司同沃尔玛是一种合作伙伴的关系,它们共同的目标就是努力做到最好。

2. 挑战"无缝点对点"物流系统

为顾客提供快速服务。在物流方面,沃尔玛尽可能降低成本。为了做到这一点,沃尔玛为自己提出了一些挑战。其中的一个挑战就是要建立一个"无缝点对点"的物流系统,能够为商店和顾客提供最迅速的服务。这种"无缝"的意思指的是,使整个供应链达到一种非常顺畅的链接。

3. 自动补发货系统

沃尔玛之所以能够取得成功,还有一个很重要的原因是因为沃尔玛有一个自动补发货系统。每一个商店都有这样的系统,包括在中国的商店。它使得沃尔玛在任何一个时间点都可以知道,目前某个商店中有多少货物,有多少货物正在运输过程中,有多少是在配送中心等。同时补发货系统也使沃尔玛可以了解某种货物上周卖了多少,去年卖了多少,而且可以预测将来的销售情况。

4. 零售链接系统

沃尔玛还有一个非常有效的系统,叫做零售链接系统,可以使供货商们直接进入到沃尔玛的系统。任何一个供货商都可以进入这个零售链接系统中来了解他们的产品卖得怎么样,昨天、今天、上一周、上个月和去年卖得怎么样,可以知道这种商品卖了多少,而且可以在24小时内就进行更新。供货商们可以在沃尔玛公司每一个店当中，及时了解到有关情况。

请思考：

1. 沃尔玛配送中心的职能是什么？
2. 结合案例，归纳配送的作用。
3. 阐述沃尔玛如何实现配送合理化。

第六章

物流信息管理

学习要点

- 了解信息的概念和特征
- 掌握物流信息的概念和特征
- 掌握物流信息的分类
- 掌握各类物流信息技术的概念及应用
- 了解物流信息的发展

导引案例

世界商业巨头沃尔玛的物流信息管理

沃尔玛的商品以"价廉物美"著称,而沃尔玛能够做到低价格,取决于其完善的分销系统。而分销系统又是靠先进的计算机技术来保证的。公司将电脑运用于分销系统和存货管理。公司总部有一台高速电脑,同20个发货中心及1 000多家商店连接。通过商店付款柜台扫描器售出的每一件商品,全都自动计入电脑。当某一货物减少到一定数量时,就会发出一种信号,使商店及时向总部要求进货总部安排货源后,送往离商店最近的分销中心,再由分销中心的电脑安排发送时间和路线。在商店发出订单后48小时,所需的货品就会全部出现在货架上。这种高效的存货管理,使公司既能迅速掌握销售情况,又能及时补充存货不足;既不积压存货,又不致使商品断档,加速资金周转,大大降低了资金成本和库存费用。

同时,沃尔玛于1986年与戴姆勒奔驰公司签订合约,斥资2 400万美元,建立了一个卫星交互式通信系统。凭借该系统,它能在所有的商店、分销中心进行通信。公司设有一个6频道的卫星系统,可以同时和1 000多家商店进行视频通话。这样,总部的会议情况和决策都可以通过卫星传送到各分店,也可以进行新产品演示。沃尔玛一共花费了7亿美元才建成了现在的计算机卫星系统。这是当前世界上最大的民用数据库,比美国电话电报公司的还要大。这个高科技的通信系统使信息得以在公司内部及时、快速、通畅的流动。正是这一先进的通信系统构成了沃尔玛高效管理的基础。高科技的分销系统是沃尔玛得以发展壮大与维持控制的重要因素。

请你思考问题:
1. 什么是物流信息?
2. 物流信息有什么特点?
3. 沃尔玛的物流信息技术应用对你有什么启示?

第一节 物流信息概述

一、信息的概念与特征

(一)信息的概念

信息就是通过一定的物质载体形式反映出来,表现客观事物变化特征,由发生源发生,经加工与传递,可以被接收者接收、理解和利用的消息、数据、资料、知识等的统称。

(二)信息的特征

信息的基本特征包括:

1. 普遍性

信息是事物运动的状态和方式,只要有事物的存在和运动,就会有事物的状态和方式,就存在着信息。信息是普遍存在的。信息与物质、能量一起,构成了客观世界的三大要素。

2. 动态性

随着时间的推移,事物运动的状态和方式是不断改变的,因此,信息是随着客观事物本身的发展而变化的。

3. 表征性

信息是对事物运动状态和方式的表征,而不是客观事物本身。

4. 依存性

信息必须依附于一定的物质形式才能表现出来,不能脱离物质单独存在。即,信息必须依附于一定的物质载体,没有物质载体便不能存储和传播,但其内容并不因记录手段或物质载体的改变而变化。

5. 相对性

获取信息的不同认知主体由于不同的感受能力、理解能力和不同的目的性,因此从同一事物中获取的信息肯定是各不相同的。

6. 可传递性

信息可以通过多种渠道、采用多种方式进行传递。一个完整的信息传递过程必须具备信源、信宿、信道和信息等四个基本要素。

7. 可共享性

信息区别于物质的一个重要特征是它可以被共同占有、共同享用。信息交换的双方不仅不会失去原有信息,而且会增加新的信息。

8. 受干扰性

信息在传递过程中,会受到干扰和阻碍作用,使得信宿获取的信息与信源发出的信息产生偏差。

二、物流信息的概念

2006年《中华人民共和国国家标准物流术语》将物流信息定义为:反映物流各种活动内容的知识、资料、图像、数据、文件的总称。

物流信息是伴随着物流活动的发生而产生的,它贯穿于物流活动的始终,在物流活动中起着中枢神经的作用。不论是一般企业还是专业的物流企业,物流信息将为企业业务流程中的仓储、运输、配送、装卸搬运、包装、流通加工等环节提供准确、及时和全面的信息支持,同时也能有效实现相关部门或企业业务的其他业务与物流服务的资源共享和协同工作。

三、物流信息的分类

物流信息根据不同的标准,有如下分类:

(一)按照信息的来源分类

原始的物流信息,即通过物流活动直接反映出来的信息。其是可以直接使用的信息,如时间信息、位置信息、数量和质量信息等。

处理后的物流信息,即按照一定的目标要求,加以特定处理后得到的信息。该类信息的生成一般都带有一定的目的性,而且不同的处理方法可以得到大量的不同信息。

(二)按照物流功能要素分类

物流信息根据物流所包含的功能要素可以划分为运输信息、仓储信息、装卸搬运信息、包装信息、流通加工信息、配送信息、信息综合等。

(三)按照信息的用途分类

指挥计划信息,指在物流活动中,用以对物流活动进行计划和组织,以保证物流活动有序、合理、有效进行的信息。

辅助运营信息,指在物流活动运行的过程中,用以指导物流活动的信息,通过该类信息保证物流活动顺利、合理地进行。

决策支持信息,指当企业的管理者需对物流活动作出物流决策时,辅助支持最终管理决策的信息。

(四)按照系统组成要素分类

环境信息,是指物流活动所处的环境所包含的各种信息,如地理信息、自然环境信息、法律信息、政治政策信息、道德信息等。

工具信息,是指物流活动的载体所包含的信息,如车辆装载信息、仓库容量信息、装卸能力信息、加工流程信息、配送水平信息等。

人员信息,是指物流活动的操纵者所包含的能力水平等信息,如从业人员学历信息、人员数量信息、人员职称信息等。

四、物流信息的特征

（一）信息量大

物流信息是伴随着物流活动的发生而产生的，多品种少批量生产和多频度小数量配送，以及不同客户多层次、个性化的服务，使得货物在运输、仓储、包装、装卸搬运、流通加工、配送等物流环节的信息量大大增加。随着物流产业的发展，物流信息的数量会越来越大。

（二）适时性强

由于各种物流作业活动频繁发生，市场竞争状况和客户需求变化，会使物流信息瞬息变化，并且物流信息价值也会随时间的变化而不断贬值，表现出适时性。

（三）种类多

物流信息不仅包括企业内部产生的各种物流信息，而且包括企业间的物流信息以及与物流活动有关的法律、法规、市场、消费者等诸多方面的信息。随着物流产业的发展，物流信息的种类将更多，来源也将更趋复杂多样，给物流信息的分类、处理和管理带来了困难。

（四）信息标准化

现代物流信息涉及国民经济各个部门，在物流活动中各部门之间需要进行大量的信息交流。为了实现不同系统间的物流信息的共享，各部门必须采用国际和国家信息标准。

第二节 物流信息技术

一、条形码技术

（一）条形码技术的概念

在经济全球化、信息网络化、生产国际化的当今社会，信息技术已渗透到人类生活及社会活动的各个领域，信息在人们的生活中扮演着越来越重要的角色。在信息化社会的今天，人们要求对各个领域的信息进行快速、正确、有效、适时的管理。计算机技术的出现，极大地提高了人们处理信息的速度和能力，因此利用计算机自动识读和自动采集数据的自动识别技术应运而生。

目前，条形码技术是最成熟、应用领域最广泛的一种自动识别技术。该技术已经渗透到了商业、仓储、邮电通信、交通运输、图书管理、医疗卫生、票证、工业生产过程控制、物流配送以及军事装备、工程项目等国民经济各行各业和人民日常生活中。条形码技术已发展成为一项产业，世界各国从事条形码技术及其系列产品开发研究的单位和生产厂商越来越多，条形码技术产品的技术水平越来越高，种类日渐丰富，达到近万种。

条形码，即由一组规则排列的条、空及其对应的字符组成的标记，用以表示一定的信息。条，指条形码中反射率较低的部分；空，指反射率较高的部分。

(二) 条形码技术的特点

1. 简单。条码符号制作容易，扫描操作简单。

2. 信息采集速度快。普通计算机的键盘录入速度是 200 字符/分，而利用条码扫描录入信息的速度是键盘录入的 20 倍。

3. 信息采集量大。利用条码扫描，一次可采集几十位字符的信息，而且可以通过选择不同码制的条码增加字符密度，使录入的信息量成倍增长。

4. 可靠性高。键盘录入数据，出错率为 1/3 000，利用光学字符识别技术，出错率为 1/10 000，而采用条码扫描录入方式，误码率仅有几百万分之一，首读率可达 98% 以上。

5. 设备结构简单，成本低。

(三) 条形码技术的识读原理

条码符号是由反射率不同的"条"、"空"按照一定的编码规则组合起来的一种信息符号。由于条码符号中"条"、"空"对光线具有不同的反射率，从而使条码扫描器接受到强弱不同的反射光信号，相应地产生电位高低不同的电脉冲。而条码符号中"条"、"空"的宽度则决定电位高低不同的电脉冲信号的长短。

扫描器接收到的光信号需要经光电转换成电信号并通过放大电路进行放大。由于扫描光点具有一定的尺寸、条码印刷时的边缘模糊性以及一些其他原因,经过电路放大的条码电信号是一种平滑的起伏信号,这种信号被称为"模拟电信号"。"模拟电信号"需经整形变成通常的"数字信号"。根据码制所对应的编码规则,译码器便可将"数字信号"识读译成数字、字符信息。

(四) 条形码的分类

目前,依据条形码的编码结构和条码的性质不同,其分类方法主要有:

(1) 根据条形码的长度不同,可分为定长条码和非定长条码。

(2) 根据条形码的排列方式不同,可分为连续型条码和非连续型条码。

(3) 根据校验方式不同,可分为自校验型条码和非自校验型条码。

(4) 根据识读方式不同,可分为单向条码和双向条码。

(5) 根据携带信息的方式不同,可分为一维条码和二维条码等。

(五) 常用条形码符号

1. 商品条码

商品条码是在流通领域中用于标志商品的全球通用的条码,是商品在市场中自由流通并进入扫描商店的先决条件。

商品条码是由国际物品编码协会(EAN)和美国统一代码委员会(UCC)规定的,用于标志商品标志的条码。条码符号主要采用的是 EAN·UCC 系统中 EAN/UPC 条码(包括 EAN-13、EAN-8、UPC-A、UPC-E 四种条码)。国际物品编码协会(EAN)和美国统一代码委员会(UCC)已经规定从 2005 年 1 月 1 日起,全球范围内统一以 EAN/UCC-13 作为代码标志。

EAN/UCC-13 代码由 13 位数字组成。其代码结构如下:

(1) 前缀码。前缀码由 2—3 位数字(X13X12 或 X13X12X11)组成,是 EAN 分配给国家(或地区)编码组织的代码。前缀码由 EAN 统一分配和管理,前缀码并不代表产品的原产地,而只能说明分配和管理有关厂商识别代码的国家(或地区)编码组织。

EAN 分配给中国物品编码中心的前缀码由三位数字（$X_{13}X_{12}X_{11}$）组成。目前，EAN 已将"690—695"分配给中国物品编码中心使用。

（2）厂商识别代码。厂商识别代码由 7—9 位数字组成，由中国物品编码中心负责分配和管理。为了确保每个厂商识别代码在全球范围内的唯一性，厂商识别代码由中国物品编码中心统一分配、注册，厂商识别代码有效期为两年。

（3）商品项目代码。商品项目代码由 3—5 位数字组成，由厂商负责编制。

由于厂商识别代码是由中国物品编码中心统一分配、注册，因此，在使用同一厂商识别代码的前提下，厂商必须确保每个商品项目代码的唯一性。厂商在编制商品项目代码时，产品基本特征不同，其商品项目代码不同。

（4）校验码。校验码为 1 位数字，用来校验 X_{13}—X_{12} 的编码的正确性。校验码是根据 X_{13}—X_{12} 的数值按一定的数学算法计算而得。厂商在对商品项目编码时，不必计算校验码的值。该值由制作条码原版胶片或直接打印条码符号的设备自动生成。

2. 物流单元条码

物流单元是指为需要通过供应链进行管理的运输和（或）仓储而设立的任何组成单元。在供应链中跟踪和追溯供应链中的物流单元是 EAN·UCC 系统的一个重要应用。

物流单元可通过标准的 EAN·UCC 标志代码 SSCC（系列货运包装箱代码）来标志。SSCC 保证了物流单元标志的全球唯一性。SSCC 用 EAN·UCC 系统 128 条码符号表示。通过扫描识读物流单元上表示 SSCC 的 UCC/EAN-128 条码符号，建立物流与相关的信息流链接，跟踪和追溯每个物流单元的实物流动，并为在更大范围应用创造了机会，如运输行程安排、自动收货等。

SSCC 将物流单元上的条码信息与该物流单元的标志代码以及贸易伙伴间通过电子数据交换（EDI）传送的有关信息连接起来。在用 EDI 来传递物流单元详细信息或数据库中已有的这些信息时，SSCC 用作访问这些信息的关键字。如果所有的贸易伙伴都能扫描识读表示 SSCC 的 UCC/EAN-128 条码符号,交换含有物流单元全部信息的 EDI 报文,并且读取时能够在线得到相关文件以获得这些描述信息,那么除了 SSCC 外,就不需要标志其他信息了。但是目前还难以满足所有这些条件,所以,除了表示 SSCC 的 UCC/EAN-128 条码符号以外,可以在条码中增加附加信息单元,这些单元通过应用标志符来表示。

二、电子数据交换技术(EDI)

(一) EDI 的定义

EDI(Electronic Data Interchange)即电子数据交换,是一种在公司之间传输订单、发票等作业文件的电子化手段。它通过计算机通信网络将贸易、运输、保险、银行和海关等行业信息,用一种国际公认的标准格式,实现各有关部门或公司与企业之间的数据交换与处理,并完成以贸易为中心的全部过程。它是 20 世纪 80 年代发展起来的一种新型的电子化贸易工具,是计算机、通信和现代管理技术相结合的产物。

国际标准化组织将 EDI 描述成"将贸易(商业)或行政事务处理按照一个公认的标准变成结构化的事务处理或信息数据格式,从计算机到计算机的电子传输"。

(二) EDI 系统模型

EDI 包含了三个方面的内容,即计算机应用、通信网络和数据标准化。其中计算机应用是 EDI 的条件,通信环境是 EDI 应用的基础,标准化是 EDI 的特征。这三个方面相互衔接、相互依存,构成了 EDI 的基础框架。EDI 系统模型如图 6-1 所示:

图 6-1 EDI 系统模型

EDI 信息的最终用户是计算机应用软件系统,它自动地处理传递来的信息,因而这种传输是机—机、应用—应用的传输,为 EDI 与其他计算机应用系统的互联提供了方便。

(三) EDI 的特点

1. 单证格式化

EDI 传输的是企业间格式化的数据,如定购单、报价单、发票、货运单、装箱单、报关单等,这些信息都具有固定的格式与行业通用性。

2. 报文标准化

EDI 传输的报文符合国际标准或行业标准,这是计算机能自动处理的前提条件。目前最为广泛使用的 EDI 标准是:UN/EDI FACT(联合国标准 EDI 规则适用于行政管理、商贸交通运输)和 ANSIX.12(美国国家标准局特命标准化委员会第十二工作组制定)。

3. 处理自动化

EDI 信息传递的路径是计算机到数据通信网络,再到商业伙伴的计算机,信息的最终用户是计算机应用系统,它自动处理传递来的信息。因此,这种数据交换是机—机、应用—应用的交换,不需要人工干预。

4. 软件结构化

EDI 功能软件由五个模块组成:用户界面模块、内部电子数据处理系统接口模块、报文生成与处理模块、标准报文格式转换模块、通信模块。这五个模块功能分明,结构清晰,形成了 EDI 较为成熟的商业化软件。

5. 运作规范化

EDI 以报文的方式交换信息有其深刻的商贸背景。EDI 报文是目前商业化应用中最成熟、最有效、最规范的电子凭证之一,EDI 单证报文具有法律效力已被普遍接受。

三、电子订货系统(EOS)

(一) EOS 的概念和分类

EOS(Electronic Ordering System)即电子订货系统,是指不同组织间利用通信网络和终端设备以在线连接方式进行订货作业与订货信息交换的体系。电子订货系统将批发、零售场所发生的订货数据输入计算机,通过计算机通信网络连接的方式将资料传送至总公司、批发商、商品供货商或制造商处。因此,EOS 能处理从新商品资料的说明到会计结算等所有商品交易过程中的作业。

EOS 按应用范围可分为三类:企业内的 EOS 系统、零售商与批发商之间的 EOS 系统,以及零售商、批发商和生产商之间的 EOS 系统。在当前竞争的时代,若要有效管理企业的供货、库存等经营管理活动,并且能使供货商及时补货,就必须采用 EOS 系统。

(二) EOS 的基本流程

(1) 在零售终端获取所需采购的商品条码,并在终端输入订货材料,利用网络传到批发商的计算机中。

(2) 批发商开出提货传票,并根据传票,同时开出拣货单,实施拣货,然后依据送货传票进行商品发货。

(3) 送货传票上的资料便成为零售商的应付账款资料及批发商的应收账款资料。

(4) 将资料输入到应收账款系统中去。

(5) 零售商对送到的货物进行检验后,便可以陈列与销售了。

四、地理信息系统(GIS)

(一) GIS 的概念

GIS(Geographical Information System)即地理信息系统,是在计算机硬件、软件系统支持下,对整个或部分地球表层(包括大气层)空间中的有关地理分布数据进行收集、存储、管理、运算、分析、显示和描述的技术系统。地理信息系统处理、管理的对象是多种地理空间实体数据及其关系,包括空间定位数据、图形数据、遥感图像数据、属性数据等,用于分析和处理在一定地理区域内分布的各种现象和过程,解决复杂的规划、决策和管理问题。

(二) GIS 的应用

GIS 应用于物流分析,主要是指用 GIS 强大的地理数据功能来完善物流分析技术。国外公司已经开发出利用 GIS 为物流提供专门分析的工具软件。完整的 GIS 分析软件集成了车辆路线模型、网络物流模型、分配集合模型和设施定位模型等。

1. 车辆路线模型

用于解决一个起始点、多个终点的货物运输中如何降低物流作业费用,并保证服务质量的问题,包括决定使用多少辆车,每辆车的路线等。

2. 网络物流模型

用于解决最有效地分配货物路径问题,也就是物流网点布局问题。

3. 分配集合模型

可以根据各个要素的相似点把同一层次上的所有或部分要素分为几个组,用以解决确定服务范围和销售市场范围等问题。

4. 设施定位模型

用于确定一个或多个设施的位置。在物流系统中,仓库和运输线共同组成了物流网络,仓库处于网络的节点上,节点决定着线路,要根据供求的实际需要并结合经济效益等原则,确定在既定区域内设立多少个仓库,每个仓库的位置及规模等。

五、全球定位系统(GPS)

(一) GPS 的概念

GPS(Global Position System)即全球定位系统,最早是美国国防部建立的,由 24 颗卫星以及地面相应的设施设备组成的全球定位、导航及授时系统,具有在海、陆、空进行全方位实时三维导航与定位能力。现在已经广泛应用于物流运输领域。

(二) GPS 的特点

GPS 与其他导航系统相比,主要特点是:

1. 全球地面连续覆盖

由于 GPS 卫星数目较多且分布合理,所以 GPS 接收站在地球上任何地点均可连续同步地观测到至少 4 颗卫星,从而保障了全球、全天候连续实时导航与定位的需要。

2. 功能多、精度高

GPS 可为各类用户连续地提供高精度的三维位置、三维速度和时间信息。

3. 实时定位速度快

目前，GPS 接收机的一次定位和测速工作在 1 秒甚至更短的时间内便可完成，这对高动态用户来讲尤其重要。

4. 抗干扰性能好、保密性强

由于 GPS 系统采用了伪码扩频技术，因而 GPS 卫星所发送的信号具有良好的抗干扰性和保密性。

5. 不受卫星系统和地面控制系统的控制

GPS 接收机是被动式全天候系统，只收信号，不发信号。另外，用户数量也不受限制等。

（三）GPS 系统组成

GPS 由三大子系统构成：空间卫星系统、地面监控系统、用户接收系统。

1. 空间卫星系统

空间卫星系统由均匀分布在 6 个轨道平面上的 24 颗高轨道工作卫星构成，各轨道平面相对于赤道平面的倾角为 55 度，轨道平面间距 60 度。在每一轨道平面内，各卫星升交角距差 90 度，任一轨道上的卫星比西边相邻轨道上的相应卫星超前 30 度。

事实上，空间卫星系统的卫星数量超过 24 颗，以便及时更换老化或损坏的卫星，保障系统正常工作。该卫星系统能够保证在地球上的任一地点向使用者提供 4 颗以上可视卫星。

2. 地面监控系统

地面监控系统由均匀分布在美国本土和三大洋的美军基地上的 5 个监测站、1 个主控站和 3 个注入站构成。该系统的功能是：对空间卫星系统进行监测、控制，并向每颗卫星注入更新的导航电文。

3. 用户接收系统

用户接收系统主要由以无线电传感和计算机技术支撑的 GPS 卫星接收机和 GPS 数据处理软件构成。

第三节　物流信息的发展

随着计算机互联网的迅速普及和发展，信息流处于一个极为重要的地位，它贯穿于商品交易过程的始终，在一个更高的位置对商品流通的整个过程进行控制，记录整个商务活动的流程，是分析物流、导向资金流、进行经营决策的重要依据。要提供最佳的服务，物流必须要有良好的信息处理和传输系统。电子数据交换技术与国际互联网的应用，使物流效率的提高更多地取决于信息管理技术水平，而计算机的普遍应用无疑为其提供了更多的需求和库存信息。因此，提高信息管理科学化水平，必然使产品流动更加容易和快速。目前，物流信息化，包括商品代码和数据库的建立，运输网络合理化、销售网络系统化和物流中心管理电子化建设等方面还有待加强和完善。可以说，没有现代化的信息管理，就没有现代化的物流服务。

一、国外物流信息发展的现状

发达国家物流产业发展迅速，已形成了适合本国国情的现代化流通体系，其中以美国和日本尤为突出。2001年，美国物流产业规模为9 000亿美元，几乎为高新技术产业的2倍之多，占美国国内生产总值的10%以上。物流产业合同金额为342亿美元，并以年均20%以上的速度增长。日本政府非常重视物流产业的发展，拟定了《仓库业法》和《综合物流施策大纲》作为改革国家经济进程的重要一环，提出了"综合物流管理"观点，将生产以及生产以前的过程，物理性的流通过程、售后服务、销毁回收等全过程，设定为一个系统过程进行综合管理。

美国政府制定一系列法规，放宽对公路、铁路、航空等运输市场的管制，取消了运输公司在进入市场、经营线路、联合承运、合同运输、运输代理等多方面的审批与限制，通过激烈的市场竞争促进物流发展。同时企业打破部门界限，实现内部一体化物流管理，结成一体化供应链伙伴，使企业之间的竞争变成供应链之间的竞争。涌现出Dell、IBM、

第六章 物流信息管理

CISCO 等成功的企业物流与供应链管理模式。2002 年,美国的企业物流成本为 9100 亿美元,占 GDP 的比例从 1981 年的 16.2% 下降到 8.7%,其中库存持有成本为 2 980 亿美元,显示了美国企业物流合理化的成效。

美国企业纷纷将物流信息化作为物流合理化的重要途径,主要做法有:普遍采用条形码技术(Bar-Coding)和射频识别技术(RFID),提高信息采集的效率和准确性;采用基于互联网的电子数据交换技术(EDI)进行企业内外的信息传输,实现订单录入、处理、跟踪、结算等业务处理的无纸化。广泛应用仓库管理系统(WMS)和运输管理系统(TMS)来提供运输和仓储的效率,如沃尔玛与休斯公司合作发射了专用卫星,用于全球店铺的信息传送与运输车辆的定位与联系,公司卡车全部安装了全球卫星定位系统(GPS),实现了合理安排运量和路程,最大限度地发挥运输潜力。通过与供应商和客户的信息共享,实现供应链的透明化,运用 JIT、CPFR 等供应链管理技术,实现供应链伙伴的协同商务,以便"用信息替代库存"。如 Dell 公司通过网站向供应商提供实时数据,使其了解到零部件的库存、需求预测及其他的用户信息,更好地根据戴尔公司的需求组织生产并按照 JIT 配送;另外通过网上采购辅助材料、销售多余库存以及通过电子物流服务商进行仓储与运输等手段,借助电子商务来降低物流成本。

日本企业形成了以信息技术为核心,以信息技术、运输技术、配送技术、装卸搬运技术、自动化仓储技术、库存控制技术、包装技术等专业技术为支撑的现代化物流装备技术格局,其发展趋势表现为信息化、自动化、智能化和集成化。

在经济全球化和电子商务的双重推动下,在系统工程思想的指导下,以信息技术为核心,强化资源整合和物流全过程优化是现代物流的最本质特征。国际上,信息技术与标准化两大关键技术的系统化集成应用对物流的整合与优化起到了革命性的影响,网络规划和优化理论与方法,自动化、智能化的关键技术的应用以及新型包装材料与技术的应用等科技进步也对现代物流发挥了明显的推动作用,大大降低了物流成本,并且在新的技术平台的支持下不断创新。

二、我国物流信息发展的现状

物流业的高速增长给企业带来的是高额的物流成本。据统计,目前我国一般工业品,从出厂经装卸、储存、运输等各个物流环节,最终到消费者手中的流通费用,约占商品价格的50%。我国汽车零配件的生产中,90%以上的时间是储存、装卸和搬运。这些费用和时间上的消耗及大量存在的库存,为物流的发展留下巨大的空间,我国物流迫切需要仓储和运输、配送信息化管理的全面普及。目前我国的物流成本占GDP的比重超过20%,比发达国家的平均水平高出1倍。以我国GDP为10万亿元计算,物流成本每节约1个百分点,将产生1 000亿元的社会财富,所以如何借用物流信息化优化管理成为一个新的利润增长点。而目前我国千万家中小企业中,实现信息化的比例不到10%,中小型物流企业的信息化更是亟待起步。

物流企业信息化的目的是要满足企业自身管理的需要和不同类型企业在物流业务外包过程中对信息交换方的要求,也就是通过建设物流信息系统,提高信息流转效率,降低物流运作成本。而信息化需求的准确定位是物流企业信息化成功的关键。70%—80%的物流企业已经迫切需要信息化手段来解决一些发展瓶颈,并且认识到信息化能帮助他们,但却不知道如何尽快将自身业务融入物流信息化的大环境,这是当前所需迫切思考和解决的首要问题。

在仓储运输管理方面,现在约70%的物流企业只是应用了一些标准的编码、协议、网络等基础设施建设,以内部整合资源和流程为目的的信息采集和交换,其主要的目标是通畅、低成本、标准化,如物流企业的网站建设。但这一层面的信息化只是解决了信息的采集、传输、加工、共享,从而提高决策水平,带来效益。从严格意义上来说,这并非真正的物流信息化。

在我国,物流成本过高主要体现在运输与仓储方面。物流信息系统不仅能够卓有成效地降低人力成本,而且能够彻底改变仓库管理与运输配送模式。现阶段的物流企业信息化的核心即是以物流的仓储管理及运输管理为主要内容,向外延伸到电子商务和供应链管理,如仓储

第六章 物流信息管理

存取的优化方案、运输路径的优化方案等。通过与客户的信息系统对接,形成以供应链为基础的高效、快捷、便利的信息平台,使信息化成为提高整个供应链效率和竞争能力的关键工具。另外,值得注意的是,物流是一个网络,是资源整合。既使一个企业物流信息化程度再高,而相关的运输、包装、仓储、分拣等与之合作的企业没有信息化,彼此效率也会大打折扣。

三、我国物流信息化建设中存在的问题

总体来看,我国的物流信息化建设仍处在初级阶段。大部分情况下,应该说是"叫好不叫座",炒得火热,用得却不尽如人意。一方面,市场的需求不规范,在物流概念的炒作下,"大而全"、"一步到位"的全套信息化建设思想流行,但对信息化阶段实施目标的可操作性和过程的可控制性等工程问题在需求方面缺少准确、客观的把握。另一方面,IT企业之间的竞争很不规范,信息化项目中常常是关系运作大过需求运作,众多IT企业在电子商务网站淘金梦破灭之后,蜂拥而上地搞物流行业信息化建设,造成一个初级阶段的规模化市场过度分割。软件企业缺少规范化的生存土壤,从而制约了软件企业在市场运作中专注行业软件发展,树立企业品牌效应的战略实施。中国的物流软件市场和中国的物流市场一样,处于初级发展阶段。缺乏成熟的市场需求就难以形成市场规模,也就无法培育出具有强势的软件企业。如今的物流软件业犹如身处战国时期,缺少具备强大实力和规模的龙头企业,少数厂商拥有一定的知名度,但效益却也未必能尽如人意,IT企业的处境不可谓不尴尬。国内多数企业的信息化建设还处在起步阶段,尽管一些企业已经进行了程度不同的信息化建设,但由于系统建设往往受全套解决方案的指导思想的制约,最终的信息系统较为封闭,形成了一个个"信息孤岛",这样的信息系统对于将信息共享视为关键的物流业来说,互联互通困难,造成信息流不畅。具体来说,我国物流信息化建设中存在的问题表现为:

1. 中小物流企业的信息化程度低

2003年的调查数据显示,北京地区物流企业采用信息系统进行管理的不到30%。主要问题是大多数系统的成本较高,而中小企业的起点很低,市场上缺少适合中小企业起步的信息系统。

2. 缺乏拥有自主知识产权的物流信息系统

目前国内的研发能力无法和国际同行竞争,物流信息系统的标准较为混乱,不成体系,难以互联互通,难以实现信息共享。

3. 开发商难以盈利

物流软件是管理软件,需求的个性化和生产的批量化是难以统一的,因此造成开发成本极高。对开发商来讲,不能批量生产,成本就高居不下。

4. 提供基础信息和公共服务的平台发展缓慢

目前国内EDI的应用范围还有限,相对集中在进出口企业与海关、商检等管理部门之间的使用,真正意义上的EDI应用还未完全实现。DEI应用水平低是制约工商企业利用外部资源和第三方物流企业的重要原因。另外,GPS(全球卫星定位系统)、GIS(地理信息系统)技术服务在大型企业的应用比例为23%,在大型物流企业的应用仅为12.5%,在中小企业基本是空白。基础技术服务应用比例过少,整个行业的整合就相对困难。

5. 物流信息化发展战略暂属空白

我国的物流信息化发展还需要一个培养人才、培养需求、培养管理技术的过程,但多数系统开发商缺乏战略眼光,未提出我国物流信息化长期发展的战略目标。

 本章小结

物流信息系统是现代物流企业信息化的基础,它利用现代信息技术对物流活动中的各种信息进行实时、集中、统一的管理,使物流、资金流、信息流三者同步进行,及时反馈物流市场、客户和物品的动态信息,为客户提供实时的信息服务,为企业提供管理决策依据。现代物流和信息技术的发展促进了物流信息系统的发展,而物流信息系统反过来

第六章 物流信息管理

又对现代物流的发展起到了举足轻重的作用。

? 思考题

1. 信息的概念与特征。
2. 物流信息的概念和分类。
3. 物流信息的特征。
4. 物流信息主要有哪些技术？各有什么用途。
5. 条形码技术的概念和特点。
6. EDI 的概念和特点。
7. GPS 的概念和特点。
8. 国内外物流信息发展的现状及存在的问题。

练 习 题

一、单项选择题

1. 最成熟、应用领域最广泛的一种自动识别技术是(　　)。
   A. 条码技术　　　　　　　B. 语音识别技术
   C. FRID 技术　　　　　　 D. 磁卡技术
2. 根据校验方式不同,可将条形码分为(　　)。
   A. 定长条码和非定长条码
   B. 连续型条码和非连续型条码
   C. 自校验型条码和非自校验型条码
   D. 一维条码和二维条码
3. 在计算机硬件、软件系统支持下,对整个或部分地球表层(包括大气层)空间中的有关地理分布数据进行收集、存储、管理、运算、分析、显示和描述的技术系统是(　　)。
   A. EDI　　　B. EOS　　　C. GPS　　　D. GIS
4. 根据条形码的排列方式不同,可将其分为(　　)。
   A. 定长条码和非定长条码

B. 连续型条码和非连续型条码
C. 自校验型条码和非自校验型条码
D. 一维条码和二维条码

5. 物流单元可通过标准的什么标志代码来标志？（ ）
A. EAN·UCC UPC   B. EAN·UCC SSCC
C. EAN·UCC EAN   D. EAN·UCC ITF-14

6. 条码扫描录入信息的速度比较快，一般是键盘录入的（ ）。
A. 10倍   B. 20倍   C. 20倍   D. 40倍

二、多项选择题

1. 原始的物流信息，即通过物流活动直接反映出来的信息，包括（ ）。
A. 时间信息   B. 位置信息
C. 质量信息   D. 数量信息
E. 商品信息

2. 物流信息的特征包括（ ）。
A. 信息量大   B. 适时性强
C. 种类多   D. 信息标准化
E. 数量多

3. 根据条形码的长度不同，可将其分为（ ）。
A. 定长条码   B. 非定长条码
C. 连续型条码   D. 自校验型条码
E. 一维条码

4. EDI的特点包括（ ）。
A. 单证格式化   B. 报文标准化
C. 处理自动化   D. 软件结构化
E. 运作规范化

5. 条形码技术的特点包括（ ）。
A. 简单   B. 信息采集速度快
C. 信息采集量大   D. 可靠性高

E. 设备结构简单,成本低
6. 常用的条形码符号有( )。
A. 定长条码   B. 非定长条码
C. 商品条码   D. 物流单元条码
E. 一维条码

三、是非题(A 为正确,B 为错误)

1. 在使用同一厂商识别代码的前提下,厂商必须确保每个商品项目代码的唯一性。厂商在编制商品项目代码时,产品基本特征不同,其商品项目代码不同。( )

2. 处理后的物流信息,即通过物流活动直接反映出来的信息。其是可以直接使用的信息,如时间信息、位置信息、数量和质量信息等。( )

3. 物流信息是伴随着物流活动的发生而产生的,它贯穿于物流活动的始终,在物流活动中起着中枢神经的作用。( )

4. 电子物流是网络和电子信息技术的基础。( )

5. GPS 是英国国防部建立的,由 24 颗卫星及地面相应设施组成的。( )

6. 条,是指条形码中反射率较高的部分。( )

案例分析题

信息化:上海通用的驱驰之道

资料来源:百度文库

一年内,中国可以创建一个不输于雅虎的网站。十年内,中国可以建起世界家电、手机的制造基地。几十年内,中国打造具有国际先进水平的汽车工业举步维艰。这最后一句论断,却因上海通用的出现而有所改变，这家未满 7 岁的年轻企业后来居上的成功之道，不仅可与有 20 年历史的上海大众汽车平起平坐，还让世界汽车业同行感到后生可畏。

在今年 6 月份全国轿车销售排名榜上，上海大众 20 年来首度跌落销售冠军宝座，被上海通用和广州本田挤至第三名。在刚出笼的 7 月销售排名中上海大众重归第一，但来自上海通用的压力不容小觑。

上海通用汽车有限公司成立于 1997 年 6 月 12 日，由上海汽车工业（集团）总公司、通用汽车公司各出资 50％组建而成，是迄今为止最大的中美合资企业。7 年前，作为上海市政府的 1 号工程，也是美国通用的全球 1 号战略项目，上海通用在浦东金桥的一块空地上开始筑巢。在全球化国际竞争中，上海通用汽车越战越强，不仅成为勇夺国家质量管理奖的最年轻企业，还多次蝉联中国最受尊敬企业称号。

1. 精益生产的"魔力"

上海通用的"规矩"很严，如此"门规"反而激发了员工的创造力。将浪费减少到零，不制造、不接受、不传递任何有缺陷的产品，如此"苛求"铸就了品牌基座。在上海通用，生产线上每位工人旁边都有一根黄线。一旦发现有无法解决的问题，工人必须马上拉动黄线"闪"出灯光和音乐，由现场工程师前来"救火"。2 分钟内仍无法解决，整个生产线就得全部停歇，生产效率坚决服从于质量。这种精益生产，来自规划、硬件、管理软件的高起点，也来自对员工的高投入培训。上海通用员工每年提出合理化建议八千多条，用来提高生产线的效益。精益生产把最大的权利下放到生产线，这成了产品增值的保证。

质量不是检验出来的，而是制造出来的。前年 5 月，通用泰国工厂建立时，当地员工已无需远涉重洋到美国进修。因为投产才一年多的上海通用，已成为世界汽车业的"样板"，上海通用员工可以去泰国指导生产。难怪外国专家做出如此评价：从第一辆中国制造的别克轿车驶下生产线的那一刻起，上海通用就为汽车生产商们树立了新的标准。上海通用所拥有的不仅是顶尖的厂房和生产技术，还承载着中国对于汽车工业发展的期望。

原本 15.2 亿美元用于大别克的投资，现在把小别克和赛欧都一举拿下。这就是柔性生产的"魔力",让别克、赛欧等三大系列十多个车型五颜六色的产品,不断在同一条生产线上翻新花样。尚处于初创期的上海通用,就投入3000万美元,打造了最"值钱"的IT技术平台,覆盖整个业务流程ERP系统。从用户的订单开始,到最终把车交给客户,所有业务流程都可追溯,确保柔性化生产的可能。

庞大的信息系统,构建了上海通用敏感的神经中枢,对任何情况都可做出及时、精准的反应。原本追求工作效率的制造业机械,往往只认一个理,即埋头苦干,产品一旦有较大改变就得重新建立生产线。上海通用的柔性化制造,偏偏要让冷冰冰的机械也能"动脑",通过学习不断有"转岗"适应能力。本来按照油漆颜色排序的产品,进总装车间前完全可按订单先后顺序排队,这种改变对信息管理系统来说只是"举手之劳"。难怪作为国内第一家采用柔性生产的企业,上海通用打开了生产"魔方"。

2. 追赶大众的动力

一个在沪7年,一个在沪20年,上海通用汽车和上海大众汽车看似不是一个等量级,但如今上海通用足以威胁上海大众在中国汽车业中的龙头老大位置。仔细分析大众代表的德系车和通用代表的美系车在中国犬牙交错的竞争,颇值得玩味。从产品上看,大众这几年在中国投产的新车型:帕萨特、POLO、宝来和奥迪A6等,基本都是在国际市场上经得起考验的成熟产品。近年来大众的产品精工细作,甚至到了不惜工本的地步。出于对零部件的质量保证,德国大众长期要求每一个国产零部件都要送到德国认证,因此还颇受中方微词。连大众车上的每一颗螺丝钉也比对手多一道防锈涂层,成本自然高了许多,从做生意的角度看就未必合算、合理了。去年,上海大众在产量上远高于上海通用,利润却少了许多。

与德国人对技术和质量的"孤芳自赏"不同,公关和市场则是美国人的长项。上海通用秉承了美国通用善于灵活运作市场的优势,其市场营销堪称一流。上海通用先成功打造一个别克品牌,然后把南美生产多年的小型车、大宇开发的经济型轿车,都装进别克这个篮子里,隆重推出。与大众恨不得一个零件都不许在中国轻易改动不同,上海通用通过泛亚技术中心,把这些车型升华,作了许多针对迎合中国用户的改进性开发,满足了他们喜欢内饰奢华、配置齐全的追求。而且在未来竞争中,通用在汽车金融领域的超一流经验也即将发挥作用。大众中国的首席代表张绥新博士曾感叹,大众汽车的优质发动机在中国往往不如对手加装一个可口可乐架子对消费者更有吸引力,这句话点出了大众"少"的是对市场需求的灵活反应,虽然有些需求是廉价的。通用汽车虽然进入中国汽车业比大众晚了十多年,但这一落后反而有了追赶的动力。

3. 特色营销的魅力

投产当年就获利 6 亿元,今年销售目标可达 30 万辆;6 月还把上海大众首次挤下月销售冠军的宝座。特色营销使上海通用展现了品牌魅力,企业品牌体现了技术先进、勇于创新的国际形象。今年 5 月 18 日,上海通用第一个出招,大幅降价,有人估计企业为此会减少利润近 30 亿元,之后一个月南北大众才做出大幅降价的反应。在上海通用汽车眼里,当前利润已并非第一追求目标。由于 2005 年进口车的不少限制将取消,加上油价上涨、保险费用增长、信贷消费紧缩等不利于汽车消费的因素增多,现在市场上已出现一些观望情绪。为了主动迎接中国加入 WTO 后面对的全球化竞争,上海通用汽车认为,与其消极应对不如主动接轨,而价格的接轨是实现汽车产品价值回归的最直接手段。照此趋势,2 年后上海通用产品市场占有率很可能从 10%增至 20%,意味着在竞争中国内企业的"羽翼"也能逐渐丰满。

营销魅力不仅可让买车者满意,也能让卖车者赢利。上海通用在国内首创了客户关系营销,并和经销商结成了很有"人情味"的合作伙伴关系。能为经销商设身处地着想,科学评估合作伙伴的投资回报率。根据当地市场需求和容量来确定经销商数量,避免了网络内部的恶性竞争。不把时间花在价格战上,而是在性价比上不断提升竞争力。营销魅力还来自创新模式,在国内汽车业率先引导经销商走向销售、售后服务、配件销售"三位一体"汽车专卖店,最近又推出了首个售后服务品牌"别克关怀"。如此关怀备至,使上海通用经销商越做越好,大多两三年内就能收回投资,对这一品牌的忠诚度和信心越来越高,而消费者满意度也跃为国内第一。如同汽车产业每一个工作岗位就能带动其他相关产业 8 个工作岗位一样,上海通用正以创新力不断驱动与之关联的产业共同发展,富有感召力的核心竞争力是其最强大的生命力。

请思考:

1. 物流信息化对于通用意义何在?
2. 总结上海通用物流信息的特征。

第七章

第三方物流

 学习要点

- 掌握物流外包的含义,掌握物流外包的作用
- 掌握物流外包几种主要模式,以及物流外包所存在的主要风险
- 了解实施物流外包的具体步骤
- 掌握第三方物流的含义及其特征
- 了解第三方物流的类型
- 掌握第三方物流与传统物流企业之间的关系
- 了解第三方物流企业的特征
- 掌握第三方物流企业的业务内容
- 了解我国第三方物流企业的运营现状
- 掌握第三方物流企业的战略选择

 导引案例

通用汽车公司的运输业务外包

通用汽车公司(General Motors)通过采用业务外包策略,把零部件的运输和物流业务外包给理斯维物流(Leaseway Logistics)公司。理斯维公司负责通用汽车公司的零部件到几个北美组装厂的运输工作,通用汽车公司则集中力量于其核心业务上——轿车和卡车制造。

通用汽车与理斯维公司的这种外包合作关系始于1991年,节约了

大约10％的运输成本,缩短了18％的运输时间,裁减了一些不必要的物流职能部门,减少了整条供应链上的库存,并且在供应链运作中保持了高效的反应能力。

理斯维在Cleveland设有一个分销中心,处理交叉复杂的运输路线,通过电子技术排列它与各通用汽车公司的北美工厂的路线,这样可以动态地跟踪装运情况,并且根据实际需求实现JIT方式的运输。理斯维的卫星系统可以保证运输路线组合的柔性化。如果一个供应商的装运落后于计划,理斯维可以迅速地调整运输路线的组合。理斯维采用的"精细可视路线"技术保证了通用汽车公司生产线上的低库存水平。

请你思考问题:
1. 结合案例分析物流外包的含义及优势。
2. 结合案例分析通用的运输业务外包,可能产生哪些风险。

第一节 物流外包

在当前激烈的竞争环境中,企业要想获得竞争优势,必须从企业和环境特点出发,培育自己的核心竞争力。由于资源的有限性、市场环境的日新月异等原因,企业需要将自身的优势功能集中化,而将劣势功能转移出去,借助企业外部资源的优势来弥补和改善自己的弱势,在这种情况下,企业选择业务外包的形式,将非核心业务外包给其他企业或由合作企业来完成。企业物流外包是业务外包的主要方式之一,同时,作为一体化物流的高级形式,物流外包已经成为工业企业等物流需求企业的战略取向,对提高企业物流运作效率,推动企业物流社会化运营有着重要的意义。

一、物流外包的概念和内涵

外包(Outsourcing)就是将一些传统由企业内部成员负责的非核心业务以外加工方式转让给专业的、高效的供应商,以充分利用公司外部最优秀的专业资源,从而降低成本,提高效率,增加企业自身竞争能力的一种管理策略。自 20 世纪 80 年代以来,物流外包已成为商业领域的一大趋势。制造业和商业都纷纷将自己的物流业务外包给专业提供物流服务的外部物流提供商,即第三方物流(Third Party Logistics)。

尽管在目前的商业中,还有相当的企业保留着自己的物流业务,不过这绝大多数不是作为企业的战略安排。更多的企业表示在合适的时候都将考虑由外部合同服务(第三方物流服务)为自己提供专业的物流服务。如 HP 公司,其在美 11 家工厂。原来各自处理自己的进货和产品的仓储和分配工作。供应线路混乱,协调复杂,经常出现运输车辆空驶的现象,效率低下。1993 年,HP 将上述业务外包给专业从事货物配送的 Ryder Integrated Logistics Company,精简了自己的仓库和卡车运输业务,由后者统一管理各个工厂的物流业务。结果,在 1994 年,HP 公司仅原材料运到工厂所需费用一项,就比过去减少了 10% 以上。

所谓物流外包,即生产或销售等企业为增强核心竞争能力,将其物流业务以合同的方式委托于专业的第三方物流公司(3PL)运作。其目的是通过合理的资源配置,打造企业的核心竞争力。随着全球经济一体化进程的加快,信息技术的飞速发展,特别是 20 世纪 80 年代西方掀起的集中核心业务的管理热潮,物流外包日渐成为西方物流理论和实践的宠儿。据美国某机构对美国制造业 500 家大企业的调查,2002 年,65% 的企业将国内物流业务交给了外部的第三方物流供应商承担,如果加上国际物流业务的外包,则有 77% 的企业实施了物流外包。在欧洲,目前使用第三方物流的比例也高达 76%;在日本,第三方物流在整个市场中的比重则达到了 80%。然而,在中国,根据中国仓储协会 2003 年的调查统计,生产企业的原材料交由第三方物流承担的比重仅仅占 22%。20 世纪 90 年代中后期,我国理论界和实践工作者们也开始了对此问题的探索,并逐步被社会认识、了解、认可和进一步采用。

二、物流外包的优势

1. 集中精力发展核心业务

资源的有限性往往是制约企业发展的主要"瓶颈"。利用物流外包策略,企业能够实现资源优化配置,将有限的人力、财力集中于核心业务,如产品研发市场开拓等,建立自己的核心能力,并使其不断提升,从而确保企业能够长期获得高额利润。

2. 减少投资,降低风险

现代物流领域的设施、设备及信息系统等投入是相当大的,通过将物流外包,企业可以减少对此类项目的建设与投资。而且,由于物流需求的不确定性和复杂性,导致投资具有巨大的财务风险,通过外包,企业也可以将这种财务风险转移给第三方。

3. 降低成本

专业的第三方物流供应商利用规模生产的专业化优势和成本优势,通过提高各环节能力的利用率实现费用节省,使企业能从分离费用结构中获益。

4. 提升企业形象

物流供应商与客户之间是战略伙伴或者联盟的关系。他们从客户的角度出发管理物流业务,通过全球信息网络使客户的供应链管理实现完全的控制,减少物流的复杂性;他们通过遍布全球的运送网络大大缩短了客户的交货期,帮助客户改进服务,树立自己的品牌形象;他们为客户定制低成本高效率的物流方案,使其在同行业中脱颖而出,为企业在竞争中取胜创造了有利的条件。

5. 提高企业的运作柔性

企业将物流业务外包给第三方物流公司,由于大量的非特长业务都由合作伙伴来完成,物流外包企业可以精简机构,金字塔状的总公司、子公司的组织结构,让位于更加灵活的对信息流有高度应变性的扁平式结构,从而减轻由于规模膨胀而造成的组织反应迟钝、缺乏创新精神的问题。这种组织结构将随着知识经济的发展而越来越具有生命力。

三、物流外包的风险类型

物流外包蕴藏着许多风险,风险是指产生损失的可能性或程度,风险来自不可预知性、不确定性。由于企业物流外包涉及企业与企业之间的合作,企业物流外包在带来诸多收益的同时,也带来了风险。企业物流外包相对于企业自营物流来说蕴藏着更多的不确定性,从而产生更多的风险。物流外包企业的风险通常包括合同风险、管理风险、市场风险、信息风险、财务风险、竞争风险。

1. 合同风险

合同风险是首要风险。根据物流外包业务来设计外包合同,由于第三方物流服务商不能完成合同所规定的任务,或者物流委托方不能按时、按合同支付费用等,从而带来合同风险。根据中国企业家调查系统的调查显示,2001年物流外包的企业92%遇到合同纠纷,其中20%的企业遭受到合同纠纷5起以上。

2. 管理风险

管理风险首先指的是管理决策带来的风险,是否选择外包,是选择全部外包还是部分外包,选择一家或者几家第三方物流服务商,在进行上述决策的同时,必然带来决策结果可能发生问题的风险。其次指的是在物流外包后委托方企业与物流服务商在管理模式上存在差异,不同的企业文化、目标、利益的分配造成的矛盾,以及由此带来的不可控制性,情况严重时甚至造成管理上的失控。

3. 市场风险

市场风险指由于市场波动等外部环境造成的风险,如原材料、劳动力价格、消费者的需求波动,以及物流服务市场的波动所造成的风险。物流市场景气时,原材料、劳动力价格、市场服务价格上涨,市场服务价格高于外包合同制定的价格,物流委托方受益;当物流市场不景气时,市场服务价格低于外包合同制定的价格,物流委托方受损。从长远来看,物流外包后委托方更加依赖物流服务商,更关注费用,从而降低了自身的物流创新能力,在合作中处于被动局面。

4. 信息风险

信息风险指由于合作双方信息的不对称,从而造成信息沟通不畅,信息不能共享,信息反馈滞后,信息失真等问题。而当合作双方信息共享后,可能发生由于信息的泄露造成核心能力外泄,被竞争对手模仿,造成企业产品销售量和市场的缩小、丧失,造成经济损失。

5. 财务风险

降低成本是企业选择物流外包的主要原因,但是由于物流委托方不能准确了解外包后的物流业务,外包后的隐藏成本、模糊成本不能准确测定,导致物流外包成本上升,甚至超过自营物流成本。

6. 竞争风险

物流服务商面临竞争风险来自目前物流市场的激烈竞争。很多规模很小的企业冠以物流公司的名字,由于物流行业较低的门槛和良好的发展前景,未来潜在竞争对手不断进入,从而瓜分物流市场份额。

物流委托方企业面临的竞争风险来自合作后信息的泄露,企业的技能被竞争对手模拟和赶超,有失去优势资源和核心竞争力的危险。如果在供应链中物流服务商比委托方企业拥有更强势的地位,委托方企业处于被动局面,往往会带来委托方企业收益的损失。

四、物流外包模式

企业有无必要实施企业物流外包?如何实施企业物流外包?选择什么样的外包策略与模式?这是在实施企业物流外包业务前企业就应着重考虑的重大问题。选择物流外包策略与模式,既要考虑企业自身的实际、面临的内外环境等因素及其变化趋势,又要考虑实施企业物流外包的必要性,以及实施的外部环境等诸多因素。一般来说,企业实施物流外包可供选择的模式主要有以下几种:

1. 部分业务外包模式,或称专项业务外包模式

即将一项完整的物流管理职能工作的一部分外包给企业外部的物流服务机构,其他部分继续由企业自身物流部门负责。例如,将物流规划和设计工作外包给物流专家,而企业的物流信息、运输、仓储等业务的实施和管理仍由自己负责。这种外包模式有利于企业根据自己在物流业务中的优劣势采取适宜的外包模式,且容易把握和达到外包目的。

2. 整体业务外包模式,或称一条龙外包模式

即将一项完整的物流管理职能工作的全部外包给企业外部的物流服务机构,企业自身物流部门不再履行此项职能,只是作为联络者、协

调者和企业代表。例如,将企业物流规划、物流设计、物流信息管理、物流运作等相关工作整体外包。这种外包模式有利于打破企业内部原有的管理格局,尽可能减少非企业核心业务的影响,以提高企业核心竞争力。但这种模式的选择需要良好的外部环境,需要对外部的物流服务机构进行深入的调研和抉择。

3. 复合业务外包模式,或称综合业务外包模式

即将多项物流管理职能工作外包给企业外部的物流服务机构。既可将多项外包业务交给同一物流服务机构,也可将某些职能管理的部分业务外包。这种模式需要社会上有健全的物流服务提供机构、完善的管理制度和服务体系,且能够大大减轻企业物流管理的各种压力和矛盾,使企业有更充足的时间关注战略性、核心竞争力、前瞻性和宏观管理等方面的一些重大问题的研究和决策。

五、物流外包的实施步骤

1. 确定外包业务

企业在进行物流外包决策时,首先要考虑的是外包什么业务。在我国目前尚无相应完善的法律法规去规范外包服务机构以及其他外包咨询行业运作的情况下,企业在准备实施物流外包服务之前,必须明确界定某一职能是否真的适宜外包。通常对于企业来说安全性是首要考虑的,同时也要坚持不能把关系企业核心发展能力的工作外包出去的原则。一般情况下,企业物流中诸如物流规划、流程设计、货物运输、业务人员的培训等工作是可以进行外包的。

2. 选择外包服务机构

企业物流外包业务确定后,就要考虑如何选择物流服务提供机构,一般应从以下几个方面来考虑:首先,要考虑服务的价格。因为企业某项物流业务外包以后,企业必然要承担相应的外包成本。如果成本过大,甚至大于由企业自身物流部门承担的成本,那还不如不去外包。其次,要考虑服务机构的信誉和质量,因为这将对整项工作的完成以及企业的发展起到决定性的作用。比如物流信息管理系统,这属于商业机密,一旦泄漏给竞争对手,必将对企业产生极其不利的影响,因此物

第七章 第三方物流

流信息系统管理这一职能业务是不适宜外包的。再则,企业还要根据自身物流业务量的大小,综合考虑服务机构的各方面条件和能力,选择适合于本企业的物流服务机构。

3. 确定外包方式

在选择好外包服务机构后,紧接着就是要确定外包方式。一般来说,确定外包方式与外包服务机构的类型有关。物流外包服务机构主要有三大类:第一类是物流代理,比如国际货物运输领域广泛存在的代理制;第二类是专业的物流服务机构,如中远集团、中海物流、宝供物流等,就是专门为企业物流外包提供服务的;第三类是高等院校、科研院所的物流专家或研究机构,由他们来为企业出谋划策也非常可行,比如对物流业务人员的培训、物流业务流程的设计等等。当然,上述三类物流外包机构不是各自孤立的,在实际操作中企业往往会召集各类人员,组成一个"智囊团",力求把工作做得更好。

4. 外包实施与提供相关服务

经过上述工作步骤后,企业物流外包就可以由相应的物流服务机构来负责实施。在这一过程中,企业的物流管理部门并不是消极等待,而是要积极参与,主要包括两方面的工作:一是要注意企业物流外包风险的防范与控制,企业方应与服务机构就相应的外包项目签订书面合同,明确双方的权利、义务以及违约赔偿等问题。在外包实施过程中也要对工作的进展进行检查,确保外包工作的顺利安全实施。二是企业的物流管理部门还要积极参与配合,为外包服务机构尽可能提供必要的帮助,如外包工作所必需的相关信息和资料,从而使双方建立起"双赢"的合作关系,保证外包的顺利完成。

第二节 第三方物流概述

企业传统的外包主要是将物流作业活动如货物运输、存储等交由外部的物流公司去做,相应地产生了仓储、运输公司等专门从事某一物流功能的企业。它们通过利用自有的物流设施来被动地接受企业的临时委托,以费用加利润的方式定价,收取服务费。而像库存管理、物流系统设计之类的物流管理活动仍保留在本企业。现代物流是以满足顾客的需求为目标,把制造、运输、销售等市场情况统一起来考虑的一种战略措施,追求的是降低成本、高效率与服务水平进而增强企业竞争力。随着社会大生产的扩大和专业化分工的深化,专业化的第三方物流应运而生。第三方物流则根据合同条款规定的要求,而不是临时需要,提供多功能,甚至全方位的物流服务。一般来说,第三方物流公司能提供物流方案设计,仓库管理,运输管理,订单处理,产品回收,搬运装卸,物流信息系统,产品安装装配、运送、报关、运输谈判等近30种物流服务。可见,第三方物流是以合同为导向的系列化服务。

一、第三方物流的含义

第三方物流(Third Party Logistics,简称3PL)概念出现于20世纪80年代中期,并在1988年美国物流管理委员会的一项顾客服务调查中,首次提到"第三方物流服务提供者"一词。第三方物流是在业务外包的环境下产生的。专业物流服务企业是由专业的物流人员,应用电子信息技术,以数字网络为手段,提供系统、柔性的物流服务来适应不同物流需求者不同需要的一种服务模式。我国2001年8月1日实施的国家标准CGB/T18354—2001物流术语:"第三方物流是由供方与需方以外的物流企业提供物流服务的业务模式。"第三方物流企业就是以第三方物流为主要业务模式的物流企业。这里的第一方是物流服务的需求方,即客户;第二方是物流服务能力的提供方,即运输、仓储、流通加工等基础物流服务的提供者;第三方则是指通过整合第二方的资源和能力为第一方提供物流服务的一方;在第三方物流服务的上端,则是从事供应链上物流体系的规划、设计等咨询活动的第四方物流。随着市场竞争激烈程度的加深,物流业务逐渐成为非物流企业外包的对象,而第三方物流则是一种专业物流模式,是非物流企业理想的选择。

对第三方物流的理解也有广义与狭义之分。广义的第三方物流以商品交易为参照,认为商品买卖双方之外的第三方提供物流服务就是第三方物流,无论是买方还是卖方承担的物流都不是第三方物流;而狭义的第三方物流的概念是以物流服务为参照,认为物流的实际需求方(第一方)和物流的实际供给方(第二方)之外的第三方部分或全部利用第二方的资源通过合约向第一方提供服务。

二、第三方物流的特征

从发达国家第三方物流企业成功的实践来看,第三方物流企业已经逐渐形成了鲜明的特征,具体表现如下:

一是契约关系明显化。第三方物流通过委托方和代理方签订正式合约,来确定双方的权利与义务。第三方物流根据契约规定的要求,来为物流业务的需求者提供全方位的一体化服务,并对整个物流活动进行管理。即使是第三方物流的联盟也是通过契约的形式来确定他们之间的责任以及权利。所以不管是第三方物流个体之间还是物流联盟之间的关系都呈现出契约化的特征。

二是业务专业化。专业化是物流提供方发展的基本要求,同时也是委托方的需要。第三方物流必须要提供专业化的物流服务,体现在物流方案的设计、物流操作过程、物流技术工具、物流设备以及物流活动的管理等方面。

三是服务针对性。物流需求者在对物流服务项目上有特殊性,不同的委托者有不同的要求,第三方物流作为代理方应该根据委托方在需求特性、产品特征、企业形象、业务流程等方面的要求,提供个性化的物流服务和增值服务。第三方物流要在物流行业的竞争中取胜,也要持续强化所提供的物流服务的个性化和特色化,来培育本企业的核心竞争力,进而提高其市场核心竞争力。

四是管理系统科学化。第三方物流应该具有全方位的物流服务功能,这是第三方物流存在和发展的基本要求。只有这样,第三方物流才能满足市场多样化的需求。

五是信息资源共享化。信息技术是第三方物流发展的软件基础。信息系统技术的发展实现了信息资源的共享,促进了物流管理的科学性,提高了物流的效率和效益,为物流企业以及物流与物流需求企业的顺利合作提供了条件。

有资料显示,在产品整个生产过程中,仅仅有5%的时间用于加工和制造,其余95%的时间都用于储存、装卸、等待加工和运输等物流过程。所以在第一利润和第二利润空间变得越来越小后,物流成为各个经营者的第三利润源泉。第三方物流可以为委托企业平均降低10%—20%的成本。专业的第三方物流运用规模生产的专业优势和成本优势,通过提高各个环节的能力来节省费用,使委托方从外包的物流中受益。

三、第三方物流与传统物流模式比较

第三方物流的产生和发展是社会分工的产物,同时也是竞争激烈的产物。第三方物流的存在和迅速发展取决于自身不同于传统物流模式的优势。物流模式正经历由企业自有物流、传统物流企业向第三方物流的演变,如图7-1,第一方和第二方物流属于企业自有物流,传统意义上的运输、仓储公司属于传统物流企业,而第三方物流是专业的一体化物流服务提供商。

图7-1 物流模式的演变

1. 企业自有物流

第一方物流(First Party Logistics)是指由物资提供者自己承担物资需求者的物流问题,以实现物资空间位移。传统上,多数制造企业都配备有规模较大的运输工具(车辆船舶等)和储存自己产品所需要的仓库等物流设施,来实现自己产品的流通,特别是在产品输送量较大的情况下,企业比较愿意由自己来承担物流的任务。随着第三方物流的兴起,出现越来越突出的问题:

(1)由于产品的市场需求在时间上的不平衡,企业配置物流设施的能力是根据需求旺季还是根据需求淡季确定,往往成为企业头疼的

事情;无论怎样都可能造成物流能力的浪费或不足。

(2) 制造企业的核心竞争力在于它知道产品本身的质量,而物流业却非其核心业务,因此,从事物流业务的成本一般比专业物流企业高。

(3) 随着市场环境的变化,消费需求的特点表现为品种多、批量大、批次多以及周期短等。在这种压力下,生产者、供应商及物流配送中心、零售商随时需要按照市场变化趋势调整自己的生产供应和流通战略。

(4) 随着JIT准时制生产理念和生产方式,企业自己从事物流很难构造一个有效的物流网络,因此几乎难以达到JIT的要求,特别是供需双方的地理位置相距较远的情况下,企业无法实现有效的物流。

第二方物流(Second Party Logistics,简称 2PL)是指由物资需求者自己解决所需物资的物流问题,以实现物资的空间位移。传统上的一些较大规模的商业部门都具备自己的运输工具和储存商品的仓库,以解决从供应站到商场的物流问题。但是传统的由第二方承担的物流同样存在着以下问题:

(1) 自备运输工具和仓库已经使物资需求者的经营成本提高,在微利的商业经营时代,这种成本的支出是企业难以承受的。

(2) 由于商品的市场需求在时间上的不平衡,商业企业难以合理配置物流设施,无论怎样配置都可能造成物流能力的浪费或者紧张。

(3) 商业企业的核心竞争力在于商品的销售能力,而从事物流业务却非其核心业务,因此,从事物流业务的成本一般比专业物流企业高。

(4) 商业企业自己从事物流很难构造一个有效的物流网络,因此几乎难以达到及时供货的要求。

2. 传统物流企业

从我国目前物流企业的实际运作情况和理论角度看,应当从是否拥有资源这个角度去区别传统物流企业和第三方物流。传统物流企业应是指拥有专业性物流资源的企业,而第三方物流则是利用自身特殊资源优势整合这些专业性资源的物流企业。

第三方物流与传统物流企业区别的关键不在于由谁去承担物流服务,而是在于以什么方式提供物流服务、提供什么样的服务。否则,就会把专业物流企业(确切地讲是专业运输企业、专业仓储企业)等同于第三方物流企业;将存在已久的社会化运输和仓储服务理解为第三方物流服务。专业化和社会化的第三方物流经营者是物流企业。

传统物流企业接受其他企业委托,为委托企业提供物流活动的一部分服务,主要是物流作业活动如货物运输、货物保管等,而委托企业的库存管理、物流系统设计等物流管理活动以及一部分企业内物流活动仍然保留在其内部。同时传统物流企业是站在自己物流业务经营的角度,接受货主企业的业务委托,以费用加利润的方式定价,收取服务费。即使能够提供系统服务的物流企业,也是以使用本企业的物流设施、推销本企业的经营业务为前提,而并非是以货主企业物流合理化为目的设计的物流系统。

企业物流对外委托的形态有三种:一是货主企业自己从事物流系统设计以及库存管理、物流信息管理等管理性工作,而将货物运输、保管等具体的物流作业活动委托给外部的物流企业;二是由物流企业将其开发设计的物流系统提供给货主企业并承担物流作业活动;三是由专业企业站在货主企业的角度,代替其从事物流系统的设计并对系统运营承担责任。

3. 第三方物流

第三方物流由货主企业以外的专业企业代替其进行物流系统设计并对系统运营承担责任的物流形态。第三方物流是站在货主的立场上,以货主企业的物流合理化为设计物流系统和系统运营管理的目标。而且第三方物流企业不一定要保证有物流作业能力,也就是说可以没有物流设施和运输工具,不直接从事运输、保管等物流作业活动,只是负责物流系统设计并对物流系统运营承担责任。具体的物流作业活动可以采取对外委托的方式由专业的运输、仓储企业等去完成。第三方物流企业的经营效益是直接同货主企业的物流效率、物流服务水平以及物流系统效果紧紧联系在一起的。

四、第三方物流的分类

广义的第三方物流概念是相对于自营物流而言的。凡是由社会化的专业物流企业按照货主的要求，所从事的物流活动都可以包含在第三方物流范围之内，至于第三方物流是从事哪一个阶段的物流，物流服务的深度和服务水平，这与货主的要求有密切关系。狭义的第三方物流主要是指能够提供现代化的、系统的物流服务的第三方的物流活动。其具体标志如下：第一，有提供现代化的、系统物流服务的企业素质；第二，是可以向货主提供包括供应链物流在内的物流服务和特定的、定制化服务的物流活动；第三，不是货主与物流服务商偶然的、一次性的物流服务活动，而是采取委托—承包形式的长期业务外包形式的物流活动；第四，不是向货主提供一般性物流服务，而是提供增值物流服务的现代化物流活动。第三方物流企业可分为资产型、管理型和优化型三种。

1. 资产型第三方物流

资产型第三方物流的资产，有两种类型。第一种类型资产，指机械、装备、运输工具、仓库、港口、车站等从事实物物流活动，具有实物物流功能的资产。第二种类型资产，指信息资产，包括信息系统硬件、软件、网络及相关人才等。传统物流和现代物流的区别在于，传统物流服务企业只依靠第一种类型资产，而现代物流企业具备两种类型的资产。

第三方物流企业拥有从事专业物流活动或约定物流活动的装备、设施、运营机构、人才等生产力条件，并且以此作为本身的核心竞争能力。资产型第三方物流以自有的资产作为为客户服务的重要手段。在工业化时期，这种物流企业在发达国家曾经有过较大的发展。

资产型第三方物流的主要特点，是可以向客户提供稳定的、可靠的物流服务。由于资产的可见性，这种物流企业的资信程度比较高，对客户具有很大的吸引力。资产型第三方物流需要建立一套物流工程系统，这需要很大的投资，同时维持和运营这一套系统仍然需要经常性的投入;另一方面,这套工程系统一旦形成,虽然可以有效地提供高效率的确定服务,但是很难按照客户的需求进行灵活的改变,往往出现灵活性不足的问题。

2. 管理型第三方物流

管理型第三方物流不把拥有第一种类型资产作为向客户服务的手段,而是以本身的管理、信息、人才等优势作为第三方物流的核心竞争力。这种类型的第三方物流,不是没有资产,而是主要拥有第二种类型资产。在网络经济时代,实际上是以"知识"作为核心竞争能力,通过网络信息技术的深入运用,以高素质的人才和管理力量,利用社会的设施、装备等劳动手段向客户提供优良服务。管理型第三方物流由于自己不拥有需要高额投资和经营费用的物流设施、装备,而是灵活运用别人的这些生产力手段,这需要有效的管理和组织。而要做到这一点,信息技术的支持是非常重要的手段。在某种意义上讲,信息技术支持是管理型第三方物流赖以生存的先决条件。管理型第三方物流只能在买方市场条件下生存,因为只有这样,它才有可能利用买方的主导权去灵活运用其他物流服务。

3. 优化型第三方物流

上述两种物流各有特点,也各有优势、劣势。优化型第三方物流是拥有管理型第三方物流在信息、组织、管理上的优势,同时建立必要的物流设施装备系统,而不是全面建设这种系统,因此不仅获得上述两种第三方物流的优点,而且避免过大投资、系统灵活服务水平不足的缺点。

第三节 第三方物流企业运作

一、第三方物流企业的特征

第三方物流供应者应该是通过合同的方式确定回报,承担货主企业全部或一部分物流活动的企业。传统的对外委托形态只是将企业物流活动的一部分，主要是物流作业活动，如货物运输、货物保管交由外部的物流企业去做，而库存管理、物流系统设计等物流管理活动以及一部分企业内物流活动仍然保留在本企业。同时，物流企业是站在自己物流业务经营的角度，接受货主企业的业务委托，以费用加利润的方式定价，收取服务费。那些能够提供系统服务的物流企业，也是以使用本企业的物流设施，推销本企业的经营业务为前提。第三方物流企业则是站在货主的立场上，以货主企业的物流合理化为设计物流系统运营的目标。它要把握客户的商品销售预测、生产计划，研究客户的运输时机与路线、仓库设计、人员配置等信息，并利用其专业的信息技术和广博的专业知识为用户提供整体最优的物流系统。而且，第三方物流企业不一定要保有物流作业能力，也就是说可以没有物流设施和运输工具，不直接从事运输、保管等作业活动，只是负责物流系统设计并对物流系统运营承担责任。具体的作业活动可以再采取对外委托的方式由专业的运输、仓库企业等去完成。第三方物流企业的经营效益直接同货主企业的物流效率、物流服务水平以及物流效果紧密联系在一起。

可见，第三方物流企业同货主企业的关系应该是密切的、长期的合作关系，而不是零星的业务往来。通过第三方物流企业提供的物流服务有助于促进货主企业的物流效率和物流合理化。据国外的一项调查，第三方物流企业成功的关键首先是它应该时刻为顾客着想，其次是可信赖性，然后是准时方便、有丰富的业务知识等因素。

除此之外，由于电子商务时代的来临，使现代的第三方物流又具备了一系列新的特点，如信息化、自动化、网络化、智能化和柔性化等。

二、第三方物流企业的业务运作

第三方物流作为外部组织利用现代技术基础、经济关系和管理手段，为用户或最终消费者提供全部或部分物流服务。内容主要包括：开发物流策略系统、EDI能力、报表管理、货物集运、选择承运人、货运人、海关代理、信息管理、仓储、咨询、运费支付和运费谈判等。

第三方物流是指由物流劳务供方、需方之外的第三方去完成物流服务的物流动作方式。

按照物流企业完成的物流业务范围的大小和所承担的物流功能，可将物流企业分为综合性物流企业（能够完成和承担多项甚至所有的物流功能）和功能性物流企业（承担和完成某一项或几项物流功能），功能性物流企业按照其主要从事的物流功能可将其进一步分为运输企业、仓储企业、流通加工企业等。

按照物流企业是自行完成和承担物流业务还是委托他人进行操作，可将物流企业分为物流自理企业和物流代理企业。物流代理企业可进一步按照业务范围，分成综合性物流代理企业和功能性物流代理企业。功能性物流代理企业，包括运输代理企业（即货代公司）、仓储代理企业（仓代公司）和流通加工代理企业等。

三、第三方物流企业的战略选择

归纳国外几种最新的物流理论，并结合当前国外第三方物流的发展实践，第三方物流企业的战略选择有以下三种：

1. 精益物流战略

由于物流理论和实践的滞后，我国大部分第三方物流企业还是粗放式经营，还不能准确定位自己的物流服务。如果不尽快扭转这一局面，将对我国第三方物流业的发展产生制约作用。精益物流理论的产生，为我国的第三方物流企业提供了一种新的发展思路，为这些企业在新经济中生存和发展提供了机遇。

精益物流起源于精益制造的概念。它产生于日本丰田汽车公司在20世纪70年代所独创的"丰田生产系统"，后经美国麻省理工学院教授研究和总结，正式发表在1990年出版的《改变世界的机器》一书中。精益思想是指运用多种现代管理方法和手段，以社会需求为依据，以充分发挥人的作用为根本，有效配置和合理使用企业资源，最大限度地为企业谋求经济效益的一种新型的经营管理理念。精益物流则是精益思想在物流管理中的应用，是物流发展中的必然反映。所谓精益物流是指：通过消除生产和供应过程中的非增值的浪费，以减少备货时间，提高客户满意度。

精益物流的目标在于根据顾客需求,提供顾客满意的物流服务,同时追求把提供物流服务过程中的浪费和延迟降至最低程度,不断提高物流服务过程的增值效益。

精益物流系统的特点在于它是高质量、低成本、不断完善、由顾客需求拉动型的物流系统。它要求树立顾客第一的思想,准时、准确、快速地传递物流和信息流。

总之,精益物流作为一种全新的管理思想,势必对我国的第三方物流企业产生深远的影响,它的出现将改变第三方物流企业的粗放式管理观念,形成第三方物流企业的核心竞争力。

2. 建立中小型第三方物流企业的价值链联盟

由于本身不能独立提供全程一站式物流服务的缺点,同时由于资产规模小、服务地域不宽,使中小型第三方物流企业在我国物流业中处于劣势。

因此对于中小型第三方物流企业来说,从企业自身资源出发,构造各自的核心竞争力才是关键。由于中小型第三方物流企业功能的单一与不完备,因此建立在各自核心竞争力基础上构造的物流业务的合作是一种有效弥补企业能力缺陷,构成物流竞争优势的可行方法。价值链是采用系统方法来考察企业所有活动及其相互作用以及分析获得企业竞争优势的各种资源。企业的价值活动分为两大类:基本活动和辅助活动。基本活动是涉及产品的物质创造及销售、转移给买方和售后服务的各种活动。辅助活动是辅助基本活动并通过提供外购收入、技术、人力资源以及各种职能以相互支持。

运用价值链理论来分析第三方物流企业的价值链构成,可以发现,在辅助活动方面,第三方物流企业与一般企业并没有什么不同,而在基本活动方面第三方物流企业有其特点。第三方物流企业一般不存在商品生产过程,只有流通环节的再加工过程,不占主要环节,广泛的第三方物流企业的基本作业活动变成存储、运输、包装、配送、客户服务及市场等环节。由于企业自身资源和能力的有限,基本作业活动不可能在每一个环节中都占有优势,这种在某些价值链环节方面的不足,造成了企业整体物流机能的不完备,缺乏相应的竞争力,使某些具有相对优势的价值链环节也因整体的不足而发挥不出应有的功效。所以物流产业内的中小型第三方物流企业联盟应该是建立在彼此之间价值链基础上的互补性合作,充分利用专业性物流公司的专业化物流机能和物流代理企业的组织协调的柔性化综合物流能力的互补性。对于中小型第三方物流企业来说,应该从企业价值链的优势环节入手,发掘并形成企业的核心竞争力,通过价值链的重构来扬长避短。

3. 大型第三方物流企业的虚拟化战略

在 IT 和互联网飞速发展的时代,企业不能单打独拼,而必须在竞争中求协作,在协作中求发展。因此,产生于现代条件下的现代大型第三方物流的虚拟化发展有很强的必要性。大型第三方物流企业的虚拟化是指物流经营人将他人的资源为己"所有",通过网络,把他人变成自己物流的一部分,借助他人的力量突破有形界限,延伸、实现自身的各种功能,进而扩展自己的能力,增强自己的实力。所以,物流的虚拟化是以信息技术为连接和协调手段的临时性、动态联盟形式的虚拟物流。现代综合物流的虚拟化以电子通讯技术为手段,以客户为中心,以机会为基础,以参与成员的核心能力为条件,以协议目标和任务为共同追求,把不同地区、国家的现有资源迅速组合成为一种没有围墙、超越空间约束、靠电子网络手段联系、统一指挥的虚拟经营实体,以最快的速度推出高质量、低成本的物流服务。

现代大型第三方物流的虚拟化包括功能、组织、地域三个方面的虚拟化。功能虚拟化是第三方物流企业借助 IT 技术将分布在不同地点、不同企业内承担不同职能的物流资源(信息、人力、物质等资源)组织起来去完成特定的任务,实现社会资源的优化。组织虚拟化是指物流组织的结构始终是动态调整的,不是固定不变的,而且具有分散化、柔性化、自主管理、扁平的网络结构,自己可根据目标和环境的变化进行再组合,及时反映市场动态。地域虚拟化是指第三方物流企业通过互联网络将全球物流资源连接起来,消除障碍和国家壁垒,使生产管理实现"天涯若比邻"。

四、我国第三方物流企业的运作现状

近年来,我国的第三方物流得到了长足发展。国内的第三方物流企业主要是一些原来的国家大型仓储运输企业和中外合资独资企业,如中国储运公司、中外运公司、天地快运、EMS、宝隆洋行等。已在深沪股市上市的有 26 家物流企业。涵盖了港口、仓储、管道运输、水运、铁路运输、汽车运输、客运等物流业的各个领域。

尽管第三方物流前景乐观,但在我国,第三方物流企业基本上是以旧有的物资流通企业为主体。这些企业的实际状况不容乐观,主要表现在以下几个方面:

1. 没有建立起较为完善的现代企业制度,企业管理水平较低

由于我国企业总体的管理水平与发达国家相比还比较低,现代管理意识还不够,而且企业在发展的过程中也受到体制等诸多社会因素的限制。对采用高水平的物流服务还不能马上接受,并且我国的第三方物流市场秩序还不规范,行业道德低下,人们公平竞争、公平交易意识较弱。另外,企业融资制度、产权制度、产权让与制度、市场准入及退出制度、社会保障制度等还不能适应企业的要求,因而在一定程度上限制了第三方物流企业自身的发展。

2. 利用现代技术程度低

现代信息技术应用水平的落后已经成为制约我国第三方物流企业发展的技术瓶颈,不仅影响我国第三方物流企业市场规模的扩大,而且影响着第三方物流企业经营服务手段、运行方式、组织形式的创新和发展,制约第三方物流市场竞争程度和自动化水平的提高。我国多数企业没有应用 ERP、SCM 等流程优化技术、EDI/Internet 数据交换技术,使得上下游企业之间的物流活动难以得到有效的协调,很难发挥第三方物流企业资源整合、优化配置的功能。

3. 需求不足致使第三方物流企业规模较小

物流需求不足是第三方物流企业当前面临的主要问题,在某种程度上已严重制约了第三方物流企业规模的快速发展。一方面,由于第三方物流是一个新兴事物,在我国发展历程较短,加上我国相当多的企业仍然保留着"大而全""小而全"的经营组织方式,从原材料采购到产品销售过程中的一系列物流活动,主要依靠企业内部的自我服务来完成。因此,我国目前第三方物流市场占有率不高。另一方面,我国的物流企业多是从计划经济体制下的传统运输、仓储及货代组织发展起来的,大多数物流企业只提供单项或分段的物流服务,物流功能主要停留在储存、运输和城市配送上,相关的包装、加工、配货等增值服务不多,不能形成完整的物流供应链。

4. 第三方物流企业之间的合作不够,使得物流渠道不畅、设施利用率低

众多物流企业经营网络不合理,有点无网,第三方物流企业之间、企业与客户之间缺乏合作,货源不足,而传统仓储业、运输业则能力过剩,造成浪费。从设施利用率来看,物流企业对库房利用率较高,但由于第三方物流企业规模较小,不能在更大的地域范围内实现货源集中、相互配置,导致铁路专线利用率相比国外先进水平还较低,运输工具返程空驶率还相对较高,这大大浪费了部分运力资源。

本章小结

在当前激烈的竞争环境中,企业要想获得竞争优势,必须从企业和环境特点出发,培育自己的核心竞争力。由于资源的有限性、市场环境的日新月异等原因,企业需要将自身的优势功能集中化,而将劣势功能转移出去,借助企业外部资源的优势来弥补和改善自己的弱势,在这种情况下,企业选择业务外包的形式,将非核心业务外包给其他企业或由合作企业来完成。企业物流外包是业务外包的主要方式之一,因为物流外包可以为企业带来诸多优势,如集中主业、降低成本、减少投资和提高物流运作柔性等。尽管如此,企业在获得物流外包所带来的好处的同时,也必须意识到物流外包蕴藏着许多风险。物流外包企业的风险通常包括合同风险、管理风险、市场风险、信息风险、财务风险、竞争风险。

企业有无必要实施企业物流外包?如何实施企业物流外包?选择什么样的外包策略与模式?这是在实施企业物流外包业务前企业

就应着重考虑的重大问题。选择物流外包策略与模式,既要考虑企业自身的实际、面临的内外环境等因素及其变化趋势,又要考虑实施企业物流外包的必要性,以及实施的外部环境等诸多因素。常见的物流业务外包模式包括:部分业务外包、整体业务外包和复合业务外包三种。

物流模式由企业自有物流、传统物流企业向第三方物流演变,企业大量外包物流加快了第三方物流的发展。第三方物流是由供方与需方以外的物流企业提供物流服务的业务模式。第三方物流则根据合同条款规定的要求,而不是临时需要,提供多功能,甚至全方位的物流服务。

提供第三方物流服务的企业才是真正意义上的第三方物流企业,它与传统物流企业不同。第三方物流企业是站在货主的立场上,以货主企业的物流合理化为设计物流系统运营的目标。它要把握客户的商品销售预测、生产计划,研究客户的运输时机与路线、仓库设计、人员配置等信息,并利用其专业的信息技术和广博的专业知识为用户提供整体最优的物流系统。而且,第三方物流企业不一定要保有物流作业能力,也就是说可以没有物流设施和运输工具,不直接从事运输、保管等作业活动,只是负责物流系统设计并对物流系统运营承担责任。具体的作业活动可以再采取对外委托的方式由专业的运输、仓库企业等去完成。

近年来,虽然我国的第三方物流得到了长足发展,但第三方物流企业基本上是以旧有的物资流通企业为主体。这些企业的实际运作存在诸多问题,主要表现在制度不健全、企业规模小、设备利用率低、缺乏合作等。

思考题

1. 简述物流外包的含义,并说明物流外包的作用有哪些。
2. 可以通过哪几种模式实现物流外包?物流外包过程中存在哪些主要风险?
3. 什么是第三方物流?并将它与传统物流企业作比较。

4. 第三方物流有哪几种类型？

5. 第三方物流企业的主要业务内容有哪些？并将它与传统物流企业作比较。

6. 第三方物流企业的发展战略选择有哪些？我国第三方物流企业运作存在着哪些问题？

练 习 题

一、单项选择题

1. 由供方与需方以外的物流企业提供物流服务的业务模式是（　　）。

    A. 第一方物流　　　　　　B. 第二方物流
    C. 第三方物流　　　　　　D. 买方物流

2. 物流外包成为商业领域的一大趋势发生在（　　）。

    A. 20世纪50年代　　　　　B. 20世纪60年代
    C. 20世纪70年代　　　　　D. 20世纪80年代

3. 我国理论界和实践工作者们开始对物流外包业务进行了较为广泛的探索的时间是（　　）。

    A. 20世纪70年代中后期　　B. 20世纪80年代中后期
    C. 20世纪90年代中后期　　D. 21世纪初

4. 物流外包的首要风险是（　　）。

    A. 信息风险　　　　　　　B. 合同风险
    C. 管理风险　　　　　　　D. 财务风险

5. 通过物流外包，可以将物流投资风险转移给（　　）。

    A. 第三方物流公司　　　　B. 银行
    C. 企业内部物流部门　　　D. 投资者

6. 将物流规划和设计工作外包给物流专家，而企业的物流信息、运输、仓储等业务的实施和管理仍由自己负责。这种外包模式属于（　　）。

    A. 一条龙外包模式　　　　B. 复合业务外包模式

C. 专项业务外包模式　　　　D. 综合业务外包模式

二、多项选择题

1. 精益物流系统特点包括(　　)。
A. 由企业需求拉动　　　　B. 高质量
C. 低成本　　　　　　　　D. 不断完善
E. 需方物流

2. 物流外包的风险包括(　　)。
A. 价值风险　　　　　　　B. 合同风险
C. 管理风险　　　　　　　D. 市场风险
E. 竞争风险

3. 第三方物流企业通过库存管理和配送管理,了解大量信息,使流动资产质押业务成为可能,这些信息主要包括(　　)。
A. 客户信息
B. 库存物品的规格
C. 库存物品的销售区域
D. 库存物品的原价和净值
E. 管理部门的情况

4. 物流外包的优势包括(　　)。
A. 多元化经营　　　　　　B. 提升企业形象
C. 降低成本　　　　　　　D. 减少风险
E. 提高企业运作柔性

5. 资产型第三方物流公司的资产主要指(　　)。
A. 装卸设备　　　　　　　B. 运输工具
C. 高层立体货架　　　　　D. 仓库
E. 网络及相关人才

6. 管理型第三方物流公司的核心竞争力包括(　　)。
A. 装卸设备　　　　　　　B. 运输工具
C. 管理　　　　　　　　　D. 信息
E. 人才

三、是非题(A 为正确,B 为错误)

1. 所谓物流外包,即生产或销售等企业为增强核心竞争能力,将其物流业务以合同的方式委托于专业的第三方物流公司(3PL)运作。( )

2. 第三方物流是指以降低污染物排放、减少资源消耗为目标,通过先进的物流技术和面向环境管理的理念,进行物流系统的规划、控制、管理和实施的过程。( )

3. 精益物流起源于精益制造的概念。它产生于日本丰田汽车公司在上世纪 70 年代所独创的"丰田生产系统"。( )

4. 第三方物流企业接受其他企业委托,为委托企业提供一部分物流服务,如运输、储存等。( )

5. 物流外包的合同风险是指管理决策带来的风险。( )

6. 物流外包在 20 世纪初就成为商业领域的一大趋势。( )

案例分析题

富日物流的生存之道

资料来源:www.jctrans.com 2009-2-11

就像成功属于有头脑的人,物流市场也总会为那些定位准确的小企业预留生存空间,至于怎么长大,就要看各自的本领了。第三方物流的概念席卷而来,连搬家公司都会抢着凑个热闹,为自己的卡车刷上"物流"的标志。但物流产业的虚热总会过去,到时,你的公司是活着还是死去?

杭州富日物流是成立时间不长的物流公司,但它在创业之后却获得了良性增长的动力,因为他们发现做第三方物流用不着"大而全",只要能为一类客户提供满意的服务,就可以好好生存下去。

富日：超市后台的生意

家住杭州市景芳三区的蒋先生最近在易初莲花购物中心买了台洗衣机，按蒋先生的要求，洗衣机在第二天准时送货上门，但来送货的并不是易初莲花的人，而是杭州富日物流有限公司的员工。

在杭州，富日物流公司为多家超市、便利店和卖场提供配送服务，永乐、苏宁、国美家电连锁以及华润万佳超市等大型零售商在杭州的物流配送都交由它来完成。富日作为一家规模不大的物流公司，富日的竞争力就在于"生产厂家和大型的批发商只要将订单指令发送到我们调度中心，富日即可根据客户指令将相关物品直接送到零售店或消费者手里"。

富日成立刚两年，但客户已经从最初的几家发展到了现在的150多家，2002年一年内完成仓储物流吞吐量26万吨。快速发展的原因，就在于它从一开始，就把业务目标瞄准了商业流通领域。

富日物流成立之初，相关人员曾对杭州的物流市场做过一个调查，包括杭州的地理位置、基础建设、市场区域等。调研显示：地处流通经济异常活跃的长江三角洲，杭州这几年零售业超市大型化和连锁店经营发展迅猛，仅市区就有1 600个门店。而这些连锁店所面临的共同问题，就是店内自行配送投资太大而且管理困难，急需一个独立的平台来提供物流配送服务。

提供综合服务 把握市场先机

富日在杭州东部下沙路建了一个20万平方米的配送中心，可以同时储存食品、电器、化妆品、药品、生活用品等8 000多个品项，这很好地解决了当地商业流通行业因为商品多样化带来的仓储难题。零售行业单件商品配送较多，为了提高车辆的满载率，富日物流通过信息化系统的准确调度，将不同客户的送往同一区域、同一线路的货品合理配车作业，大大降低了运作成本。

退货和换货作业是物流企业对客户的后续服务，富日所服务的客户类型使它比别的物流公司更多地要面对这个难题。富日借鉴了国外的一些先进经验，专门设立退换货管理区域，将不同的货户、不同的货品退货集中起来,组织人员进行管理、分类,把能够继续使用、无质量问题的重新打包成箱,无法继续使用的则挑拣出来,进行回收处理。

"货品质押"是富日物流又一特色服务。富日与中国银行、招商银行等几家银行签约,供应商可将存放于富日配送中心的货品作为抵押获得银行贷款,同时,富日为银行免费保管这些被抵押的货品。通过这种运营模式,供应商的资产得到了盘活,库存压占的成本降低很多。这也使作为第三方物流商的富日获得了更多的客户资源。

下一步富日物流将全面提升物流资讯系统及网络传输能力,真正达到与货主联网,信息共享,实现物流系统网上操作及互联网在线查询。富日还在积极拓展电子商务网上订单业务,因为它看到宅配送物流需求正在不断增长。

一些跨国企业将其制造中心设在杭州后,同样需要本土的第三方物流企业为其提供全方位的物流服务。除了为杭州市区内的零售做配送外,富日同时也获得了许多大型快速消费品生产商在华东地区的物流份额,比如康师傅、伊莱克斯、摩托罗拉等。富日为他们提供仓储、配送、装卸、加工、代收款、信息咨询等物流配套服务。在沪杭高速上,每天都会有富日的几十辆载货车和集装箱运输车奔往宁波港、上海港以及华东地区的其他城市。

目前杭州的人均 GDP 超过了 3 000 美元,商贸流通业已进入一个新的时期,迫切需要现代物流业来支持。杭州市有关部门在一份物流调查报告中提到:"一个以杭州为中心,沟通浙江省内外公路、铁路、水运、航空等多种方式便利快捷的交通网络已经形成。"浙江的 4 小时经济圈正式建立后,无疑又给杭州的物流业注入了一剂强心针。

请思考:

1. 通过案例分析杭州富日物流的战略选择。
2. 分析杭州富日物流的经营模式。
3. 通过本案例分析,你认为富日物流的实践给中国第三方物流企业哪些启示?

第八章

新 型 物 流

 **学习要点**

- 掌握三种新型物流的概念、特点、类型
- 掌握应急物流的应急物流系统的主要组成部分及职能
- 掌握逆向物流形成的原因
- 了解应急物流系统的结构

 导引案例

废旧电池逆向物流

废旧电池的组成物质在使用过程中,被封存在电池壳内部,并不会对环境造成影响。但经过长期机械磨损和腐蚀,使得内部的重金属和酸碱等泄漏出来,进入土壤或水源,就会通过各种途径进入人的食物链,危害人类的健康。

欧盟在 5 月 2 日通过一项指令,要求从 2008 年开始,强制回收废旧电池,回收费用由生产厂家负担。业内人士指出,中国作为世界电池制造和出口大国,欧盟的该回收令将对中国电池制造企业的逆向供应链提出严峻考验。

欧盟该指令要求,从 2009 年开始,所有在欧盟境内销售的电池都必须标明具体使用寿命;2012 年之前,欧盟境内 1/4 的废旧电池须被回收;到 2016 年时,这一比例应达到 45%。另外,含汞量超过

0.000 5%、含镉量超过 0.002%的电池在欧盟境内都将被禁止销售。根据欧盟设立的目标,镍镉电池的回收率为 75%,铅电池的回收率为 65%,其他的为 50%。电池的回收费用将由生产厂家来负担。

这项指令目前已获欧盟理事会与欧洲议会批准,即将成为欧盟法律。成为欧盟法律之后,欧盟成员国须在两年之内通过相关国内法律与之相适应。指令同时强调,所有的电池制造商都应登记在册。

2005 年中国电池产量达 300 亿只,销售额约 993.5 亿元,占全世界电池产量的二分之一强。近年,中国电池出口贸易快速增长,出口量已超过 200 亿只,中国电池已成为全球关注的重点行业。

目前,国内许多电池制造企业在逆向供应链建设方面认识不足,缺乏畅通的回收渠道。短时间内可能不能很好地迎接欧盟该回收指令的实施。因此,国内电池制造企业应加紧供应链渠道的建设。

请你思考问题:
1. 结合案例分析逆向物流的社会成因。
2. 结合案例分析该项逆向物流的具体企业内部形成原因。

第一节 应急物流

一、应急物流的概念

当今世界科技发展日新月异,对自然灾害的预报已发展到相当水平,但局部的、区域性的,甚至是国家或全球范围的自然灾害、公共卫生突发性事件以及大规模恐怖袭击活动时有发生,这都给社会造成重大打击,对人类的生存和社会的发展构成了重大的威胁。如 1923 年日本关东大地震、1976 年中国唐山大地震,都给人类带来过惨痛经历,在这两次地震中死亡人数就高达 33.9 万人,失踪 4.34 万人,重伤 26.4 万人,两座城市遭到毁灭性破坏;2003 年 11 月发生在我国广东省的SARS,后来波及我国 20 多个省市自治区,全世界有 30 多个国家或地区遭遇 SARS 袭击。

突发性公共事件造成如此巨大的人员伤亡和财产损失,必然需要大量的应急物资,以解决或处理死者安葬、伤者救助、卫生防疫、灾后重建、恢复生产、恢复秩序等,否则受灾面积、人员、损失将会扩大,灾害有可能会演化为灾难。

某些自然灾害可以预报它发生的地域、强度及季节或时间等,如洪水、台风等,但更多的突发性自然灾害、公共卫生事件及恐怖袭击活动,如地震、火山爆发、山洪、泥石流、大面积食物中毒、矿井安全事故、突发性传染病等都难以预测和预报。有些灾害即使可以预报,但因预报时间和发生时间相隔太短,赈灾的应急物资难以实现其时间效应和空间效应,即难以实现其物流过程。

我们所面对的现实是严峻的,而对应急物流系统的研究尚处在起步阶段。为使突发性自然灾害和公共卫生事件造成的损失极小化,急需对应急物流系统的内涵、规律、保障机制、实现途径等系统地进行研究,进而建立一套适合我国国情的应急物流系统。

所谓应急物流是指为了满足突发的物流需求,非正常性地组织物品从供应地到接收地的实体流动过程。根据需要,它包括物品获得、运输、储存、装卸、搬运、包装、配送以及信息处理等功能性活动。

二、应急物流的特点

应急物流是在各类突发事件中对物资、人员、资金的需求进行紧急保障的一种特殊物流活动。它具有以下特点:

(一) 突发性

顾名思义,由突发事件所引起的应急物流,其最明显的特征就是突然性和不可预知性,这也是应急物流区别于一般物流的一个最明显的特征。由于应急物流的时效性要求非常高,必须在最短的时间内,以最快捷的流程和最安全的方式来进行应急物流保障。这就使得运用平时的那套物流运行机制已经不能满足应急情况下的物流需要,必须要有一套应急的物流机制来组织和实现物流活动。

(二) 不确定性

应急物流的不确定性,主要是由于突发事件的不确定性。人们无法准确地估计突发事件的持续时间、影响范围、强度大小等各种不可预期的因素,使应急物流的内容随之变得具有不确定性。例如在2003年上半年对SARS的战斗开始阶段,人们对各类防护和医疗用品的种类、规格和数量都无法有一个确定的把握,各种防护服的规格和质量要求都是随着人们对疫情的不断了解而确定的。其他应急物流活动中,许多意料之外的变数可能会导致额外的物流需求,甚至会使应急物流的主要任务和目标发生重大变化,如在抗洪应急物流行动中,可能会爆发大范围的疫情,使应急物流的内容发生根本性变化,由最初的对麻袋、救生器材、衣物、食物等物资的需求,变成对医疗药品等物资的需求。

(三) 弱经济性

应急物流的最大特点就是一个"急"字,如果运用许多平时的物流理念,按部就班地进行就会无法满足应对紧急物流的需求。在一些重大险情或事故中,平时物流的经济效益原则将不再作为一个物流活动的中心目标加以考虑,因此应急物流目标具有明显的弱经济性。

(四) 非常规性

应急物流本着特事特办的原则,许多平时物流过程的中间环节将被省略,整个物流流程将表现得更加紧凑,物流机构更加精干,物流行为表现出很浓的非常规色彩。例如在军事应急物流中,在以"一切为了前线、一切为了打赢"的大前提下,必然要有一个组织精干、权责集中的机构进行统一组织指挥物流行动,以确保物流活动的协调一致和准确及时;同样在地方进行的应急物流的组织指挥中,也带有明显的行政性或强制性色彩,如在1998年的抗洪抢险战斗中,庐山站作为九江地区抗洪最前沿的卸载站,承担了324个列车的卸载任务,列车卸载最短时间仅为20分钟,超过该站卸载能力的一倍。当然,这种行政性和强制性与普通意义上的行政干预是不同的,前者是由专业化的物流组织机构组织的,是应急物流目标实现的一个重要保证;而后者可能会取得适得其反的结果。

(五) 应急物流需求的事后选择性

由于应急物流的突发性和随机性,决定了应急物流的供给不可能像一般的企业内部物流或供应链物流,根据客户的订单或需求提供产品或服务。应急物流供给是在物流需求产生后,在极短的时间内在全社会调集所需的应急物资。

(六)流量的不均衡性

应急物流的突发性决定了应急物流系统必须能够将大量的应急物资在极短的时间内进行快速的运送。

(七)时间约束的紧迫性

应急物资多是为抢险救灾之用,事关生命,事关全局。应急物流速度的快慢直接决定了突发事件所造成的危害的强弱。

(八)社会公益性

在应急物流中社会公共事业物流多于企业物流,因此经济效益的重要性位于社会效益之后。

三、应急物流系统的结构

为了加快信息的交换速度,提高工作效能,将"减少组织层次,明确部门职能"作为应急物流系统部门设置的基本思想。应急物流系统可分为两部分:一是系统本部;二是加盟的物流中心、物流企业,见图8-1所示。

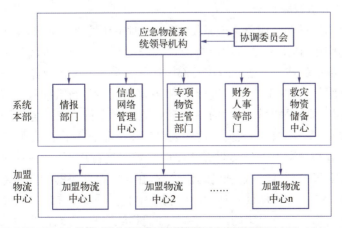

图 8-1　应急物流系统组织结构图

(一) 系统本部

这是整个系统的枢纽，平时的业务指导机构和灾时的指挥协调机构，自身并不进行物资采购、储存、运输配送等具体的业务。它的主要工作是通过各业务部门指导各加盟物流中心完善必要的应急软、硬件设备、设施，指挥下属的物流中心、物流企业和救灾物资储备中心采购什么、储备什么、输送什么、何时送、送到哪、发给谁等。使整个应急物流系统"有序、高效、实时、精确"。

(二) 各加盟物流中心、物流企业

他们是应急物流系统物资保障的具体执行机构。根据应急物流系统分配的任务，利用自身的业务优势、技术优势筹集、储备、配送救灾物资，以最快的速度，保质保量地将救灾物资送到灾区、灾民手中。

四、应急物流系统的主要组成部分及职能

(一) 应急物流系统领导机构

负责应急物流系统平时和救灾时期的组织领导工作。对上向主管的政府部门和该地区政府首脑负责并汇报工作，对下负责整个应急物流系统的组织管理工作，保证系统在平时及灾时的正常运转。

(二) 协调委员会

协调委员会是应急物流系统平时、灾时工作的协调机构，也可起智囊团的作用，协助领导机构保持应急系统的高效运转。协调委员会成员由两部分组成：一是政府相关部门领导成员。其职责是给系统提供各种有用信息，对系统工作进行协调，在必要时利用行政职权支持系统工作，保证系统平时和灾时的各项工作能顺利进行。二是各加盟物流中心、物流企业的领导人员。这些人对物流行业非常了解，是物流行业中的权威和专家人士。其职责是协助领导层进行决策，对各种应急方案进行审议，协助设计合理的运作流程，在救灾时期协助物资应急保障的协调工作。为了保证各加盟商业物流中心对系统工作的绝对支持和救灾时期物资应急保障的可靠性，各加盟物流中心、物流企业的领导必须是协调委员会的主要成员。

(三) 情报部门

情报部门主要负责灾前、灾中、灾后的情报收集与处理工作。长期与地震、气象、卫生防疫、环保等灾害监测部门保持密切、广泛的联系，及时掌握各种自然灾害、公共卫生、生产事故、环境污染等方面的情报，并做出准确的分析判断，将信息提供给系统的信息管理中心和专项物资主管部门，以便提前做好物资保障准备。

(四) 信息网络管理中心

负责信息管理、网络系统的构建维护工作。信息、网络系统是应急物流系统的基础设施，是系统工作的基本平台，是应急物流系统高效率、灵活性、可靠性的保证。应急物流系统通过该套网络系统与系统的各个部门、各个加盟的物流中心网络、信息系统进行连接。以便系统各专项物资管理部门了解各个物流公司的设备情况、人员情况、运营情况、运输能力、库房容量、主要业务等。在平时与公司间建立密切的联系，掌握公司动向，指导其完善应急设施等。在应急情况下根据各物流企业的特点，合理安排好救灾物资的筹集、采购、流通、配送等各项工作。应急物流系统的网络管理系统的建设工作是系统工作的重点，系统能否在突发性的自然灾害和公共事件中发挥应有的作用，全在于该系统的灵活性与可靠性。因此，网络管理系统的建设不仅仅是指软、硬件或网络的建设，更重要的是信息获取、处理的能力和通过信息对业务的调控等能力。例如，根据地震、气象、卫生等部门提供的信息能够预测救灾物资的种类和数量情况的能力，掌握自身资源的信息以及形成优化解决方案的能力，监控流程的动态信息以进行实时调整的控制能力等。网络信息系统的优劣应该以以上能力为标准，以解决实际问题为标准。

(五) 专项物资主管部门

主要负责单项物资的预算、预测和筹备工作，可分为医药类、食品类、被装类等主管部门。在收到情报部门或者其他可靠的灾情信息之后，指导相应的医药、食品、被装等物流中心预先做好物资的筹备、采购工作，以保证在灾情爆发或进入扩大阶段以前，便已有了充分的物资准备，可以在最短的时间内将应急物资送到灾区、灾民手中。

(六) 各加盟物流中心、物流企业

加盟的物流中心是应急物流系统得以成功运作的基础,是应急物流系统各项保障业务的具体执行机构。平时各自自主经营,进行正常的商业活动,在应急物流中心的指导下,完善应急设施,制定应急方案,并根据情况做好救灾物资的在库管理;灾害发生后,在应急物流系统的领导和指挥下做好应急物资保障工作。

(七) 救灾物资储备中心

为了加强对自然灾害和重大事故的救助能力,许多省市都建有救灾物资储备中心,专门用于储备救灾物资。救灾物资储备中心的建立,对于提高对重特大自然灾害和事故提供救灾物资紧急援助的能力,提高抗灾救灾水平,保障灾民的基本生活,维护社会的稳定意义重大。作为一个综合性的应急物流系统,建立这样一个直属的物资储备中心是很重要也是很必要的。救灾物资储备中心的主要职能包括三方面:一是负责本地区(或上级代储)救灾物资采购、储存、调拨、使用、回收、维修、报废等环节管理工作;二是保障本地区紧急救助物资按质按量供应;三是围绕救灾物资的储备功能,开展综合经营业务。根据这些职能,物资的储备具体包括三个层次:一是救灾物资的储存管理;二是协同应急物流中心做好救灾物资的调拨;三是救灾物资的使用和回收。

五、应急物流系统的保障机制

建立应急物流保障机制的目的在于使应急物流的流体充裕、载体畅通、流向正确、流量理想、流程简洁、流速快捷,使应急物资能快速、及时、准确地到达事发地。

(一) 政府协调机制

紧急状态下处理突发性自然灾害和突发性公共事件的关键在于政府对各种国际资源、国家资源、地区资源、地区周边资源的有效协调、动员和调用;及时提出解决应急事件的处理意见、措施或指示;组织筹措、调拨应急物资、应急救灾款项;根据需要,紧急动员相关生产单位生产应急抢险救灾物资;采取一切措施和办法协调、疏导或消除不利于灾害处理的人为因素和非人为障碍。

政府协调机制可通过"突发性自然灾害和公共事件协调处理机构"来实施,国家可以通过法律、法规形式给这些机构特定的权力和资源,并建立从中央政府到地方政府相应的专门机构、人员和运作系统。

(二)全民动员机制

动员是一项民众广泛参与,依靠民众自己的力量,实现特定社会发展目标的群众性运动。它以民众的需求为基础,以社会参与为原则,以自我完善为手段。应急物流中的全民动员机制可通过传媒、通信等技术手段告知民众受灾时间、地点、受灾种类、范围、救灾的困难与进展,民众参与赈灾的方式、途径等。

(三)法律保障机制

从世界范围来看,在应对突发性灾害的时候,国家相关法律法规起着重要的作用。一方面,相关法律可以保障在特殊时期、特殊地点、特殊人群的秩序和公正;另一方面,可以规范普通民众和特殊人群在非常时期的权利与义务,可为与不可为。应急物流中的法律机制实际上是一种强制性的动员机制,也是一种强制性保障机制。如在发生突发性自然灾害或公共卫生事件时,政府有权有偿或无偿征用民用建筑、工厂、交通运输线、车辆、物资等,以解救灾之需。许多国家都制定了上述功能的法律法规,如美国的《国家紧急状态法》、俄罗斯的《联邦公民卫生流行病防疫法》、韩国的《传染病预防法》等。

(四)"绿色通道"机制

在重大灾害发生及救灾时期,建立地区间的、国家间的"绿色通道"机制,即建立并开通一条或者多条应急保障专用通道或程序,可有效简化作业周期和提高速度,以方便快捷的方式通过海关、机场、边防检查站、地区间检查站等,让应急物资、抢险救灾人员及时、准确到达受灾地区,从而提高应急物流效率,缩短应急物流时间,最大限度地减少生命财产损失。"绿色通道"机制可通过国际组织,如国际红十字会,也可通过相关政府或地区政府协议实现,也可通过与此相关的国际法、国家或地区制定的法律法规对"绿色通道"的实施办法、实施步骤、实施时间、实施范围进行法律约束。

第二节 绿色物流

  经济发展问题一直是世界各国普遍关心的焦点问题。20世纪以来,随着科技进步和社会生产力的极大提高,人类创造了前所未有的物质财富,加速推进了经济发展的进程;与此同时,自然资源的急剧耗损和环境质量的不断下降等问题也日益突出。特别是第二次世界大战以后,人们对发展的理解是按照经济的增长来定义的,即以国民生产总值或国民收入的增长为重要目标,以实现工业化为主要内容。在这一发展观的指导下,世界各国都追求经济的高速增长,"烟囱"产业被看成是"朝阳"产业而备受推崇,并在第三次技术革命的推动下,人类在短时间内极大地刺激了生产力的发展,掠取自然资源的能力得到了空前的提高,经济发展达到了前所未有的高度。但与此同时,隐藏在发展背后的一系列危机暴露出来,人类被迫面临人口膨胀、资源短缺、环境污染、生态破坏以及发展不平衡等一系列日益严重的世界性问题。人类开始反思传统的经济发展模式。

一、可持续发展的含义及其本质

  可持续发展越来越受到世界各国的重视,但是,迄今为止,关于可持续发展尚未有一个统一的定义,不同学者和组织机构从不同的角度进行了界定。据统计,全球可持续发展的定义有一百多种。比较权威的定义有:布伦特莱委员会(1987年)认为,可持续发展是既满足当代人的需求,又不对后代人满足需求的能力构成危害的发展;联合国环境署第十五届理事会《关于可持续发展的声明》(1989年)认为,可持续发展是指满足当前需要又不削弱子孙后代满足需要的能力发展的发展,而且绝不包含别国国家主权的含义;世界银行(1992年)认为,可持续发展是指建立在成本效益比较与审慎的经济分析基础上的发展和环境政策,加强环境保护,从而导致福利的增加和持续发展水平的提高;联合国开发计划署高级顾问穆纳西荷(Munasnihge)(1996年)认为,持续发展是从产出最大化转向公平增长、消除贫困、提高效率三者协同的发展范式。

尽管对于可持续发展的定义多种多样,但是我们认为,可持续发展的本质是:健康的经济发展应建立在生态可持续、社会公正和人民积极参与自身发展决策的基础之上;可持续发展所追求的目标是既要使人类的各种需要得到满足,个人得到充分发展,又要保护资源和生态环境,不对后代人的生存和发展构成威胁。衡量可持续发展主要有经济、环境和社会三方面的指标,缺一不可。

可持续发展并不否定经济增长,但是,需要重新审视经济增长的实现方式和目的。可持续发展反对以最大利润或利益为取向、以贫富悬殊和资源掠夺性开发为特征的经济增长。它所鼓励的经济增长应是适度的、注重人类生活质量提高的,它以无损于生态环境为前提,以可持续性为特征,以提高人民生活水平为目的。

可持续发展以自然资源为基础,同环境承载能力相协调。可持续发展的实现,要运用资源保育原理,增强资源的再生能力,引导技术变革,使再生资源代替非再生资源成为可能,并运用经济手段和制定行之有效的政策,限制非再生资源的利用,使其利用趋于合理化。

可持续发展以提高生活质量为目标,同社会进步相适应。这一点是与经济发展的内涵和目的相同的。经济增长与经济发展的不同已成为共识,经济发展意味着贫困、失业、收入不均等社会经济结构的改善,可持续发展追求的正是可持续的经济发展。世界各国的发展阶段不同,发展的具体目标也各不相同,但发展的内涵均应包括改善人类生活质量,保障人类基本需求,并创造一个自由、平等及和谐的社会。

可持续发展是一个涉及经济、社会、文化、技术及自然环境等的综合性概念。分析可持续发展,不能把经济、社会、文化和生态因素割裂开来,因为与物质资料增长相关的定量因素同确保长期经济活动和结构活动以及结构变化的生态、社会与文化等定性因素是相互作用、不可分割的。同时,可持续发展又是动态的,它并不是要求某一种经济活动永远运行下去,而是要求不断地进行内部和外部的变革,在一定的经济波动幅度内,寻求最优的发展速度以达到持续稳定发展经济的目标。

二、绿色物流的概念

绿色物流是 20 世纪 90 年代中期才被提出的一个新概念,目前还没有统一的定义。国外一些学者对绿色物流的概念有不同的描述。

H. J. Wu 和 S. Dunn 认为,绿色物流就是对环境负责的物流系统,既包括从原材料的获取、产品生产、包装、运输、仓储直至送达最终用户手中的前向物流过程的绿色化,还包括废弃物回收与处理的逆向物流。

Jena-Pual Rodrigue、Barin Slaek 和 Claude Comtois 认为,绿色物流是与环境相协调的物流系统,是一种环境友好而有效的物流系统。

美国逆向物流执行委员会(RLEC)在研究报告中对绿色物流的定义是:绿色物流也被称为"生态型的物流",是一种对物流过程产生的生态环境影响最小化的过程。

丹麦出版的由 Bjonr N. Petersen 和 Palle Petersen 合著的 *Green Logistics* 中定义:绿色物流就是对前向物流和逆向物的生态管理。

从国外不同学者的定义可以看出,绿色物流实际上是一个内涵丰富、外延广泛的概念,凡是以降低物流过程的生态环境影响为目的的一切手段、方法和过程都属于绿色物流的范畴。

在我国 2001 年出版的《物流术语》(GB/T 18354—2001)中,对绿色物流的定义是:在物流过程中抑制物流对环境造成危害的同时,实现对物流环境的净化,使物流资源得到充分利用。

本书以可持续发展的原则为指导,再根据现代物流的内涵,给出"绿色物流"的定义:绿色物流是指以降低污染物排放、减少资源消耗为目标,通过先进的物流技术和面向环境管理的理念,进行物流系统的规划、控制、管理和实施的过程。

三、绿色物流的内涵

上述对绿色物流的各种定义,虽然有不同的表述,但其本质和内涵是基本相似的,可以从如下几方面进行分析。

第八章　新型物流

（一）绿色物流的最终目标是可持续发展

上述定义的共同之处就是，绿色物流即是对生态环境友好的物流，亦称生态型的物流。其根本目的是减少资源消耗、降低废物排放；这一目的实质上是经济利益、社会利益和环境利益的统一；这也正是可持续发展的目标。因此，绿色物流亦可称作是可持续的物流（Sustainable Logistics）。

一般的物流活动主要是为了实现企业的盈利、满足顾客需求、扩大市场占有率等，这些目标最终均是为了实现某一主体的经济利益。而绿色物流的目标是在上述经济利益的目标之外，还追求节约资源、保护环境这一既具经济属性，又具有社会属性的目标。尽管从宏观角度和长远的利益看，节约资源、保护环境与经济利益的目标是一致的，但对某一特定时期、某一特定的经济主体却是矛盾的。按照绿色物流的最终目标，企业无论在战略管理还是战术管理中，都必须从促进经济可持续发展这个基本原则出发，在创造商品的时间效益和空间效益以满足消费者需求的同时，注重按生态环境的要求，保持自然生态平衡和保护自然资源，为子孙后代留下生存和发展的权利。实际上，绿色物流是可持续发展原则与现代物流理念相结合的一种现代物流观念。

（二）绿色物流的活动范围涵盖产品的全生命周期

产品在从原料获取到使用消费，直至报废的整个生命周期，都会对环境有影响。而绿色物流既包括对从原材料的获取、产品生产、包装、运输、分销直至送达最终用户手中的前向物流过程的绿色化，也包括对退货品和废物回收逆向物流过程的生态管理与规划。因此，其活动范围包括了产品从产生到报废处置的整个生命周期。

生命周期不同阶段的物流活动不同，其绿色化方法也不同。从生命周期的不同阶段看，绿色物流活动分别表现为绿色供应物流、绿色生产物流、绿色分销物流、废弃物物流和逆向物流；从物流活动的作业环节来看，一般包括绿色运输、绿色包装、绿色流通加工、绿色仓储等。

（三）绿色物流的行为主体包括公众、政府及供应链上的全体成员

在产品从原料供应、生产过程、产品的包装、运输以及完成使用价值而成为废弃物后，即在产品生命周期的每一阶段，都存在着环境问

题。专业物流企业对运输、包装、仓储等物流作业环节的绿色化负有责任和义务。处于供应链上核心地位的制造企业,既要保证产品及其包装的环保性,还应该与供应链的上下游企业、物流企业协同起来,从节约资源、保护环境的目标出发,改变传统的物流机制,制订绿色物流战略和策略;实现绿色产品与绿色消费之间的连接,使企业获得持续的竞争优势。

另外,各级政府和物流行政主管,在推广和实施绿色物流战略中具有不可替代的作用。由于物流的跨地区和跨行业特征,绿色物流的实施不是仅靠某个企业或在某个地区就能完成的;也不是仅靠企业的道德和责任就能主动实现的。它需要政府的法规约束和政策支持。例如,对环境污染指标的限制、对包装废弃物的限制、对物料循环利用率的规定等,都有利于企业主动实施绿色物流战略,并与供应链上的企业合作,最终在整个经济社会建立起包括生产商、批发商、零售商和消费者在内的循环物流系统。

公众是环境污染的最终受害者。公众的环保意识能促进绿色物流战略的实施,并对绿色物流的实施起到监督的作用。因而,也是绿色物流不可缺少的行为主体。

四、绿色物流的特征

绿色物流除了具有一般物流所具有的特征外,还具有学科交叉性、多目标性、多层次性、时域性和地域性等特征。

(一) 学科交叉性

绿色物流是物流管理与环境科学、生态经济学的交叉。由于环境问题的日益突出以及物流活动与环境之间的密切关系,在研究社会物流和企业物流时必须考虑环境问题和资源问题;又由于生态系统与经济系统之间的相互作用和相互影响,生态系统也必然会对物流这个经济系统的子系统产生作用和影响。因此,必须结合环境科学和生态经济学的理论、方法进行物流系统的管理、控制和决策,这也正是绿色物流的研究方法。学科的交叉性使得绿色物流的研究方法非常复杂,研究内容十分广泛。

(二) 多目标性

绿色物流的多目标性体现在企业的物流活动要顺应可持续发展的战略目标要求。注重对生态环境的保护和对资源的节约，注重经济与生态的协调发展，即追求企业经济效益、消费者利益、社会效益与生态环境效益四个目标的统一。系统论观念告诉我们，绿色物流的多目标之间通常是相互矛盾、相互制约的，一个目标的增长将以另一个或几个目标的下降为代价。如何取得多目标之间的平衡？这正是绿色物流要解决的问题。从可持续发展理论的观念看，生态环境效益保证将是前三者效益得以持久保证的关键所在。

(三) 多层次性

绿色物流的多层次性体现在三个方面：首先，从对绿色物流的管理和控制主体看，可分为社会决策层、企业管理层和作业管理层三个层次的绿色物流活动，也可以说是绿色物流的宏观层、中观层和微观层。其中，社会决策层的主要职能是通过相关政策和法规的手段传播绿色理念、约束和指导企业物流战略；企业层的任务则是从战略高度、与供应链上的其他企业协同，共同规划和管理企业的绿色物流系统，建立有利于资源再利用的循环物流系统；作业层主要是指物流作业环节的绿色化，如运输的绿色化、包装的绿色化、流通加工的绿色化等。

其次，从系统的观点看，绿色物流系统是由多个单元（或子系统）构成的，如绿色运输子系统、绿色仓储子系统、绿色包装子系统等。这些子系统又可按空间或时间特征划分成更低层次的子系统，即每个子系统都具有层次结构；不同层次的物流子系统通过相互作用，构成一个有机整体，实现绿色物流系统的整体目标。最后，绿色物流系统还是另一个更大系统的子系统，这个更大的系统就是绿色物流系统赖以生存与发展的外部环境。这个环境包括了促进经济绿色化的法律法规、人口环境、政治环境、文化环境、资源条件、环境资源政策等方面，它们对绿色物流的实施将起到约束作用或推动作用。

(四) 时域性和地域性

时域性指的是绿色物流管理活动贯穿于产品的全生命周期，包括从原材料供应、生产内部物流、产成品的分销、包装、运输直至报废、回收的整个过程。绿色物流的地域性体现在两个方面：一是指由于经济的全球化和信息化,物流活动早已突破了地域限制,形成跨地区、跨国界的发展趋势,相应地,对物流活动绿色化的管理也具有跨地区、跨国界的特性;二是指绿色物流管理策略的实施需要供应链上所有企业的参与和响应,这些企业很可能分布在不同的城市甚至不同的国家。例如,欧洲有些国家为了更好地实施绿色物流战略,对于托盘的标准、汽车尾气排放标准、汽车燃料类型等都进行了规定,其他欧洲国家的不符合标准要求的货运车辆将不允许进入本国。跨地域、跨时域的特性也说明了绿色物流系统是一个动态的系统。

第三节 逆向物流

一、逆向物流的概念

"逆向物流"这一专业术语最早由 Stock 在 1992 年给美国物流管理协会(The Council of Logistics Management)的一份研究报告中所提出："逆向物流是指在产品的循环利用、废品的处理、有毒原料的管理中的物流;广义的逆向物流包括所有在节省原料、循环利用、调换物品、原料再次利用和处理中的所有相关物流活动。"

Kopicky 认为："逆向物流是一个宽泛的术语,涉及从包装到产品的物流管理及有毒/无毒废料的处理,包括逆向配送——这将导致产品、信息沿传统物流的反方向运动。"

Giuntini 和 Andel 将逆向物流简单地概括为：组织对来源于客户手中的物资的管理。

欧洲逆向物流管理协会 Revlog 认为,逆向物流是概括性的词。从广义上来说,逆向物流代表了与产品和材料重新使用相关的所有活动。对于这些活动的管理可以称为产品回收管理(PRM)。PRM 着眼于在产品或材料消耗之后仍进行适当管理。这些活动从某种程度上来说,与企业内部由于产品加工而导致的次品回收有几分相似。逆向物流是指为了保证可持续的(环保的)产品回收而产生的所有物流活动,包括对已用品、部件和/或材料进行收集、拆卸、加工。

美国逆向物流执行委员会(The Reverse Logistics Executive Council)主任 Dale S. Rogers 博士和 Ronald Tibben-Lembke 博士于 1999 年出版了第一本逆向物流著作(*Going Backwards: Reverse Logistics Trends and Practices*)。他们根据物流管理理事会对于传统正向物流的定义,将逆向物流定义为:以资源回收和合理处理废旧物品为宗旨,基于成本效益原则,有效地计划、实施和控制从顾客消费端到原始产出点之间的整个动态链上原材料、库存、产成品和相关信息的流通。美国物流管理协会在 1999 年采用了 Dale S. Rogers 和 Ronald Tibben-Lembke 对逆向物流的这一定义,因此该定义成为比较通用的一个定义。

我国 2001 年 4 月 17 日颁布的《物流术语》则将逆向物流分解为两大类:

回收物流(Returned Logistics):不合格物品的返修、退货以及周转使用的包装容器从需方返回到供方所形成的物品实体流动;

废弃物物流(Waste Material Loglstics):将经济活动中失去原有使用价值的物品,根据实际需要进行收集、分类、加工、包装、搬运、储存,并分送到专门处理场所时所形成的物品实体流动。

二、逆向物流的内涵

逆向物流的内涵可以从逆向物流的对象、流动目的和活动构成等方面来说明:

(1) 从流动对象看,逆向物流是产品、产品运输容器、包装材料及相关信息,从它们的最终目的地沿供应链渠道的"反向"流动过程;

(2) 从流动的目的看,逆向物流是为了重新获得废弃产品或有缺陷产品的使用价值,或者对最终废弃物进行正确处置;

(3) 从物流活动构成看,为实现逆向物流的目的,逆向物流应该包括对产品或包装物的回收、重用、翻新、改制、再生循环和垃圾填埋等形式。

尽管逆向物流涉及的范围较广,但最主要的流动还是废、次产品及包装材料从顾客、零售店向分销商或生产制造商的逆向流动。企业必须设计一个逆向物流系统,以保证这些废、次品的回收,并保证它们的使用价值得以恢复。

三、逆向物流形成的原因

(一) 逆向物流形成的社会原因

1. 经济的驱动

面对日益强大的消费者群体,在以服务营销为主导思想的全球化企业的经营战略中,许多公司将逆向物流看成提升竞争力的重要法宝。来自顾客和供应商的退货行为和产品召回行为使企业必须考虑逆向物流管理问题。逆向物流之经济上的动机有两个:一是增加废弃物处理费用,通过回收再利用,减少废弃物量节省费用。另一个是通过将再生配件和产品卖给其他消费者或利用于生产过程,以节省原材料的费用。新开发的再利用技术,利用更少的费用加强产品和原料的再利用,成为更有利的动机。

随着社会的发展,逆向物流的经济价值也逐步得到显现,国外许多知名企业把逆向物流战略作为强化其竞争优势、增加顾客价值、提高其供应链整体绩效的重要手段。其中Cohen通过实证研究发现,如果企业使用再制造方式的话,一年可以节省40%—60%的成本。

2. 环境的压力

经济全球化的推进也让各国开始密切关注环境保护问题,逆向物流越来越受到实践运营领域和管理研究领域的共同重视。随着资源枯竭的威胁加剧,垃圾处理能力日渐衰退,在众多工业化国家中,废品控制已经成为一个众人瞩目的焦点问题。因为对使用过的产品及材料的再生恢复,逐渐成为企业满足消费市场需求的关键力量。一些国家在环境保护法规中强调了生产企业在产品整个生命周期内的责任,或开始运用税收政策控制容易造成环境污染的产品,促使企业以"循环使用"理念取代"一次使用"的观念。而在顾客价值导向的今天,"绿色制造"已经成为市场竞争的又一招牌,消费者日益高涨的呼声也要求企业最大限度地降低产品与加工流程对环境的影响。各大厂商纷纷贴上环保标签,不仅保证降低产品在使用期间对环境的危害作用,而且承诺对产品及其零部件的回收责任。

3. 法律的压力

当前,国际社会越来越严厉的环境保护法规和污染收费制度,为企业的环境行为规定了一个新的约束性标准。政府的环境立法有效地推动了企业对他们所生产的产品的整个生命周期负责,而消费者生活质量的提高和对环境污染的关注更加深了这种趋势。许多国家已经强制立法,责令生产企业对产品的整个生命周期负责,并要求他们回收处理所生产的产品或包装物品等。在美国,议会在过去的几年中引入了超过2 000个固体废品的处理法案;1997年,日本国会通过了强制回收某些物资的法案。在欧洲,这种信息更加强烈。为了减少垃圾填埋法的废品处理方式,欧盟制定了包装和包装废品的指导性意见,并在欧盟成员中形成法律。意见中规定了减少、再利用和回收包装材料的方法,并根据供应链环节中不同成员的地位和相应的年营业额,提出了企业每年进行垃圾回收和产品再生的数量要求。法规的目的是使生产者共同承担产品责任。我国也越来越重视对废旧产品的处理问题。近几年,国家新制定出170项环境保护国家标准和行业标准,新颁布了500多项地方性法规。环保局提出的《污染物排放总量控制计划》和《跨世纪绿色工程规划》正在实施,并已逐步取得成效。

(二) 逆向物流形成的具体原因

经济全球化、网络经济和电子商务的迅速发展,使得企业生产能力不断增强,营销速度加快,单位时间产品输出量增大,但与此同时也会带来一系列的问题。

1. 退货问题

退货问题包括产品过期造成的退货、客户无理由退货、产品不合格导致的退货、产品运输不合理形成的退货、订单处理疏忽造成产品的重复运输及错误运输所形成的退货、产品有危害导致客户不满意的退货等。

2. 产品召回问题

产品创新是许多企业追求的目标,但创新产品生产体系和生产工艺的不成熟性,增加了产品缺陷的风险。世界上许多大型企业如

IBM、英特尔、福特等,都有过产品召回的历史。随着产品召回制度的形成,产品召回的次数和数量呈增长趋势。产品召回的过程亦是逆向物流形成的过程。

3. 报废产品回收问题

在市场空间争夺日益困难、显性生产成本已经很难再下降的情况下,通过报废产品的回收来进一步促使原料成本的下降,已经成为许多企业提高竞争力的下一步战略。国外许多发达国家,如日本、美国已经从20世纪末开始重视报废产品的回收。我国制造业对报废产品的回收也已经开始实施。可以肯定,报废产品的回收将会成为我国企业逆向物流的主流业务。

四、逆向物流的分类

为了日后对逆向物流成本收益进行细致而有效的分析,我们有必要将逆向物流进行分类分析。当然,不同的分析角度也会出现不同的分类方法,本文从逆向物流形成原因、回流物品特征和所经流程等角度将其进行不同的分类。

(一)按逆向物流形成原因分类

按成因、途径和处置方式的不同,逆向物流可以被区分为投诉退货、终端使用退回、商业退回、维修退回、生产报废与副品,以及包装物等六大类别。

1. 投诉退货

此类逆向物流的形成可能是由于运输差错、质量等问题,它一般在产品出售短期内发生。通常情况下,客户服务部门会首先进行受理,确认退回原因,做出检查,最终处理的方法包括退换货、补货等。电子消费品如手机、家用电器等通常会由于这种原因进入回流渠道。

2. 终端退回

这主要是经完全使用后需处理的产品,通常发生在产品出售之后的较长时间。终端退回可以是出自经济的考虑,最大限度地进行资产恢复,例如轮胎修复等这些可以再生产、再循环的产品,也可能是受制于法规条例的限制,对诸如超过产品生命期的一些白色和黑色家电等产品仍具有法律责任。

3. 商业退回

指未使用商品退回还款,例如零售商的积压库存,包括时装、化妆品等,这些商品通过再使用、再生产、再循环或者处理,尽可能进行价值的回收。

4. 维修退回

指有缺陷或损坏的产品在销售出去后,根据售后服务承诺条款的要求,退回制造商,它通常发生在产品生命周期的中期。典型的例子包括有缺陷的家用电器、零部件和手机。一般是由制造商进行维修处理,再通过原来的销售渠道返还用户。

5. 生产报废和副品

生产过程的废品和副品,一般来说是出于经济和法规条例的原因,发生周期较短,而且并不涉及其他组织。通过再循环、再生产,使生产过程中的废品和副品可以重新进入制造环节,得到再利用。生产报废和副品在药品行业和钢铁业中普遍存在。

6. 包装物

包装物的回收在实践中已经存在很久了,逆向物流的对象主要是托盘、包装袋、条板箱、器皿,考虑经济的原因,可以将重复使用的包装材料和产品载体通过检验清洗和修复等流程进行循环利用,降低制造商的制造费用。

(二) 按回流物品特征分类

按照逆向物流回流的物品特征和回流流程,可以将逆向物流分成以下三类。

1. 低价值产品的物料

这种逆向物流的显著特征是它的回收市场和再使用市场通常是分离的,也就是说,这种物料回收并不一定进入原来的生产环节,而是可以作为另外一种产品的原材料投入到另一个供应链环节中。从整个逆向物流过程来看,它是一个开环的结构。在此类逆向物流管理中,物料供应商通常扮演着重要的角色,他们将负责对物料进行回收、采用特殊设备再加工,而除了管理上的要求外,特殊设备要求的一次性投资也比较庞大。这些要求决定了物料回收环节一般是集中在一个组织中。高的固定资产投入一般都会强调规模经济的重要性，在这里也不例外。此类逆向物流对供应源数量的敏感性非常强，另外，所供应物料的质量如纯度等对成本的影响比较大，因此保证供应源的数量和质量将是物流管理的重心。

2. 高价值产品的零部件

这些产品主要有电子电路板、手机等。出于降低成本和获取利润等经济因素的考虑，这些价值增加空间较大的物品回收通常由制造商发起。此类逆向物流与传统的正向物流结合得最为紧密，它可以利用原有的物流网络进行物品回收，并通过再加工过程，还将进入原来的产品制造环节。在严格意义上，这才是真正的逆向物流。但是，如果进入回收市场的壁垒较低，第三方物流组织也可以介入其中。

3. 可以直接再利用的产品

最明显的例子便是包装材料的回收，包括玻璃瓶、塑料包装、托盘等，它们通过检测和清洗处理等环节便可以被重新利用。此类逆向物流由于包装材料的专用性而属于闭环结构，供应时间是造成供应源质量不确定性的重要因素，因而管理的重点将会放在供应物品的时点控制上，例如制定合理的激励措施进行控制，通过标准化产品识别标志简化物品检测流程。不仅如此，我们还可以看到，由于在此类逆向物流的物品回收阶段对管理水平和设备的要求不高，因此可以形成多个回收商分散管理的格局，由原产品制造商对这些回收商统一管理。在这种情况下，我们也可以应用供应链伙伴关系理论对他们之间的合作机制进行研究。

五、逆向物流的特点

逆向物流形成的原因有多种，由此决定了它至少有以下几个特点：

1. 逆返性

逆返性指产品或报废产品通过逆向物流渠道从消费者流向经销商或生产商。

2. 对于退货或召回产品,具有价值递减性

即产品从消费者流向经销商或生产商,其中产生的一系列运输、仓储、处理等费用都会冲减回流产品的价值。

3. 对于已报废产品,具有价值递增性

即报废产品对于消费者而言,没有什么价值,随着逆向回流,报废产品在生产商终端可以实现价值再造。

4. 信息传递失真性递增

即产品从客户流回企业的过程中,退货原因的多级传递会造成信息扭曲失真,产生"长鞭"效应。

第四节 冷链物流

近年来,随着我国经济的发展,人们生活水平不断提高,生活节奏不断加快,人们花在厨房里的时间越来越少,再加上微波炉等现代厨房用具的普及,对冷冻冷藏食品的认知度越来越高,迅速拉动了冷冻冷藏食品的消费。冷冻冷藏食品每年增产约10%,其中市场份额最大、发展最迅速的是预制食品。冷冻肉制品和鱼类的销售额也强劲增长,在我国收入较高的发达城市,冷冻肉已占到人均年消费肉量的10%—15%。冷藏蔬菜的发展也很快,尽管目前冷藏蔬菜的消费总量仍较小,但是随着保鲜技术水平和产品质量的提高,会有越来越多的消费者接受这种产品。其他冷冻冷藏食品,如冷饮、乳品和速冻食品的消费量也逐年递增。

随着人们生活水平的提高,人们越来越关注食品安全问题。据统计,我国每年食物中毒报告例数约为24万人,专家估计这个数字尚不到实际发生数的1/10。尽管我国政府采取一系列措施加强流通安全工作,但在我国食品流通系统中,存在很大的安全隐患,不时威胁人民的生命安全。从总体来看,中国食品质量安全形势依然严峻,尤其是在流通环节存在严重问题,在食品供应链的各个环节上问题频频发生,令人担忧。

在我国食品流通企业中,中小型企业占有相当大的比例,普遍存在着食品安全控制技术水平落后,设施老化,检测能力低等问题,且尚未具有完善的食品安全危害因素分析与控制管理体系,无法开展基于风险分析的食品安全控制、检测与管理活动。据统计,目前我国食品流通领域80%以上的生鲜食品采用常温保存、流通和加工,根本不能控制整个流通环节的安全与卫生。

一、冷链物流的概念

冷链起源于19世纪上半叶冷冻剂的发明,到了电冰箱的出现,各种保鲜和冷冻食品开始进入市场和消费者家庭。到20世纪30年代,欧洲和美国的食品冷链体系已经初步建立。40年代,欧洲的冷链在二战中被摧毁,但战后又很快重建。现在欧美发达国家已形成了完整的食品冷链体系。

1955—1965年,日本经济的高速增长促进了流通革命,在冷链中的体现主要是在果蔬的分级、挑选、清洗、加工、包装、预冷、冷藏、运输和销售中采用冷链保鲜技术。1975年,为了进一步提高与冷链相关问题的研究水平(这些问题包括生鲜食品的温度与品质的关系、适宜的温度管理方法和适宜的低温流通设施以及冷链机械的开发等),日本农林水产省成立了食品低温流通推进协议会,研究整理出《低温管理食品的品质管理方法及低温流通设施完善方向》,制定了食品低温流通温度带,即生鲜食品的流通温度为-4℃—5℃,并发行了《低温链指南》,使生鲜食品冷链保鲜技术进入了基本完善的阶段。

食品冷链(Cold Chain)是指易腐食品从产地收购或捕捞之后,在产品加工、贮藏、运输、分销、零售,直到转入到消费者手中,其各个环节始终处于产品所必需的低温环境下,以保证食品质量安全、减少损耗、防止污染的特殊供应链系统(图8-2)。

目前冷链适用的食品范围包括:

初级农产品:蔬菜、水果;禽、肉、水产等包装熟食;冰淇淋和奶制品;快餐原料。

特殊商品:药品。

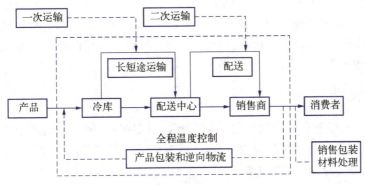

图 8-2 冷链物流的概念模型

二、冷链物流的构成

食品冷链由冷冻加工、冷冻贮藏、冷藏运输及配送、冷冻销售四个方面构成。

(一) 冷冻加工

包括肉禽类、鱼类和蛋类的冷却与冻结,以及在低温状态下的加工作业过程;也包括果蔬的预冷、各种速冻食品和奶制品的低温加工等。在这个环节上主要涉及的冷链装备是冷却、冻结装置和速冻装置。

(二) 冷冻贮藏

包括食品的冷却储藏和冻结储藏,以及水果蔬菜等食品的气调贮藏,它是保证食品在储存和加工过程中的低温保鲜环境。此环节主要涉及各类冷藏库/加工间、冷藏柜、冻结柜及家用冰箱等。

(三) 冷藏运输

包括食品的中、长途运输及短途配送等物流环节的低温状态。它主要涉及铁路冷藏车、冷藏汽车、冷藏船、冷藏集装箱等低温运输工具。在冷藏运输过程中,温度波动是引起食品品质下降的主要原因之一。所以,运输工具应具有良好的性能,在保持规定低温的同时,更要保持稳定的温度,远途运输尤其重要。

(四) 冷冻销售

包括各种冷链食品进入批发零售环节的冷冻储藏和销售,它由生产厂家、批发商和零售商共同完成。随着大中城市各类连锁超市的快速发展,各种连锁超市正在成为冷链食品的主要销售渠道。在这些零售终端中,大量使用了冷藏/冷冻陈列柜和储藏库,它们成为完整的食品冷链中不可或缺的重要环节。

三、冷链物流的特点

与一般的食品物流相比,冷链物流是以保证易腐食品的质量为目的的,因此它对物流的要求更高,主要有以下三个特点:

(一)冷链物流要求高

主要表现为:

(1) 由于大部分冷藏食品的生鲜或鲜活性,使得它们在运输中需要防腐保质,需要采用特定的低温运输设备或保鲜设备等组织冷链物流;

(2) 冷链食品一般保鲜期短,极易腐烂变质,冷链食品物流服务半径受限,因此对运输效率和流通保鲜条件提出了更高要求;

(3) 易腐食品的特性决定冷链的各个环节(冷藏、冷冻、产地的冷藏以及控温运输)必须具有连贯性。

(二)冷链物流效率低,成本高

有数据表明,仅仅由于冷链食品在运输过程中的损耗,使得整个物流费用占到易腐食品成本的70%,而按照国际标准,易腐食品物流成本最高不超过其总成本的50%。这是因为目前我国冷链食品生产企业普遍规模较小、较分散;而农贸市场、超市、专卖店、餐饮企业、大型企事业单位等需求也有同样的特点。这使冷链食品在流通过程中不可避免要进行一次或多次集散,增加了冷链食品的流通环节,而多环节的流通链条,不仅降低了流通效率,造成了相当一部分冷链食品的损失,而且进一步增加了流通成本。

(三)冷链物流信息传递效率低

冷链物流各个环节信息传递不畅,使库存、装卸、运输等缺乏透明度,造成冷藏产品在配送、运输途中发生无谓耽搁,风险及成本增加。而目前的冷链信息系统功能还不完善,不能及时对市场需求进行有效预测,不能发挥有效的信息导向作用,导致信息延滞,从而造成冷链食品流向的盲目性。

四、冷链物流的关键技术支撑要素

(一) 冷藏、保温车

随着社会经济的飞速发展和人民生活水平的不断提高,人们对冷藏食品的需求不断增多,冷藏、保温车主要用于生鲜农副产品和食品饮料的储运。由于其具有冷藏、保温的特殊功能,能满足生鲜食品冷藏运输中的保鲜和冷冻要求,使其在冷链物流中扮演着重要的角色,成为冷链物流的宠儿。

冷藏、保温汽车是重要的公路冷藏运输工具,用以运输易腐烂货物和对温度有特定要求的货物,如鱼、肉、新鲜蔬菜、水果和其他食品等。冷藏、保温汽车与普通载货汽车的区别在于其具有封闭的、绝热的车厢和独立的产生冷气的制冷机组。

用保温汽车运输易腐货物时,车厢的隔热层起着阻滞车厢内外热交换的作用,而厢内货物的热容量也起着维持车厢内原有温度的作用。运输过程中,外界传入的热量和食物放出的热量会导致车厢内温度的升高。所以,保温汽车只适用于短距离运输和运输适温范围较宽的易腐货物。

冷藏汽车按制冷方式分为:机械冷藏汽车、液氮冷藏汽车、冷板冷藏汽车和干冰冷藏汽车。

冷藏、保温车按照所选用的底盘的吨位分为重型、中型、轻型和微型冷藏、保温汽车,如表 8-1 所示。

表 8-1 冷藏、保温汽车分类　　　　　　　　　　　　单位:吨

底盘吨级	总质量	同类底盘货车装载质量	冷藏汽车装载质量	保温汽车装载质量
微型	<2.4	<1	<0.5	<0.75
轻型	2.4—6.2	1—3	0.5—2	0.75—2.5
中型	6.2—15	3—8	2—6	2.5—6.5
重型	>15	>8	>6	>6.5

(二) 冷库

冷库作为专业化的仓库,具有较为特殊的布局和结构,用具、货物也较为特殊,对管理技术、专业水平要求较高。冷库存放的多是食品,管理不善不仅会造成货损事故,还会发生食品不安全事故,影响人民的身体健康。

冷库按照用途不同,分成冷冻库和冷藏库。冷冻库库温较低,用于快速冷却食品;冷藏库库温较高,用于长时间冷藏食品。所以,必须按照货物的类别和保管温度的不同分类使用库房,不得为了最大限度地利用库房面积,把各种控制温度不同的货物混杂在一起存放,致使食品间串味、微生物交叉污染,存货品质下降,甚至影响食用者健康。应杜绝食品混藏的现象,做好食品的系统分类。

冷库库房要保持清洁、干燥,经常清洁、清除残留物和结冰,库内不能出现积水。食品每冷加工一次就要做机械除霜,冷加工 3 至 4 次就要用氨蒸汽热融除霜。而且应随着冷却器上的霜层增加经常进行。同时还需经常通风换气,保持库内含氧量和湿度。

对于出入库等冷货作业,为了减少能耗,出入库作业应选择在气温较低的时段进行,集中作业力量,尽可能缩短作业时间。对于冻结库来讲,冻结作业多采用搁架排管冻结,这种方法虽然速度很快,但是却加大了上架、下架的操作难度,直接影响出入库的时间,对工人的劳动强度要求也比较大。为了解决这个问题,冷库应在货物冻结前在预处理的细化、标准化,以及如何降低上下架难度,增加机械化程度,提高效率上下工夫。对于冷藏库,问题主要在货物的堆垛上,要求既不能胡乱摆放也不能追求堆垛密度而影响换气和冷风流动,应严格按照规章进行,堆垛间距要合适,货堆要稳定,不能太高。存期长的应存放在库里端,存期短的应存放在库门附近。

长期在冷库低温封闭的环境下工作,对劳动人员的伤害比较大。同时库房中氨气的挥发也对工人的呼吸系统造成慢性伤害。低温环境还会造成设备的材料强度、性能降低,这都需要引起足够重视。对于进入库房的人员,必须要求保温防护,穿戴手套、工作鞋,尽量减少在库内停留时间。进入库房前,尤其是长期封闭的库房,需进行通风,防止由

第八章 新型物流

于植物和微生物的呼吸作用使二氧化碳浓度增加,造成氧气不足而窒息。库房和机房内应时时监控制冷剂浓度以及各处管道、容器压力,防止制冷剂中毒和爆炸的发生。

(三) 现代信息技术

EDI 的使用,除了能够提高冷链物流企业内部的生产效率,降低运作成本,改善渠道关系,提高对客户的响应,缩短事务处理周期,减少订货周期以及不确定性,提高企业的国际竞争力之外,利用 EDI 相关数据,并借助于某些 ERP 软件,还能够对未来一段时期内的销售进行预测,从而控制库存水平,缩短订单周期,提高顾客满意度。

据 Texas Instruments 公司的报告,EDI 已经将其装运差错减少 95%,实地询问减少 60%,数据登录的资源需求减少 70%,以及全球采购的循环时间减少 57%。EDC 公司通过将 EDI 和 MRP 结合起来,使 MRP 实现电子化,公司库存因而减少 80%,交货时间减少 50%。

目前我国大多数连锁零售业都建立了 POS 系统,有的甚至已经采用无线 POS 系统,因此零售商能够获得动态的销售信息。如果能将信息再通过 EDI 及时地传至制造商,实现信息数据共享,那么制造商就能根据市场需求的变化相应地调整生产,避免过高的库存水平,零售商也能及时地得到批发商(或制造商)的补货,以免产生缺货的现象,这样整条冷链上的成员都能从中获得收益。

众所周知,对于冷链管理来说,信息的准确性和及时性是其中的关键因素,RFID 技术能够对此提供充分的保证,其技术特点也使其非常适合于在该领域中的应用。RFID 系统能够使冷藏供应链的透明度大大提高,物品能在冷链的任何地方被实时地追踪,同时消除了以往整个冷链体系中各环节上的人工错误。安装在工厂、配送中心、仓库及商场货价上的阅读器能够自动记录物品在整个冷链的流动——从生产线到最终的消费者。

 **本章小结**

现代物流理念已经意识到物流业是一个地位较弱的产业,它不能独立地创造价值,而是依附于其他产业创造附加值,物流服务者和接受

者之间由竞争关系转变为合作关系,成为利益共同体,这样的服务提供者就必须充分考虑服务对象的需求和利益。同时,现代物流始终追求系统的整体效益最大化,而这个系统不仅限于各个功能组成的内部系统,而是涉及由物流连接的整个供应链系统及其所在的社会和自然环境大系统。伴随着"绿色物流"、"逆向物流"等新型物流理念在全球的推广,高消耗、高污染的传统物流业发展模式将受到限制或付出高昂的代价,同时,"服务更好"而不是"价格更低"的物流企业将在市场中获得更加有利的竞争地位和更加合理的回报,物流业的外部成本与外部效益将逐渐内部化。新型物流理念的进化推动产业发展模式的转变,产业回报与社会、环境效益将在共同的利益基础上推动现代物流业健康、快速、持续发展。

思考题

1. 应急物流的概念和特点。
2. 应急物流系统的主要组成部分及职能。
3. 结合实际说明应急物流的保障机制。
4. 绿色物流的概念和内涵。
5. 绿色物流的特征。
6. 逆向物流的概念和内涵。
7. 逆向物流形成的原因。
8. 逆向物流的特点。

练 习 题

一、单项选择题

1. 将经济活动中失去原有使用价值的物品,根据实际需要进行收集、分类、加工、包装、搬运、储存,并分送到专门处理场所时所形成的物品实体流动称为(　　)。

　　A. 废弃物物流　　　　　　B. 绿色物流

C. 回收物流　　　　　　D. 应急物流
2. 绿色物流也可以称之为(　　)。
   A. 第一方物流　　　　　B. 第二方物流
   C. 可持续发展物流　　　D. 第三方物流
3. 下列适合食品冷链运输的物品是(　　)。
   A. 矿泉水　　　　　　　B. 压缩饼干
   C. 蔬菜　　　　　　　　D. 奶粉
4. 可能发生应急物流的情况是(　　)。
   A. 产品质量不合格　　　B. 突发地震
   C. 企业的废弃物处理　　D. 配送物品时出了差错
5. 绿色物流管理活动贯穿于产品的全生命周期,体现了绿色物流的什么特性?(　　)
   A. 学科交叉性　　　　　B. 多目标性
   C. 多层次性　　　　　　D. 时域性
6. 不合格物品的返修、退货以及周转使用的包装容器从需方返回到供方所形成的物品实体流动称为(　　)。
   A. 废弃物物流　　　　　B. 绿色物流
   C. 回收物流　　　　　　D. 应急物流

二、多项选择题

1. 食品冷链的构成部分包括(　　)。
   A. 冷冻加工　　　　　　B. 冷冻贮藏
   C. 冷藏运输及配送　　　D. 冷冻销售
   E. 冷冻设备
2. 绿色物流的特征包括(　　)。
   A. 学科交叉性　　　　　B. 多目标性
   C. 多层次性　　　　　　D. 时域性
   E. 地域性
3. 逆向物流形成的具体原因包括(　　)。
   A. 退货问题　　　　　　B. 产品召回问题

C. 报废产品回收问题　　D. 经济的驱动

E. 环境的压力

4. 冷链物流的特点包括（　　）。

A. 冷链物流要求高　　B. 效率低

C. 信息传递效率低　　D. 成本高

E. 效益高

5. 绿色物流的多层次性体现在以下哪几个方面？（　　）

A. 社会决策型　　　　B. 企业管理层

C. 作业管理层　　　　D. 运输层

E. 仓储层

6. 以下哪些物品适合冷链物流？（　　）

A. 蔬菜　　　　　　　B. 水果

C. 冰淇淋　　　　　　D. 鲜奶

E. 新鲜水产

三、是非题（A 为正确，B 为错误）

1. 绿色物流的最终目标是可持续发展。（　　）

2. 应急物流是在各类突发事件中对物资、人员、资金的需求进行紧急保障的一种一般物流活动。（　　）

3. 食品冷链（Cold Chain）是指易腐食品从产地收购或捕捞之后，在产品加工、贮藏、运输、分销、零售，直到转入到消费者手中，其各个环节始终处于产品所必需的低温环境下，以保证食品质量安全、减少损耗、防止污染的特殊供应链系统。（　　）

4. 在应急物流中社会公共事业物流多于企业物流，因此经济效益的重要性高于社会效益。（　　）

5. 从生命周期的不同阶段看，绿色物流活动分别表现为绿色运输、绿色包装、绿色流通加工、绿色仓储等。（　　）

6. 从流动的目的看，逆向物流是产品、产品运输容器、包装材料及相关信息，从它们的最终目的地沿供应链渠道的"反向"流动过程。（　　）

案例分析题(一)

北京奥运食品冷链物流里程碑

资料来源:中国食品产业网,2008-09-10

百年奥运后的第一站——北京奥运不仅仅是世界体育的盛事,更是菜肴文化的典礼。中国菜素以色、香、味、形俱佳而闻名中外,北京奥运村里的美食一直让各国运动员赞不绝口。有报道说,如果菜肴也有奖牌榜的话,北京烤鸭一定高居榜首。澳大利亚的报纸甚至幽默地说,是北京烤鸭帮助澳大利亚选手特里克特赢得100米蝶泳金牌。

台上一分钟,台下十年功。在琳琅满目、花色多样的美食背后,活跃着大量负责奥运食品安全、食品物流的工作人员。2008年北京奥运会食品物流体系由三个集合的交集涵盖而成:奥运物流、食品物流和冷链物流,其中奥运物流是对物流时间的限定,食品物流是对物流类别的限定,而冷链物流则是实现奥运食品物流安全的核心保障。

奥运会是典型的固定赛事日程的赛会,赛时对食品的需求非常严格,要求物品按照4R(准确的品种、准确的数量、准确的时间和准确的地点)原则供应,同时保证食品的质量安全。要保证千万种各种温度要求的食品经过生产企业、物流分配、零售业态的交叉组合,最终到达食用者手中时的品质是安全的,就要求食品物流在上述各种交叉组合的过程中始终保持着一定限值的温度,同时必须有一套完整的冷链系统做保障。

冷链食品不但要求保鲜,还要特别注意安保环节,而奥运食品安全至关重要,一旦出现质量安全问题,就会危及参赛人员的身体健康,影响奥运会的正常进行,整个流程不能有丝毫松懈,这使得奥运冷链配送相比其他普通冷链配送,有更大的压力和更高的难度,对于参与奥运冷链配送的企业也有更高的要求。

"奥运期间主办及协办城市未发生重大食品安全事件。"在9月3日举行的国家食品药品监督管理局新闻发布会上,新闻发言人颜江瑛介绍说,奥运期间食品、药品实现了"零差错、零事故、零投诉",这一圆满结果来源于俏江南与冷链物流合作伙伴荣庆的合作,也来源于荣庆与其物理信息化合作伙伴博科资讯的合作。

为确保北京奥运食品供应的安全性,奥运会餐饮供应商俏江南携手中国第一冷链物流供应商山东荣庆物流,全面启用奥运食品、奥运冷链安全监控和追溯系统。将奥运食品备选供应基地、生产企业、物流配送中心、运输车辆、餐饮服务场所纳入监控范围,对奥运食品种植、养殖源头、食品原材料生产加工、配送到奥运餐桌,进行全过程监控和信息追溯。奥运食品冷链物流对流体的可溯源性要求高,实现奥运供给食品的可溯源,从供应源到消费地对食品实施全程监控,确保奥运食品安全。

为了提高服务品质,确保奥运冷链物流安全,荣庆公司邀请博科资讯帮助其整合物流管理流程,上线信息化物流管理系统。博科资讯通过物流供应链管理软件MySCM系统对荣庆的整个物流业务流程进行统一规划,建立起平台化信息系统,从订单管理开始,进行多样化物流订单处理,精细化、自动化仓储作业管理,智能化运输调度及过程管控,配以个性化的计费规则设定,并装备奥组委配备的GPS定位系统,采用卫星全球定位系统进行奥运物流运输车辆的调度和跟踪,双重保障奥运食品安全。

和欧美国家相比,中国在冷链物流、食品物流硬件设备上、技术保障和管理水平上存在很大的差距。北京奥运食品物流系统的实践,对于我国食品冷链物流的发展而言,是一次绝佳的实战锻炼机会。近年来,我国冷链物流市场规模和需求增速不断加快,仅食品行业冷链物流的年需求量就在1亿吨左右,年增长率在8%以上。目前,国内有1万多家超市亟待引入冷冻技术和寻求合作伙伴,农业市场对其有更大的需求,而一些大城市则设想在5年内建立并完善食品冷链系统。专家指出,中国冷链产业的壮大,不仅需要借鉴欧美等国及企业带来的先进经验,更要尽早完善科学合理的政策和法规,还需要食品物流各环节协调机制的建立、食品物流技术的进一步提高等一系列条件的支持,才能撑起食品安全的"蓝天"。

请思考：

1. 请简述食品冷链物流的特殊性和重要性。
2. 请论述北京奥运食品冷链物流的特点。
3. 试比较国内外冷链物流的区别。

案例分析题（二）

麦当劳冷链物流

近年来，随着我国的经济发展，人们的生活水平不断提高，对冷冻、冷藏食品的认知度也越来越高，迅速拉动了冷冻、冷藏食品的消费，其每年增产约为10%。随着产销量的快速增长，我国的冷藏物流业将进入快速增长时期。但不能否认的是，我国冷藏物流还处于初级发展阶段，并存在冷藏运输基础设施落后、运输损耗大、冷藏物流技术有待提高、第三方物流发展缓慢、流通渠道尚未完善等问题，尤其是基础设施落后的问题最引人注目。

相比之下，国外冷链物流的发展较为成熟，不少欧美发达国家已形成了完整的食品冷链体系。在运输的过程中，全部采用冷藏车或冷藏箱，并配以先进的管理信息技术，建立了包括生产、加工、储藏、运输、销售等在内的新鲜物品的冷冻、冷藏链，使新鲜物品的冷冻、冷藏运输率及运输质量的完好率都得到极大提高。在这方面，麦当劳公司体现得较为明显。

细节决定质量

1990年，麦当劳公司在深圳开设了中国的第一家餐厅，也就是从那时起，在我国多数人还没有听过"物流"这个名词的时候，麦当劳就将其先进的物流模式带进了中国。随着多年的发展，其提供的食品质量受到消费者普遍的赞誉,这主要是因为麦当劳很成功地运行了自己的冷链物流,保证了食品的质量。

麦当劳对其食品冷链物流的管理不是采取自营模式,而是将业务外包给夏晖公司进行管理。麦当劳之所以将冷链物流的管理业务进行外包,除了想为自身赢得更全面、更专业化的服务外,还能在解决本企业资源有限的同时,更专注于核心业务的发展以及带来增值性服务。

据了解,麦当劳的冷链物流标准,涵盖了温度记录与跟踪、温度设备控制、商品验收、温度监控点设定、运作系统SOP的建立等领域。即便是在手工劳动的微小环节,也有标准把关。在中国,麦当劳还在考虑应用一些国家制定的物流业服务标准和技术标准,以便把工作细化到MRP或者VMI系统的各个节点,进而对整个流程实施控制和跟踪。除此之外,麦当劳对其所有的餐厅实行统一的标准化管理,从对员工的要求到对店长的要求,从对食品制作的要求到对食品运输的要求来讲,麦当劳在全球范围内自始至终的执行着一整套的标准化管理。

麦当劳不仅是对于食品运输、储存有着严格的要求,对于货物装卸过程也有着严格的标准要求。在搬运货物的时候,搬运人员并不是直接与货物接触,而是将货物放在托盘上,进行整体性的搬运。这样做,不仅能避免人员接触对食品的污染,而且能快速的搬运大量物品,从而也保证了在严格控制时间内完成装卸货的任务。

在不少企业还把标准化当作一种技术来处理时,麦当劳已经利用它们构建起了一套有效的食品安全管理系统。在麦当劳看来,凡是在生产、储存中有要求的地方,不论普通食品还是冷冻食品,都应该设置这种标准。目前,麦当劳正在积极引入一套由美国食品物流协会开发的认证体系,并希望把这种适用于美国航天员的食品标准,逐步扩展到整个食品行业。

外包的效益

麦当劳公司通过对夏晖公司冷链物流的过程管理,从而实现对自己餐厅销售的食品质量的控制。一般麦当劳公司通过订单管理和库存与配送管理进行管理。

第八章　新型物流

麦当劳餐厅的经理需要预先估计安全库存,一旦库存量低于安全库存,便进入订货程序。麦当劳采取在网上下订单,将订单发往配销中心。夏晖公司在接到订单之后,便能够在最短的时间内完成装货、送货一系列过程。只有这种网上订货的方式还不够。每天,餐厅经理都要把订货量与进货周期对照,一旦发现问题,立刻进入紧急订货程序。虽然紧急订货不被鼓励,但一经确认,两个小时后货品就会被送到餐厅门口。麦当劳通过对其订单的有效管理,实现了仓库储备的货物总能保证在安全库存之上,保证随时能够满足消费者对食品的任何要求。

麦当劳对夏晖公司的库存与配送也有很高的要求,提出了"保证准时送达率、保证麦当劳的任何一个餐厅不断货、保持每一件货物的质量处在最佳状态"三点基本要求。其中,保证货物的新鲜度是难度较大的环节。在接到订单后,夏晖公司就开始准备装车的工作。所有需要的货物都在夏晖公司位于北京市大兴区经济开发区的物流配送中心进行配送作业。在装货的过程中,冷冻、冷藏运输车辆停靠在装货的车道内,能与冷库实现完全的密封性对接。两个公司为了保证营业期间食品的新鲜,冷藏库坚持"先进、先出"的进出货方式,并对物品入库和提出环节也制定了严格的标准。

当食品运到麦当劳餐厅时,麦当劳餐厅经理首先会提前做一系列准备工作。例如,检查冷藏和冷冻库温是否正常,抽查产品的接货温度,检验产品有效期,检查包装是否有破损和污染等情况,如果任何一个环节不符合要求,货品都要退回夏晖公司。

为了满足麦当劳冷链物流的要求,夏晖公司在北京地区投资建立了一个占地面积达12 000平方米、拥有世界领先的多温度食品分发物流中心,配备了专业的三温度(冷冻、冷藏、常温)运输车辆。中心内设有冷藏库、冷冻库及干货库,各个库区都有极其严格的温度、湿度的要求,从而保证产品的品质。

请思考:

1. 食品冷链的含义是什么?
2. 根据案例分析食品冷链主要构成要素包括哪些环节?

第九章

物流金融

 **学习要点**

- 了解物流金融产生的背景,掌握物流金融的含义
- 了解物流金融服务的原理,掌握物流金融所产生的效用
- 掌握物流金融的运作模式,理解每种模式的运作思路
- 掌握物流金融服务的内容,了解物流金融服务的风险
- 学会对物流金融风险进行有效预防和控制
- 了解我国金融物流服务的发展现状、存在的问题及具体对策

 导引案例

UPS 的物流金融服务

美国联合包裹服务公司(UPS)是全球最大的快递和包裹运送公司,是美国经济的支柱企业之一。总部设在亚特兰大,其业务网点遍及全球两百多个国家和地区,目前公司拥有超过 15 000 辆的地面运输能力,每天为全球超过 700 000 用户运送近 1 360 万份包裹和文件,2003 年营业收入达 498 亿美元。

UPS 很早就认识到物流金融业务的巨大价值和广阔发展空间,较早涉足了这一业务领域。UPS 依托自身良好的信誉和强大的资金实力,结合自己对物流过程中货物实际监控,在为发货方和货主提供物流服务的同时,也提供金融性的服务。早期,UPS 的物流金融业务主要

是资产流通模式,即从事垫付货款和代收货款业务。其操作流程是:当 UPS 为发货人承运一批货物时,UPS 为提货人预付一半货款,而将承运的货物作抵押。当提货人提货时则交付全部货款给 UPS,UPS 在扣除有关费用和收回垫付的货款后,将余款还给发货人。这样,一笔货运业务就完成了垫付货款和代收货款两笔物流金融业务。

UPS 推出物流金融业务后,受到企业的欢迎,业务规模迅速发展壮大。为了更好地服务客户,UPS 在 1998 年投入巨资专设投资公司(UPS Capital Corp),专业从事物流金融服务,业务模式从垫付货款和代收货款业务发展到垫付货款、代收货款、质押贷款、设备租赁和国际贸易融资等,但其代收货款业务还是 UPS 物流金融服务的核心。UPS 在开展代收货款业务时,会产生一个资金流动的时间差,即这部分资金在交付前有一个沉淀期。在资金的这个沉淀期内,UPS 等于获得了一笔无息贷款。UPS 用这笔不用付息的资金从事贷款,而贷款对象仍为 UPS 的客户或者限于与快递业务相关的主体。

2001 年 5 月,UPS 并购了美国第一国际银行(First International),将其改造成为 UPS 金融公司。由 UPS 金融公司推出包括开出信用证、兑付出口票据等国际性产品和服务业务。至此,UPS 物流金融业务模式已发展到了综合运作模式,物流服务和金融服务实现了一体化,UPS 已兼有物流供应商和银行的双重角色。

相对传统的物流服务,UPS 在提供物流服务中增加金融服务,不但提高了物流服务能力,稳定了客户,而且大大提高了利润率。一是 UPS 提供物流金融服务,不但可以收到一笔可观的手续费,重要的是,对于代收货款业务,由于代收的资金有个沉淀期,UPS 等于获得了一笔不用付息的资金,UPS 将这笔不用付息的资金向其客户提供短期流动资金贷款业务,又获得了一笔收入。这样,这笔资金不仅充当了支付功能,而且具有资本与资本运动的意义,并且这种资本运动紧密服务于业务链的运动之中。二是物流金融服务可以扩大物流服务市场的占有率。对于供应商来说,物流金融服务可以帮助其尽快收回资金,提高其资金周转率;而对于采购商,由于只直接和 UPS 进行一对一的结算,简化了结算手续,降低其费用。因此,增加了金融服务的物流服务深受客户的欢迎,不少客户优先选择这种服务模式。这大大扩大了UPS的客户群,提高其市场占有率,增加其业务量,从而进一步增加了UPS的吸引力。例如,2003年,UPS作为中间商与沃尔玛和沃尔玛供应商进行合作,UPS揽下东南亚数以万计供应商的物流服务,并为他们提供金融服务。拥有银行的UPS业务在客户中显示了强大的吸引力。

UPS为客户提供垫付货款和贷款业务,其风险相对于商业银行则要小得多。如果由商业银行来提供业务的话,由于商业银行对于作为抵押品的流动资产无法管理,即使可以管理,管理费用也很高昂。但对于UPS来讲,则不存在这种问题。UPS在提供垫付货款和贷款业务时,可将货物作为抵押,有货物在手,UPS不必担心客户赖账的风险。因此,UPS提供的金融服务风险性较低,具有较高的安全性和可靠性。

对于出口商尤其是中小型出口商来说,UPS的物流金融服务可以帮助他们及时得到现金流,货物发出之后立即变现,如果把这笔现金再拿去做其他的流动用途,便能增加资金的周转率。如果通过传统的国际结算方式,从发出货物到收回现金,按照惯例,至少需要45—60天的时间,营运周转的资金压力极其沉重。

请你思考问题:为什么会发展物流金融?

第一节 物流金融概述

现代物流发展离不开金融服务的支持,我国经济的高速发展及政策的逐步开放,使物流金融逐渐成为我国经济发展的必要成分。银行作为金融业的重要组成部分,从物流角度支持企业,对于支持企业融资、控制银行风险以及推动经济增长都具有非常积极的意义。但与物流业的发展速度相比,目前我国金融服务体系明显滞后。由于传统银行经营体制的原因,金融业对物流业发展的需求重视不足;管理者对物流业资金监督不够;金融手段落后,不能跟上物流发展的需要。尽管当前国内金融服务发展较慢,在一定程度上影响了现代物流发展,但回首物流业近几年来的发展,成绩斐然,其中一个重要的原因是物流业与金融业之间初步建立起一种能为双方理解并便于沟通的较为融洽的关系和运作体制。随着物流业的发展及金融体制改革的不断创新，双方还需要在更高层次上以一种更新的理念构建更顺畅的合作关系和更高效的运行体制，来取得良好的互动效果。

一、物流金融服务产生的背景

（一）第三方物流服务的革命

现代物流服务正发生巨大的变革，物流管理从物的管理提升到物的附加值方案管理，更加强调对资源的整合作用。物流金融不仅能提高第三方物流企业的服务能力、经营利润，而且可以协助企业拓展融资渠道，降低融资成本，提高资本的使用效率。物流金融服务将开国内物流业界之先河，是第三方物流服务的一次革命。

（二）中小企业融资困境

在国内，由于中小企业存在信用体系不健全的问题，所以融资渠道贫乏，生产营运的发展资金压力大。物流金融服务的提出，可以有效支持中小企业的融资活动。

（三）供应链管理的发展

现代企业为了应对快速变化的市场，提高自身的竞争力，开始走向"横向一体化"的供应链管理模式，企业的竞争模式也从传统的单个企业竞争向供应链竞争迈进。供应链管理强调附加值的提升和"共赢"目标。物流金融可以使各参与方共同获利，提高企业一体化服务水平，提高企业的竞争能力，提高企业的业务规模，增加高附加值的服务能力，扩大企业的经营利润。

（四）金融机构创新意识增强

当前，金融机构面临的市场竞争越来越激烈，为在竞争中获取优势，金融机构不断进行业务创新。这也促使了物流金融的诞生。金融机构可以帮助银行吸引和稳定客户，扩大银行的经营规模，增强银行的竞争能力；可以协助银行解决质押贷款业务中银行面临的"物流瓶颈"——质押物仓储与监管；可以协助银行解决质押贷款业务中银行面临的质押物评估、资产处理等服务。

二、物流金融的含义

（一）物流金融的定义

物流金融是指物流企业与金融机构联合为企业的物流与供应链运作提供物流与金融的一体化服务，以及物流企业为金融机构提供服务和金融机构为物流企业提供服务。物流金融的服务和职能包括物流和金融两大类。物流服务为采购、配送、加工、运输、装卸、信息服务、监管和物流解决方案，金融服务为结算服务、融资服务、物流保险、供应链风险管理服务及这些服务的配套服务。物流企业为金融机构提供服务主要是在融资业务中对质押物的监管有助于降低银行风险；金融机构为物流企业提供的服务主要为物流保险；金融服务贯穿于物流与供应链运作，所以物流企业应与金融机构联合为企业提供物流与金融的一体化服务，这有利于企业供应链的"三流"整合和风险管理。

物流金融的定义有广义和狭义之分。广义的物流金融服务就是面向物流业的运营过程，通过应用和开发各种金融产品，有效地组织和调剂物流领域中货币资金的运动。这些资金运动包括发生在物流过程中的各种存款、贷款、投资、信托、租赁、抵押、贴现、保险、有价证券发行与交易，以及金融机构所办理的各类涉及物流业的中间业务等。狭义的物流金融可以定义为：物流金融服务是指物流供应商基于专业化的物流服务和信息平台向客户提供的流动资产融资服务，这类服务往往需要金融机构的参与。

（二）物流金融服务的原理

在企业生产、流通、消费的整个供应链过程中，从原材料生产、采购到产品生产加工、仓储运输、配送和批发、零售等一系列环节，都存在大量的库存活动，占用了企业大量的流动资金。物流金融服务就是企业以在生产、流通和消费的整个供应链过程中产生的这些库存为质押品，向金融机构或物流企业融资，然后在其后续生产经营中或质押品销售中还贷。

利用企业的流动资产作为质押品进行融资，贷款人就需要了解企业的资信状况，需要了解质押品的规格型号、质量、原价和净值、销售区域、承销商等情况，需要对质押品进行实时监管。这对传统的金融机构而言，将面临很高的交易成本，尤其对于中小企业来说，不仅贷款数量小、笔数多，而且金融机构没有其信用记录，更是增加了流动资产质押服务的成本，因此，金融机构是不可能单独开展流动资产质押业务的。但是，第三方物流企业通过库存管理和配送管理，可以掌握库存的变动，掌握充分的客户信息，对库存物品的规格型号、质量、原价和净值、销售区域、承销商等情况都非常了解，由物流供应商作为物流金融服务的直接提供者，进行流动资产质押业务是可行的。物流企业在提供物流金融服务中，往往与金融机构合作，由金融机构提供融通资金，由物流企业负责对质押品进行监管，这不仅可以减少客户交易成本，对金融机构而言则降低了信息不对称产生的风险，成为连接客户与金融机构的桥梁。

三、物流金融服务的效用

第三方物流企业开展金融服务不仅有利于中小企业融资和银行金融服务的创新，而且也提高了第三方物流企业的服务能力，推动其向更高层次发展。可以说，物流金融是一个"多赢"的合作。从整个社会流通的角度看，极大地提高了全社会生产流通的效率和规模。

（一）有利于中小企业融资

传统的企业向银行贷款，一般是以厂房、机器设备、车辆等固定资产来抵押的，而物流金融能够拿流动资产来抵押。这些流动资产主要包括一些价值稳定、市场畅销的原材料、半产品、产成品等，如钢材、有色金属、棉纱、石油类、电器、陶瓷、家具等，只要符合质押品标准的原材料或产品都可以抵押。这对于缺乏固定资产抵押的中小企业来说，无疑是对自身信用能力的整合和再造，原来达不到银行信用标准的中小企业，利用物流银行业务，将企业的流动资产进行质押贷款，极大地提高了自身的融资能力。物流金融是企业融资方式的变革，对于破解中小企业的融资"瓶颈"具有重要的意义。

（二）有利于企业盘活沉淀

物流金融也可以帮助企业加速资金周转率，提高经营能力和利润。

利用物流金融融资，企业能够把动产都盘活出来。原来拿来购买原材料的钱，经生产产品并卖出去后才能变成现金；但现在，原材料买回来后通过融资在仓库内就立刻变成现金。如果把这笔现金再拿去做其他的流动用途，便能增加现金的流转率，这对企业生产有很大的推动作用。

同时，在货物抵押融资方面，厂方发给经销商的货物，运输过程中整个都被质押了，这样物流企业、厂方、银行、经销商这几方面都有效地结合起来，形成动态的质押方式，等于"流动银行"。举个例子：一家小型商贸A企业，在21天的销售周期内销售75万元的商品，采用物流金融融资模式后，用60万元作为保证金开出20万元的银行承兑汇票向厂商购买商品，厂商将商品发至银行指定的物流公司在A企业所在城市的仓库，并由物流公司负责质押监管。A企业在银行存入15万元的补充保证金后，银行计算发货量，当天通知物流公司将商品发至A公司进行销售。如此，A企业用37天便完成了按原销售模式约需56天才能达到的20万元的销售规模，销售额扩大了近50%。

（三）有利于第三方物流企业拓展新的利润增长点

目前，第三方物流企业数量众多，素质参差不齐，众多的企业切分物流蛋糕，致使物流市场竞争异常激励。据统计，传统的运输、仓储和其他物流服务平均利润率下降到只有2%左右，已没有进一步提高的可能性。因此，许多物流企业为了生存和发展，纷纷在物流活动中提供金融服务，以提升竞争力，拓展新的利润增长点。国际物流巨头UPS将物流金融作为争取客户、增加企业利润的一项战略举措。UPS中国董事总经理陈学淳先生说："未来的物流企业谁能掌握金融服务，谁就能成为最终的胜利者"。中国城通集团下属的中储总公司从1999年起开展仓单质押业务，先后与中国工商银行、中国农业银行、中国建设银行、深圳发展银行等十几家金融机构合作，每年为客户提供数十亿元人民币的融资额。

（四）给银行带来新的业务和利润空间

当前我国的贷款资产质量不高，呆坏账比例居高不下。如何提高贷款质量、控制贷款风险，发展新的业务成为银行关注的首要问题。中小企业具有巨大的融资市场，但由于中小企业信用度不高，达不到银行的贷款标准,银行贷款不可能满足中小企业的融资需求。物流金融可将企业的流动资产进行抵押,又有第三方物流企业提供相应的担保,可切实保证银行资金的安全,降低贷款的风险,物流金融融资业务将成为银行新的利润源泉。例如,2004年6月,广东发展银行推出物流银行业务,半年运作金额即突破了40亿元,显示了强劲的发展势头。

第二节 物流金融模式

根据金融机构对物流金融业务的参与程度,把物流金融运作模式分为资产流通模式、资本流通模式和综合运作模式。资产流通模式是第三方物流企业利用自身综合实力独立为客户提供物流金融服务,这种模式一般没有金融机构的参与;资本流通模式是第三方物流企业与金融机构(如银行)合作,共同提供物流金融服务;综合运作模式是资产流通模式和资本流通模式的结合,是第三方物流企业与金融机构高度配合,提供专业化物流金融服务。

一、资产流通模式

资产流通模式是指第三方物流企业利用自身的综合实力、良好的信誉,通过资产经营方式,间接为客户提供融资、物流、流通加工等集成服务,在这种模式中,一般没有金融机构的参与。这种模式对第三方物流企业的要求较高,第三方物流企业必须具有较强的资本实力、人才队伍、信息支持系统和先进的现代管理技术。资产流通模式一般可以分为垫付货款和代收货款两种模式。

(一)垫付货款模式

垫付货款模式中,发货人、提货人和第三方物流供应商签订协议,第三方物流供应商在提供物流服务的同时,为提货人的采购活动垫付货款,同时发货人应无条件承担回购义务。垫付货款模式的操作流程是:发货人委托第三方物流供应商送货,第三方物流供应商垫付扣除物流费用的部分或者全部货款,第三物流供应商向提货人交货,根据发货人的委托同时向提货人收取发货人的应收账款,最后第三方物流供应商与发货人结清货款。这样一来既可以消除发货人资金积压的困扰,又可以让两头放心。对第三方物流供应商而言,其盈利点是将客户与自己的利害连在一起,"你中有我,我中有你",客户群的基础越来越稳固。

垫付货款模式实质是一种替代采购模式(图9-1)。在实际运作时,物流公司可以在向发货人垫付货款时获得货品所有权,然后根据提货人提供货款的比例释放货品。这种模式对于只有一家供应商面对众多中小型采购商的情形时优势更加明显,第三方物流企业不仅起到为中小企业提供间接融资的功能,而且可以成为中小采购商的采购中心,起到降低成本的效果。

图9-1 垫付货款模式

(二)代收货款模式

不同于垫付货款模式,代收货款模式是第三方物流企业先向发货人提货,然后向提货人送货时代替发货人收取货款,最后由物流企业和发货人结算(图9-2)。代收货款模式已经在发达地区的邮政系统和很多中小型第三方物流供应商中广泛开展。在代收货款模式中:发货人与第三方物流供应商签订协议,第三方物流供应商每日向用户送货上门的同时根据合同代收货款,每周或者每月第三方物流供应商与发货人结清货款。第三方物流企业代收的资金在交付前有一个沉淀期。在资金的这个沉淀期内,第三方物流供应商等于获得了一笔不用付息的资金。物流企业可以将这笔资金进行资本运作,使其增值。在这里,这笔资金不仅充当了交换的支付功能,而且具有资本与资本运动的含义,并且这种资本的运动紧密服务于物流服务上,这不仅加快了客户的流动资金周转,有助于改善客户的财务状况,而且为客户节约了存货的持有成本。

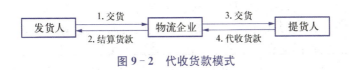

图 9-2 代收货款模式

二、资本流通模式

资本流通模式是指第三方物流企业利用自身与金融机构的良好合作关系,为客户与金融机构创造良好的合作平台,协助中小型企业向金融机构进行融资,提高企业运作效率。资本流通模式是最基本、最重要的业务模式,目前,大多数研究和实践活动都是集中在这种模式上。这种模式中,第三方物流企业为银企合作搭建平台,消除信息不对称和企业信用体系不发达所造成的"融资"困境。资本流通模式主要有质押模式和信用担保模式两种。

(一) 质押模式

质押模式是借款企业以存放于物流企业仓库的货物,或者物流公司开出的代表货物所有权的仓单向银行提供质押,银行根据质押品的价值向借款企业提供一定比例的贷款,物流企业为借贷双方提供货物监管、反担保、评估、资产处置等服务。根据质押物的不同,质押模式可以分为权利质押模式和流动货物质押模式。

1. 权利质押模式

基于权利质押的物流金融业务,主要是以代表物权的仓单或者类仓单(如:质押入库单、质押货主通知单)出质的质押业务。仓单是由货物保管方向存货人开具的代表拥有货物物权的凭据。在传统的现货交易中,产品从产地到消费地,一般要经过收购、批发、中转、零售等环节。仓单的出现把货物流动转换成为单据的流动,不移动现货也能实现最终的销售目的,这就节省了大量的时间、人力、运杂费、装卸费,减少了商品损耗、迂回运输(二次运输)或重复运输等,大大节约了货物流通费用。由于标准仓单对待销售商品有严格的管理标准和质量要求,所以仓单流通也可以避免现货市场目前出现的上当受骗、质量纠纷、债务链深重和不合理运输等问题,使现货交易更为快捷、方便和安全,可大大提高现货交易的效率和大幅度降低交易成本。另外,仓单流通是一种高层次的现货流通形式,由此也带动了资金的流通,通过等待来卖出好价钱。厂商将产品交仓库制仓单后,如果觉得市场价格偏低,希望或者消费者购买仓单后,暂时还不想用于消费,则可以到银行办理仓单质押业务。在国外认为这是现货抵押,间或出于投机而且有仓储企业的信誉担保。在抵押贷款期限内,如果有必要,银行有权凭仓单到仓库查验货物,仓单在贷款限期满前必须赎回,否则到期后,银行有权委托将仓单或货物进行拍卖。所以,仓单质押贷款一般不会形成银行的不良资产业务。也就是说,仓单具有良好的资金融通功能。

基于仓单质押的物流金融业务的运作过程一般如下(图9-3):有融资需求的企业提交申请,并同意遵守业务规则,由仓储企业协助银行对需融资企业进行资质认证、审核,符合要求的融资企业与银行、仓储企业签订三方协定,协议规定服务内容、费用标准、各方的权利和义务等,签订协议后企业就可以开展质押业务;需融资企业将货物发运到仓库,由仓储企业对货物进行验收入库,并根据实际验收情况开具仓单;融资企业将仓单交给银行,银行根据市场价格并参考仓储企业的建议,确定质押物市场价格,然后根据约定的比例(根据具体情况确定质押贷款的贷款比例)确定质押贷款额,并在约定的时间内资金到达融资企业在银行开立的账户;仓储企业根据协议要求对出质仓单所记载的仓储物进行监管,质押期间,仓储企业要定期检查质押物的状况,并与银行及时沟通;融资企业自主进行质押物的销售,销售的货款直接汇入银行看管账户;融资企业全部或部分归还贷款,银行归还仓单或开具仓单分割提货单给融资企业,融资企业凭仓单或仓单分割单提货。

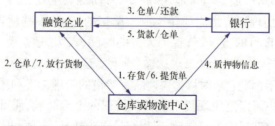

图9-3 权利质押模式

2. 流动货物质押模式

货物质押模式与仓单质押模式在性质上和若干操作方法、流程上是相同的，最大的不同是货物质押模式是以流动中的货物为质押品。从实际操作来看，基于流动货物质押的物资金融业务有两种类型。一种是对具体货物的实体进行的质押，类似于冻结。仓储企业替银行对相应货物进行特别监管（冻结），融资企业提货时应有银行的允许（解冻或部分解冻的指令）。另一种业务模式是在保持质押物的名称、质量、状况不变，同时数量不低于一定量的前提下，质押物可以相对地动态流动。即在保持一定总量的前提下，货物可以正常地进出库，相当于用相同的物品（相同名称、质量、状况、数量）替换标的物品。第一种质押业务对质押物的监管更为严格，保证了质押物的安全，但与此同时使得物资的流动性受到了限制，对融资企业物资的销售过程不利；而第二种业务模式在对物资进行有效监控的同时，允许物资在总体平衡下，保持动态流动状态，这样就有力地支持了融资企业的经营活动。然而，第二种模式也需要仓储企业具有更高的管理水平和资信。

（二）信用担保模式

信用担保模式不需要借款企业向银行提供相应的质押品，而是通过物流公司向银行进行信用担保，再由借款企业向物流公司提供反担保或质押品，来实现融资。信用担保模式（图9-4）最有代表和典型的是统一授信模式，它是物流公司按企业信用担保管理的有关规定和要求向金融机构提供信用担保，金融机构把贷款额度直接授权给物流公司，由物流公司根据借款企业的要求和条件进行质押贷款和最终结算。在此模式中，金融机构基本上不参与质押贷款项目的具体运作。物流公司在提供质押融资的同时，还为借款企业寄存的货物提供仓储管理服务和监管服务。该模式有利于企业更加快捷地获得融资，减少原先质押贷款中一些繁琐的环节；也有利于银行提高对质押贷款全过程的监控能力，更加灵活地开展质押贷款业务，优化质押贷款的业务流程和工作环节，节约监督和运行成本，降低贷款的风险。

图 9-4　信用担保模式

三、综合运作模式

综合运作模式包括资产流通模式和资本运作模式,是物流金融高层次的运作模式,其对物流金融提供商有较高要求。综合运作模式一般是第三方物流拥有自己全资、控股或参股的金融机构,或者相反,金融机构拥有自己全资、控股或参股的物流公司,也就是说,物流公司和金融机构已经实现了一体化,专业化提供金融服务和物流服务相结合的服务(图 9-5)。

图 9-5　综合运作模式

例如,我们所熟悉的 UPS 公司,在 2001 年 5 月并购了美国第一国际银行(First International),将其改造成为 UPS 金融公司。由 UPS 金融公司推出包括开出信用证、兑付出口票据等国际性产品和服务业务。UPS 作为中间商在沃尔玛和东南亚数以万计的中小出口商之间斡旋,在两周内把货款先打给出口商,前提条件是揽下其出口清关、货运等业务和得到一笔可观的手续费,而拥有银行的 UPS 再和沃尔玛在美国进行一对一的结算。

第三节　物流金融服务的运作

一、物流金融服务的内容

(一)融资与结算服务

物流融资是企业将其所拥有的生产资料、存货、商品等动产交给具有合法资格的物流企业保管,由银行、企业和专业物流公司三方或多方签订相关协议,银行依据动产或财产权利为借方企业提供其所需短期贷款。该服务贯穿于企业物流中的采购、生产、加工、仓储、运输、装卸、配送和销售整个流程。当企业物流中的某个环节出现资金缺口时,融资服务就可以解决融资问题。根据企业运营过程中的资金缺口周期以及融资质押物的不同,融资模式可以分为两大模式:第一,基于动产管理的融资模式,该模式具体的业务形式有"仓单质押""动产抵押和质押"和"保兑仓";第二,基于资金管理的融资模式,该模式业务形式有"应付账款管理"和"应收账款管理"。按照质押物所在企业供应链的环节,融资模式可以分为保兑仓融资、存货质押融资和应收账款质押融资。

结算服务是物流企业在为客户服务的同时替客户付款和替客户收款,从而实现货物与资金的同步化。美国快递物流公司 UPS 是物流结算服务的典范。

(二) 保险服务

传统保险在物流领域中存在以下缺点:(1)各环节的投保相对独立,有悖于现代物流功能整合理念;(2)仅对部分环节进行承保,第三方物流保险存在真空。在传统保险体系下,保险公司并未提供包装、装卸搬运、流通加工、配送等诸多物流环节的保险服务,这就使物流货物的保险出现真空;(3)制度设计与现代物流不配套,传统保险的高保费率和长保险期,与现代企业物流的准时制(JIT)和快速响应(QR)运行机制不相适应。

在物流业发达的欧美国家,物流综合保险已经被广泛接受。在我国,随着物流的发展将形成物流综合责任险。保险公司应与物流企业进行合作,根据物流企业的具体情况开发出适应企业现代物流的保险产品,实现物流企业经营风险的转移。

(三) 风险管理服务

我们可从运营和财务两个角度来管理供应链风险。从财务角度,企业可以通过购买保险、修改供货合同条款和利用期货、期权、远期等衍生工具来降低风险。

1. 供应链部分的外生风险管理

外生风险是指由外部环境的不确定性对供应链系统产生的不利影响。外生风险一般不能通过供应链节点企业的努力加以消除,属不可控风险,而只能利用预警系统进行预测和利用金融工具实现风险转移。衍生金融工具是在原生金融工具的基础上产生和发展起来的金融工具,风险规避是其最重要的功能。对于供应链中的利率、汇率和生产资料价格等外生风险,我们可以利用相应的衍生金融工具进行风险对冲来实现风险向供应链系统外部转移,从而控制这些风险在整个供应链中的蔓延。

2. 供应链部分的内生风险管理

内生风险是指由供应链系统本身原因产生的风险,可以通过供应链节点企业,特别是核心企业的努力加以克服,或者在各节点企业之间合理共担,以提高积极性,其属可控风险。供应链内部风险主要来自供应链系统各环节之间的关系,它由各环节之间潜在的互动博弈与合作造成。衍生工具是风险管理的一种有效工具,它是一种所有权契约,其价值依赖于另一个潜在变量。在供应链内生风险管理中,我们主要应用期权。期权赋予它的持有者以一个特定的价格在特定的时间或之前买卖某种资产的权利,但没有义务。供应链合同条款的特征与期权有很多相似之处,回收条款、备份条款、弹性订货量等均为类期权合同条款。

期权常应用于供应链节点中供应链双方的合作与交易。期权可以通过供给弹性、渠道协调、风险共享、信息共享几个角度对供需双方的相互作用产生影响。研究表明,期权应用于供应链管理中可以促进企业之间信息分享、风险分担、紧密合作和提高供应链应对环境变化的能力,从而降低供应链的内生风险。

二、物流金融服务的风险

物流金融业务是一种新型的具有多赢特性的物流和金融业务品种,但对于每一种业务模式而言,均是风险和收益并存。只有充分认识、理解业务中的风险因素,才能在业务操作中有针对性地采取措施,预防、控制风险,才能使业务健康有序地发展。

风险分析必须从风险产生的源头来进行。从物流金融业务风险产生的来源看,借款企业是物流金融业务的风险来源。虽然我们从银行参与物流金融服务的角度将物流金融业务分为资产流通模式、资本流通模式和综合运作模式,但是,从借款企业提供质押物的角度看,物流金融业务的运作模式只要两种,即基于权利质押的物流金融业务模式和基于流动货物质押的物流金融业务模式。因此,本书为了分析上的方便,在分析物流金融业务的风险时,将物流金融业务从质押物的角度重新分为基于权利质押的物流金融业务模式和基于流动货物质押的物流金融业务模式两种。

从实际情况和现有业务模式看,物流金融业务的风险分为两大类:共性风险和特性风险。特性风险主要是指权利质押中的仓单风险和控制存量下限模式中的存量(数量、质量)控制风险。共性风险是指每种业务模式都涉及的风险,分为欺诈类风险和业务操作类风险。欺诈类风险主要包括:客户资信(质物合法性)风险、提单风险、内部欺诈风险;业务操作类风险主要包括:质押品种选取风险、市场变动风险、操作失误风险。

总体上说,以上各种风险都可以通过规范管理制度和采用新的管理工具(主要是指支持物流金融业务的管理信息系统)得以有效控制,使物流金融业务健康发展,使更多的企业从中得到帮助,促进企业的活跃与发展。下面就各种风险以及预防、控制措施做出分析。

(一) 共性风险的预防及其控制措施

1. 客户资信(质物合法性)风险

客户资信的风险是贷款难的根源。在传统的贷款业务中,由于中小企业资信差,加上信息不对称和没有健全的信用评价体系,银行对于中小企业出现"惜贷"现象,并且门槛很高,手续繁琐。对于物流金融业务而言,由于有实实在在的物品作为担保,所以对客户资信等级、偿债能力的考察相对简单一些,只要侧重考察企业的业务能力(市场销售能力、以往销售情况)即可,而对客户资信的考察重点是质物的合法性,即融资企业应该具有相应的物权,避免有争议的、无法行使质权的或者通过走私等非法途径取得的物品成为质物。

对客户资信的考察。由于物流企业对借款企业有着较长时间的业务合作关系，对企业的了解比较深入，对于客户资信的考察就相对有了保障。尤其对于使用了信息管理系统的物流企业，可以通过信息系统了解存货人的历史业务情况、信用情况，及时全面地掌握客户资信信息。

对于质物合法性的检查。在对借款企业的资信进行考察的基础上，可以要求借款企业提供与质物相关的单据（例如，购销合同、发票等），通过检查相关单据的真实性确认质物的合法性。

2. 提单风险

提单风险是指物流企业开展业务时遇到的经常性风险。防止虚假提单造成损失是物流企业控制风险的重点，因此物流企业对控制此类风险也积累了丰富的经验，形成了一套切实可行的办法。物流企业在办理各种出库业务时要根据预留的印鉴，进行验单、验证、验印，必要时还要与货主联系或者确认提货人身份。而对于物流金融业务而言，除了进行上述一般的检验外，还应根据业务要求及时与银行联系，取得银行的确认与许可，同时物流企业还可以利用带密码的提单，在提货时进行密码确认，防止假提单的风险。

3. 内部欺诈风险

内部人员作案或者内外串通作案，会给企业带来很大的损失。防范此类风险除了管理制度、检查制度的完善和有效执行外，企业还应借助有效的管理监督手段，如采取计算机管理系统辅助业务操作，使业务操作流程化、透明化，保证业务活动可追溯，减少人为的随意性。

4. 质押品种选取

质押品种选取的恰当与否直接关系到物流金融业务的风险大小。为了控制风险，在确保特定物是动产的大前提下，质押物品的选取主要以好卖、易放、投机小为原则。即物品的市场需求量大而稳定，物品的市场流动性好、吞吐量大；物品的质量稳定，容易储藏保管；物品的市场价格涨跌不大，相对稳定。

5. 市场变动风险

市场变动尤其是质物的市场价格下跌,会造成质物价值缩水。为控制此类风险,应在有关物流金融业务操作的协议中约定风险控制的办法。一般应在协议中约定当价格下跌至原价格评估值的一定比例(如90%)或者质物的市场价值总额接近质押金额的一定比例(如130%)时,要求借款企业及时进行补货或还贷,否则银行将对质物进行处置(如拍卖)。

6. 操作风险

物流金融业务涉及物流企业和银行之间的相互协作配合,业务流程相对复杂,其中的操作风险包括物流企业或者银行内部操作失误的风险以及物流企业与银行之间业务衔接操作失误的风险。要防范此类风险,就要求企业有健全的管理制度和先进的管理工具,例如,仓储企业根据各业务环节的功能重新设计业务流程,合理划分岗位,使得各岗位之间能够做到既相互衔接配合又相互监督检查,同时通过先进的计算机业务系统,不但保证业务流程顺畅,还可以让各方及时、便捷地了解质物进出库的情况和在库的状态。由此仓储企业就可凭借丰富的经验、完善的管理制度、优良的信誉以及先进的信息系统减少不必要的失误、损失,控制风险。

(二) 特性风险的预防及其控制措施

1. 仓单风险

虽然仓单的应用已经拓展到现货交易、资金融通领域,但是由于仓单市场在中国刚刚兴起,其运作流通机制、对现货和期货市场以及宏观经济的影响、仓单标准化以及相关法律法规等方面都需要进一步研究和积累实践经验。所以通过仓单的物流银行业务,仓单的风险是最不确定和值得研究的问题。

仓单是保管人在与存货人签订的仓储合同的基础上,对存货人交付的仓储物进行验收入库而出具的收据。仓单不仅仅是仓储合同的证明和对货物出具的收据,它更是货物所有权的凭证。从此角度讲,仓单可与海运中的提单作类比。

提单的使用由来已久。早期的提单,无论是内容还是格式,都比较简单,而且其作用也较为单一,仅作为货物的交接凭证,只是表明货物已经装船的收据。随着国际贸易和海上货物运输的逐步发展,为了适应发展要求,提单的性质、作用和内容,特别是其中的背面条款都发生了巨大变化。为了促进提单的流转,明确承运人、托运人、收货人、银行、保险等各方的权利与义务,国际上制定了统一的国际海上货物运输公约,如《海牙规则》、《汉堡规则》来明确提单内容。很多国家都加入了公约,有的国家虽未加入,但根据公约的这一基本精神,另行制定了相应的国内法,如我国的《海商法》。提单的规范使用有效地促进了国际贸易的不断发展。

反过来看仓单。我国现行的法律对仓单内容、签发、分割、转让等没有明确的规定,基本上可以参照的只有《民法通则》和《担保法》。而统一、合理的规则对仓单规范、安全、畅通的运作流通起着关键的作用。因此,需要专门的法规对仓单的必要内容、签发、转让、分割、提货、效用、标准格式等进行明确、统一的要求,同时进一步明确保管人、货主各自对仓储物的权利和责任。

就像提单随着国际贸易和海上货物运输的逐步发展而不断完善一样,相信随着信息技术、互联网、电子商务的兴起和不断发展必将使仓单有更大的作用空间,促进有关仓单的法规进一步完善,有效地促进电子商务的发展。

从现阶段来看,为了控制物流金融业务中的仓单风险,有的物流企业,特别是实力较强的企业根据本企业的自身情况和经验积累,制定出各自的仓单管理规范或者类仓单单据的管理规范,从企业着手控制风险,起到了一定的效果。但不同的规范也给其他物流金融业务参与方尤其是银行带来了麻烦和一定程度的风险,影响了物资银行业务规模的进一步扩大。

2. 存量风险

流动货物质押业务中的控制存量下限的业务模式,需要按规定控制质物的质量、数量。货物是流动的,有进库有出库,因此要求物流企业不但要保证质物的名称、规格型号、材质等属性,还要使质物的库存数量保持在规定的额度内。否则,如果不能控制物品存量,或者物品进出库时没有避免提好补坏、以次充好的现象发生,将给整个业务带来很大的风险,影响物流金融业务的进行。

物流企业开展此类业务时要对仓储物的存量下限进行严格控制。当仓储物的存量达到规定限度时要有应对措施,如警告、冻结。随着物流金融业务的开展,业务量不断增多,仅仅通过人工手段控制存量下限的难度越来越大,容易出现人为失误。因此,企业应通过具有存量下限控制功能的计算机业务管理信息系统辅助操作人员进行仓储物的管理,同时应保证业务系统的正常使用,保证业务数据的实时反映。另一方面,物流企业还应通过业务流程优化、岗位职责规划、相关业务制度的完善,保证货物入库验收、出库检验等相关业务的可靠进行。

三、我国物流金融服务的发展现状

国内物流金融业务的推动者是第三方物流企业,是伴随着现代第三方物流企业而生的。物流企业开展物流金融的巨大成功吸引了金融机构的兴趣,金融机构由被动变为主动,积极开展物流金融业务。2004年6月,广东发展银行在广州、北京、杭州、南京等10个城市做试点,正式推出物流银行业务。截至2004年12月,广发通过中国远洋物流有限公司、中国外运股份有限公司等全国龙头性物流公司,已向一汽贸易总公司、诺基亚(中国)投资有限公司、北京全国棉花交易市场有限责任公司、嘉里粮油商务拓展(深圳)有限公司和郑州宇通客车股份有限公司等大型企业(集团)公司提供物流金融业务,总融资额度达40多亿元。

到目前为止,中国开展物流金融业务只有不到10年的历史,还处于刚刚起步阶段。总结中国物流金融业务这几年的发展,具有如下特点:一是物流金融业务发展迅速。以中储为例,1999年开展物流金融业务,业务量每年成倍增长,2003年业务量比2002年增长了138%,2004年比2003年增长了387%。二是我国物流金融业务的实践,围绕着银行、物流企业、申请贷款企业三方主体,商业模式正在不断地发生演化。具体表现在:发放贷款方由单纯的商业银行向银行、担保机构、保险机构等联合体方向发展,物流企业由单纯地拥有仓库资产的企业向第三方物流企业、中介管理公司、特许连锁经营方向发展,申请贷款企业则由流通企业向流通、生产企业的更广范畴发展。另外,质押物品的监管方式也在发生着变化,由静态货物质押变为动态货物质押。三是由于我国开展物流金融业务的市场和制度基础环境还没有完全成熟,纯粹意义上的基于仓单的质押融资业务几乎没有,仓单更多的是作为一种存货凭证,仓单的流通机制也没有形成。物流金融业务基本上处在基于流动货物控制的初级阶段。四是业务模式处于资本流动模式,资产流动模式和综合模式暂时还未出现。五是业务品种单一,目前只有融资业务,还没有涉及结算、评估、保险、资产处置、金融咨询等综合性的金融服务,金融服务与物流服务结合性差,金融不能服务于生产供应链全过程。

四、我国物流金融服务运作面临的问题

虽然我国发展物流金融服务具有广阔的前途,但是物流金融在我国还处于刚刚起步阶段,前进的道路上面临着许多困难,阻碍着物流金融服务的发展。物流金融服务发展面临的问题主要表现在:

(一)第三方物流企业发展落后

物流金融是依赖于第三方物流企业的物流和信息平台而开展的服务,第三方物流企业不仅是物流金融服务的直接提供者,也是质押物的监管者,在物流金融服务中处于核心地位。物流金融服务对第三方物流企业提出了更高的要求,不仅要求其具有雄厚的实力、良好的信誉,而且必须具有先进的管理手段。但是,目前我国第三方物流企业整体水平发展滞后,明显不能适应物流金融服务发展的需要,成为制约物流金融服务发展最主要的因素。

(二)物流金融服务发展水平低

物流金融服务的顺利发展,需要高效的服务效率、现代化的管理手段。但是在我国,由于物流金融服务刚刚起步,经验不足,加上我国相关商贸市场环境不成熟,致使物流金融服务效率低下,管理水平落后,主要表现在:

1. 缺乏社会化的仓单和仓单管理系统,影响仓单质押融资业务的发展

国外物流金融服务蓬勃发展的一个重要因素,就是社会化的仓单及仓单管理系统的推广。在美国,仓单不但具有统一的标准,如同期货标准一样,这使得仓单可以在市场上流通转让,而且仓单具有统一的管理规范,美国政府专门颁布了《仓单法》,对仓单的标准、开具、质押、转让等各方面进行了详细的规定,并建立了全国的仓单管理系统,使得仓单具有高度的统一性和流通性。社会化的仓单和仓单管理系统大大提高了仓单质押融资业务效率,降低了交易成本,减小了仓单风险,促进了物流金融服务发展。但在我国,目前还没有形成社会化的仓单市场,每个仓储企业都开出自己的仓单,格式、内容、合同条款彼此不统一,操作流程更是不相同,这使得仓单仅仅相当于存货凭证,不是真正意义上的仓单,流通性差。仓单市场的不成熟,影响了仓单质押业务的发展,目前我国仓单质押融资业务的模式有十几种,不同的银行、不同的物流企业和不同的地区都有不同的操作模式和合同条款,这种状况不利于风险的控制,操作程序也比较繁琐,影响了仓单质押融资业务的效率,阻碍了仓单质押融资业务的发展。物流金融服务的发展迫切需要社会化的仓单和仓单管理系统,迫切需要制定相对统一的仓单质押融资业务流程、规范合同条款。

2. 物流金融服务发展层次低

我国目前物流金融服务基本上处于流动货物质押融资的初级阶段。在物流环节上,大部分物流金融服务只能对仓储物资进行质押融资,不能将服务延伸到供应、生产、销售、运输等环节上,不能从企业物流、供应链管理的全过程为企业提供金融支持,从而使企业的物流、资金流和信息流有机结合在一起,以物流带动资金流的流动,以资金流促进物流的发展;在服务范围上,大部分物流金融服务只能就近提供物流金融服务,异地提供物流金融服务的能力差;在服务内容上,只能提供融资服务,不能提供评估、资产处置、结算等综合性金融服务;在运作模式上,我国目前只有资本流通模式,暂时没有资产流动模式和综合运作模式的出现。

3. 物流金融业务流程不规范、手续繁琐

由于物流金融服务在我国发展的历史不长，还没有制定相对科学、合理、统一的作业规范，物流企业和银行没有统一标准可以参照。银行没有专门针对物流金融信贷业务的操作规范，还是运用一般信贷操作流程规则来办理物流金融信贷业务，致使物流金融信贷业务手续异常繁琐，效率低下。虽然不少物流企业制定了自己的物流金融服务操作流程，但是大多数操作流程规范存在不科学、不简便的缺点，没有从物流系统化的角度制定物流金融服务操作规范，不能起到既提高作业效率，又能有效防范风险的作用。

4. 银行和物流企业开展物流金融业务经验不足，风险管理手段相对落后

由于银行开展物流金融信贷的时间不长，在贷款工具设计、资金筹集、风险管理方法和内部监控方面经验积累不足，又受到各种制度、法律的瓶颈制约，操作疏漏和失误难以避免，主要问题有：信贷资金渠道狭窄，筹资方式少；贷款工具缺乏灵活性；银行风险管理手段受到外部环境限制；内部监控系统还不完善。对物流企业而言，在客户管理、货物所有权和仓单的调查和审核、合同的签订和执行、内部人员管理上也存在很大的问题，欺诈风险和操作风险很大。

（三）物流金融服务发展的市场环境急需改善

目前，我国企业信用的缺失、金融市场发展不成熟、流动资产评估体系尚未建立、物流标准化建设滞后等方面的问题制约着物流金融服务的发展，物流金融发展的市场环境急需改善。

1. 企业信用的缺失

现代经济就是信用经济，信用的好坏是衡量、制约或促进社会经济发展的主要指标。随着市场经济的不断深入，我国相关的信用制度出现了诸多问题，信用制度建设严重滞后于市场经济发展的需要，致使市场经济运行秩序混乱，经济损失严重。因企业信用的缺失，市场上假冒伪劣商品、逃废债务、偷税漏税等屡禁不止。调查数据显示，不守信用、恶意违背信用使全国企业经济合同履约率不足50%。每年因逃废债务造成的直接损失约为1 800亿元，由于合同欺诈造成的损失约为55

亿元,产品质量低劣或制假售假造成的各种损失约为2 000亿元,三角债和现款交易增加的财务费用也在2 000亿元以上,还有逃废税收损失及发现的腐败损失等。企业信用的缺失,一方面给物流金融服务发展带来了机遇,银行等金融机构因企业信用的缺失而愿意选择物流金融信贷方式;另一方面,因企业信用的缺失,物流企业开展物流金融服务时必须对客户、货物进行严格审查,导致手续复杂,所需时间长,无疑降低了物流金融服务的效率,并且增加物流金融服务的风险。尤其当物流金融发展到一个较高层次的时候,企业信用的缺失对物流金融服务的发展起到的反作用更加明显了。

2. 金融体制不健全,物流金融信贷资金来源单一

我国对金融业进行严格的管制,物流金融信贷资金只能来自商业银行,物流公司是不能从事信贷业务的。但是目前我国金融体制不健全,国有或国有控股的商业银行完全垄断市场,民营资本很难进入正规金融市场。这就决定物流金融信贷资金来自大银行,渠道比较单一。同时,由于商业银行创新能力不强,利率缺乏灵活性,使得物流金融信贷工具单一,不能满足多样化的需求。

3. 流动资产评估体系尚未建立

物流金融服务引入了第三方物流企业以存货作为质押,克服了中小企业信用度低、固定资产规模偏小的缺陷,重新整合和再造了中小企业信用,大大拓展了银行贷款业务的范围,同时期望降低贷款风险。但是也出现了一个新问题,以存货为质押品,就需要建立流动资产评估体系,以便对存货价值进行评估。目前,我国尚未建立统一的流动资产评估体系,不同的物流企业和银行自行建立各种评估方法和标准,彼此不一致,存在科学性和混乱的问题。各种评估方法和标准的不统一使得存货的价值也难以与信贷资金相一致,贷款收回的隐形风险非常大。

4. 物流标准化建设滞后

物流是跨地区、跨行业的运作系统,标准化程度的高低不仅关系到各种物流功能、要素之间有效衔接和协调发展,也在很大程度上影响物流金融业务的运作效率。我国对物流作业环节使用的设备及包装、运输、装卸流通环节,都缺乏必要的行业标准和行业规范。旧体制形成了多种标准,不仅机械、工具、设备标准不统一,表单核算等信息体系也不统一,甚至连业务模式和规章制度也彼此独立,从而阻碍了物流金融运作效率的提高。

(四) 相关法律法规建设滞后

法律法规建设滞后表现在两个方面:一是物流金融服务发展存在法律上的障碍;二是相关法律法规的缺失。

1. 物流金融发展存在法律上的障碍

我国为了防范金融风险,对金融业实行严格的管制,银行业务只能由传统的商业银行来做,其他公司和机构不能从事银行业务。目前,在中国,物流公司独自开展物流金融融资业务在法律上是不允许的,这决定了我国物流金融服务在运作模式上只能是资本流通模式,物流公司为银企合作创造良好的合作平台,而不能开展资产流通模式和综合模式。这大大阻碍了物流金融服务的发展,使得物流金融服务只能停留在初级阶段,不可能向更高层次发展。

2. 相关法律法规的缺失

在发达国家,有关物流金融的法律和法规环境比较成熟,几乎所有有关物流金融的业务行为,都有相关的法律法规对其进行约束和规范。这不仅有力地保证了物流金融业务中的责权关系,抑制了恶性欺诈行为的发生,为风险发生时的处理提供了明确的法律依据,而且使物流金融业务成为企业融资的重要手段和物流企业增值服务的重要组成部分。在我国,物流金融业务明显缺乏相关的法律法规依据,不仅使有关纠纷缺乏法律依据,而且不利于物流企业服务的增值。比如,中储开展的仓单质押融资业务中,由于没有相关政策,中储开展这类业务都是为银行、货主企业免费服务的。但是中储开展仓单质押融资业务不仅需要承担责任,而且还需要一定的资产投入和劳务付出。因此,法律法规的滞后严重制约了物流金融业务的发展。

五、我国物流金融服务发展的对策

物流金融服务是物流服务与金融服务相结合的复合业务,它以物流服务为平台,以资金流为纽带,服务于企业供应链业务活动中。由物流引发的物流经济,其经济规模与物流业市场的成熟程度决定了在物流系统开展物流金融服务的基础。因此,物流产业和第三方物流企业的发展是发展物流金融服务的基础。金融市场的发达程度影响着资金的来源和资本运作效率,物流金融的发展离不开金融市场的健全和完善。相关市场体系的发展和完善为物流金融服务的发展创造必要条件,可以促进物流金融的发展。物流金融服务是在政府一定的政策法规环境下发展的,政府的法规政策对发展物流金融服务产生很大影响,发展物流金融服务需要完善的政策法规框架。

(一) 大力发展物流产业

大力发展物流产业是发展我国物流金融服务的前提。针对我国目前物流产业起步较晚,发展水平低下的状况,政府应把发展现代物流产业作为新世纪我国经济新的增长源,作为经济工作中的一件大事,采取有力的政策和措施,引导和促进我国物流产业的发展。

(二) 培育和增强第三方物流企业的管理创新能力

在物流金融服务活动中,第三方物流企业不仅要为客户提供高质量、高附加值的物流与加工服务,还要提供直接或间接的金融服务。第三方物流企业不仅是物流金融服务的直接提供者,也是物流金融服务创新的微观主体。随着经济和业务的发展,客户对物流金融的服务需求日益多样化,第三方物流企业必须进行业务创新,才能满足客户需求,才能推动物流金融服务的发展。因此,发展物流金融服务,必须培育和增强第三方物流企业的管理创新能力。

(三) 加快发展和完善我国金融业

对金融机构来讲,物流金融服务是一种新的金融工具,是金融服务的新内容。金融机构的服务能力决定了物流金融服务的供给能力,也影响到物流金融服务产品的创新能力。目前,我国金融业发展滞后,资金来源单一,业务创新能力差。因此,要大力发展我国物流金融服务,必须加快发展和完善我国金融业。

(四) 完善物流金融服务的相关市场体系

建立和健全物流金融市场是一项涉及面广、政策性强的系统工程,但靠建立发达的物流市场还是不够的,还需要社会各个方面的参与,完善相关配套措施,共同促进物流金融业务的发展。

1. 建立企业信用制度

企业信用制度建设主要包括重树企业信用观念、完善企业信用评价体系和建立企业信用查询系统等方面。措施包括:由中央银行牵头建立股份制企业征信公司,或直接组建合资的独立征信公司,或由商业银行先行建立内部企业账户信用系统;逐步建立企业信贷信用登记制度,建立全国信用档案系统;提高企业信用材料的真实性;因地制宜地设立企业信用评级标准。在此基础上,建立科学的流动资产评价方法和标准,建立公正、公平的,社会认同的企业流动资产评估公司,逐步完善流动资产评估体系。

2. 建立和完善相关中介组织

建立和完善物流金融服务有关的法律、评估、资质认定、拍卖等中介组织,为物流金融业务提供中介服务,支持物流金融业务的发展。首先,进一步发挥律师事务所的专业法律服务功能,为物流金融服务提供法律服务。律师事务所应在现有业务的基础上,增加物流金融法律服务,在条件成熟的情况下,可建立专业的物流金融律师事务所。其次,为了规范物流金融市场,必须建立物流企业资质认定制度,建立专业的资质认定机构,对物流企业进行资质认定,只有达到标准的物流企业才可以开展物流金融业务,防止管理水平低、资信状况差、赔付能力差的物流企业开展物流金融业务,防范金融风险。最后,要完善拍卖制度,建立公正、透明的拍卖公司,以便物流企业对有关资产及时进行处置,及早收回资金。

3. 建立和健全物流金融信贷资产的流通机制

应进一步完善物流金融市场,拓展物流金融信贷业务规模。同时,建立和健全物流金融信贷资产的流通转让机制,化解和分散物流金融信贷风险。为此,应加强标准仓单建设,扩大仓单流通范围,使得仓单能够及时在市场上流通转让;积极推进债权出售转让制度,使得有关物流信贷资产能够在市场上出售转让。建立和健全物流金融信贷资产流通转让制度,不仅可以化解和分散风险,也可以加快物流企业或金融机构资金周转,扩大物流金融业务量。同时,物流企业或金融机构可以利用期货市场或保险市场,为有关物流金融信贷资产套期保值或投保,进一步完善防范物流金融信贷风险的市场环境。

(五)完善相关政策和法规

一是政府应尽快出台扶植物流金融业务发展的政策。政府应放松对金融业的管制,允许物流企业开展部分金融业务,明确允许物流企业在物流金融融资业务中提供监管服务时收取一定的费用;政府应加紧研究建立中国专业物流金融公司的可行性,采取支持政策,早日筹建中国专业物流金融公司;扶植大型第三方物流企业开展物流金融服务,并在资金上给予一定的支持。二是政府应对物流金融业务进行指导和规范。政府应加强对物流行业的关注,制定物流企业资质认定制度,实行物流金融业务审批制度;制定物流金融业务的作业规范,为物流企业开展物流金融服务提供操作标准;加强物流标准化建设,规范物流中运输、搬运、包装和仓储等操作标准,行业协会可制定各个行业的商品质量标准,为物流金融服务的开展创造有利条件,节约交易费用。三是加强立法。政府要加快立法,出台包括仓单法、物流监管法和担保法规、质押及质押权转让法规等相关法律法规,建立和完善物流金融法规体系,为有关业务的开展提供法律依据。四是加大执法力度,严肃查处违法违规行为。

本章小结

物流金融服务是物流提供商基于专业化的物流和信息平台,以企业的流动资产为质押物,向企业提供的金融服务。物流金融服务可以整合和再造中小企业信用,有利于中小企业融资;有利于企业盘活沉淀,加速其资金周转;有利于第三方物流企业和银行拓展新的业务,提高利润率,增强竞争力。根据金融机构参与程度的不同,物流企业开展物流金融服务有三种运作模式:资产流通模式、资本流动模式和综合运作模式。从实际情况和现有业务模式看,物流金融业务的风险分为两大类:共性风险和特性风险,各种风险都可以通过规范管理制度和采用新的管理工具(主要是指支持物流金融业务的管理信息系统)得以有效控制。

思考题

1. 物流金融的含义。
2. 物流金融服务的原理。
3. 简述物流金融所带来的效用。
4. 物流金融运作模式有哪几种？分别阐述其运作思路。
5. 物流金融服务的内容包括哪些？物流金融服务的风险有哪几种？应如何进行预防和控制？
6. 我国物流金融服务运作面临的主要问题具体有哪些？
7. 结合实际说明物流金融的产生背景。

练 习 题

一、单项选择题

1. 物流金融产生的背景是(　　)。
   A. 供应链管理的发展　　B. 运输管理的发展
   C. 配送管理的发展　　　D. 绿色物流的发展
2. 物流企业为金融机构提供服务主要是在融资业务中对什么的监管？(　　)
   A. 包装物品　　　　　　B. 运输过程
   C. 配送活动　　　　　　D. 质押物
3. 一般情况下,没有金融机构参与的物流金融模式主要存在于哪种模式中？(　　)
   A. 质押模式　　　　　　B. 权利质押
   C. 垫付货款模式　　　　D. 流动货物质押
4. 由货物保管方存货人开具的代表拥有货物物权的凭证是(　　)。
   A. 海运单　　　　　　　B. 航空运单

C. 运单 D. 仓单

5. 物流金融的信用担保模式是通过公司向什么机构进行担保?（   ）

A. 买方物流企业 B. 银行
C. 卖方物流企业 D. 授信企业

6. 我国物流金融业务的推动者是（   ）。

A. 第一方物流企业 B. 第二方物流企业
C. 第三方物流企业 D. 银行

二、多项选择题

1. 物流金融服务的效用包括（   ）。

A. 有利于中小企业融资
B. 有利于增加资金占用
C. 有利于企业盘活沉淀
D. 有利于第三方物流企业拓展新的利润增长点
E. 给银行带来新的业务和利润空间

2. 第三方物流企业通过库存管理和配送管理,了解大量信息,使流动资产质押业务成为可能,这些信息主要包括（   ）。

A. 客户信息 B. 库存物品的规格
C. 库存物品的销售区域 D. 库存物品的原价和净值
E. 管理部门的情况

3. 物流金融服务的共性风险防治措施有（   ）。

A. 明确仓单格式 B. 考察客户资信
C. 防止虚假提单 D. 制定仓单管理规范
E. 保持物资的质量、数量

4. 物流金融服务是以下哪些业务的综合?（   ）。

A. 市场服务 B. 信息服务
C. 技术服务 D. 物流服务
E. 金融服务

5. 从现有业务模式看,物流金融业务的风险分为两大类（   ）。

A. 共性风险　　　　　　B. 共同风险
C. 特殊风险　　　　　　D. 一般风险
E. 特性风险
6. 物流金融的共性风险包括(　　)。
A. 客户资信风险　　　　B. 提单风险
C. 内部欺诈风险　　　　D. 存量风险
E. 仓单风险

三、是非题(A 为正确,B 为错误)

1. 我国目前制约物流金融服务发展的最主要因素是银行创新能力不够。(　　)
2. 资产流通模式是指第三方物流企业利用自身的综合实力、良好的信誉,通过资产经营方式,间接为客户提供融资、物流、流通加工等集成服务,在这种模式中,一般要求金融机构的参与。(　　)
3. 在物流发达的欧美国家,物流综合保险已被广泛接受。(　　)
4. 物流外包的合同风险是指管理决策带来的风险。(　　)
5. 物流金融是为大型企业提供融资服务为主的。(　　)
6. 仓单质押贷款一般不会形成银行的不良资产业务。(　　)

案例分析题

荷兰可尼德仓储货运集团的保兑仓业务

荷兰可尼德仓储货运集团是一家有着 30 多年历史的知名物流企业。目前,公司已在 100 多个国家和地区建立了分支机构,业务遍及全球。但是公司最引人注目的地方,不是其雄厚的资本实力或者先进的管理技术,而是其多年来一直从事的保兑仓业务。可尼德通过物资抵押贷款,实现企业短期流动资金的融通。下面我们介绍并分析可尼德为中国铝产业系列产品供应链提供的物流金融业务。

供应链是指产品生产和流通过程中所涉及的原材料供应商、物流供应商、生产商、批发商、经销商以及最终消费者组成的供需传输网络,即由物料获得、物料加工并将产品送到用户手中这一过程所涉及的企业和企业部门组成的网络。可尼德为铝系列产品提供的物流金融业务运作流程图(图9-6)(与荷兰合作银行):

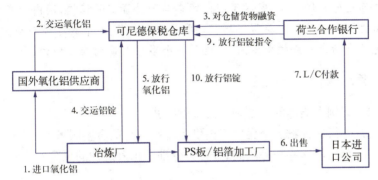

图9-6　可尼德物流金融业务铝系列产品运作流程图

1. 冶炼厂向国外氧化铝供应商购买氧化铝。
2. 国外氧化铝供应商将氧化铝运至可尼德保税仓库。
3. 荷兰合作银行就可尼德保税仓中的氧化铝进行融资,比例为60%—70%,按氧化铝相对铝锭期货套期保值的价格提供。
4. 冶炼厂将本厂冶炼的铝锭产品运至可尼德保税仓。
5. 收到铝锭后,银行将氧化铝交给冶炼厂,并提供铝锭的融资款,比例为80%—90%。(取决于铝锭期货套期保值价格)
6. 氧化铝加工成铝锭后,会进一步加工成PS版或铝箔,生产商将存放在可尼德保税仓中的铝锭出售给日本的进口公司。
7. 日本进口公司开信用证给荷兰合作银行。
8. 荷兰合作银行一旦收到日本进口公司的货款,立即发出发放同等价值的铝锭的指令。
9. 可尼德仓储货运集团将铝锭运至PS版或铝箔加工厂。

荷兰可尼德仓储货运集团通过与荷兰合作银行的合作,将物流服务延伸至供应链中每一个环节。通过保兑仓业务,可尼德公司至少获得了三次不同物流服务的商机,即产品形态的不断加工转化过程的供应链服务:氧化铝——铝锭——铝箔(PS版),并且将服务延伸到客户生产、销售全过程,增加了客户对其依赖性。这有利于可尼德公司稳定客户,扩大业务范围,提高利润率。荷兰合作银行通过可尼德的保兑仓,将贷款业务扩展至全球,并获得可靠的保证。而对国内企业来说,通过可尼德的保兑仓,完成了国内物资与国外资本的嫁接,国内产能在产品的深加工过程中获得了增值,同时盘活了存货,节约了流动资本,加速了流动资产周转率。因此,这是一个多方共赢的业务模式。

请思考:

1. 案例中描述的是哪种物流金融模式?
2. 分析这种物流金融模式提供了哪些内容的金融服务?
3. 在提供这些服务的同时,各方分别承担着怎样的风险?

参考文献

[1] 王槐林、刘明菲:《物流管理学》,武汉大学出版社,2005年。
[2] 刘伟:《物流管理概论》,电子工业出版社,2004年。
[3] 陈岩、姜波:《物流基础》,北京理工大学出版社,2007年。
[4] 孙春华:《物流管理基础》,天津大学出版社,2007年。
[5] 樊宏、吴海民:《新编物流管理教程》,华南理工大学出版社,2004年。
[6] 李松庆:《物流学》,清华大学出版社,2008年。
[7] 王东:《助理物流师》,中国劳动社会保障出版社,2006年。
[8] 钱芝网、王攀桂:《物流管理概论》,中国时代经济出版社,2007年。
[9] 黄中鼎:《现代物流管理》,复旦大学出版社,2008年。
[10] 刘华:《现代物流管理与实务》,清华大学出版社,2008年。
[11] 夏露、李严锋:《物流金融》,科学出版社,2008年。
[12] 陈雪松:《商品融资与物流监管实务》,中国经济出版社,2008年。
[13] 陈祥锋:《供应链金融服务创新论》,复旦大学出版社,2008年。
[14] 骆温平:《第三方物流》,高等教育出版社,2009年。
[15] 宋杨:《第三方物流模式与运作》,中国物资出版社,2006年。
[16] 刘亮、田春青:《第三方物流企业运营管理案例》,人民交通出版社,2007年。
[17] 田源:《仓储管理》,机械工业出版社,2009年。

[18] 叶梅:《仓储管理》,清华大学出版社,2008年。

[19] 李永生、郑文岭:《仓储与配送管理(第3版)》,机械工业出版社,2009年。

[20] 詹荣富:《供应链管理》,暨南大学出版社,2008年。

[21] 阎子刚、赵继新:《供应链管理》,机械工业出版社,2006年。

[22] 崔介何:《企业物流》,中国物资出版社,2002年。

[23] 方昕:"中国食品冷链的现状与思考",《物流技术与应用》,2004年第11期。

[24] 黄翯:"对我国冷链系统建设的思考",《物流论坛》,2003年第6期。

[25] 韩纪琴、王凯:"南京市蔬菜产业链发展现状、问题与对策",《农业技术经济》,2001年第2期。

[26] 何彤:"低温配送中心的规划",《权威论坛》,2006年第2期。

[27] 郑海浪:"冷冻冷藏业如何优化冷链物流",《物流论坛》,2004年第4期。

[28] 郑海浪:"冷链物流的优化",《中国储运》,2004年第4期。

[29] 朱意秋:《物流管理学》,山东人民出版社,2006年第10期。

[30] 汝宜红:《现代物流》,清华大学出版社,2005年。

[31] 林勇:《物流管理基础》,华中科技大学出版社,2008年。

[32] "包装不当付出昂贵的学费",http://edu114.cn,华夏学习网,2006年12月7日。

[33] "泰国热带水果出口包装技术分析",http://www.cpp1.cn/News/2007/11-26/20071126154008746011.html,中华印刷包装网,2007年11月26日。

[34] "解决粮食运输难题 黑龙江拟组建大型粮食物流集团",http://www.food36.com/publish/2008/20080818/100820080818111738.shtml,中国食品财富网,2008年8月18日。

[35] "联华生鲜食品加工配送中心",http://www.kesum.cn/Article/ltcyyj/lsyyj/psyj/200605/19261.html,物流世界网,2006年5月9日。

[36] "沃尔玛的物流配送运作",http://www.huayu56.com/wuliuanli/qiyewuliuanli/20080306/19656.html,华宇物流网,2008年3月6日.

[37] "装卸搬运的原则",http://220.178.56.50/bbs/viewthread.php?tid=37308&extra=page%3D1%26filter%3Dtype%26typeid%3D58,中国物流网,2007年9月5日.

[38] "2008年中国金属包装行业现状及发展前景分析",http://www.5dpack.cn/html/62/n-13562.html,无敌包装网,2008年11月20日.

[39] "从物流的单元化到托盘的标准化",http://info.56eol.com/Html/n002013/150452280.html,物流设备在线网,2007年6月21日.

[40] "木质包装材料的发展现状和前景展望",http://www.jiancai.com/news/html/2007-12-27/content_5769_8.htm,诚信建材网,2007年12月27日.

[41] "塑料包装材料前景看好",http://www.cppl.cn/News/2007/11-27/20071127105012526197.html,中国印刷网,2007年11月27日.

[42] "我国塑料包装材料市场前景可观",http://www.dailu.cn/szbaozhuang18/szbz1133.htm,深圳包装网.

[43] "叉车的概念及作用",http://www.56-48.cn/ziliao/show/402.html,国际物流设备技术网,2008年11月26日.

[44] "集装箱的定义",http://www.easipass.com/ytsce/ys/ytsce_jzx_03.htm,亿通网.

[45] "起重机的概念和类型",http://knowledge.ocn.com.cn/Information/2008718222.html,行业知识网.

[46] "托盘单元化物流",http://www.pallethome.com/service/index.htm,晨曦木塑.

参 考 答 案

第 一 章

思考题

2. 结合实际说明物流对企业的作用。
(1) 物流是企业生产的前提保证
(2) 物流可以降低成本,提高企业利润
(3) 物流是发展企业的重要支撑力量

练习题

一、单选题

1. B 2. D 3. D 4. B 5. C 6. C

二、多选题

1. DE 2. ACD 3. ABE 4. DE 5. ACDE 6. ABCD

三、是非题(A 为正确,B 为错误)

1. A 2. B 3. B 4. A 5. B 6. A

导引案例

提示:

1. 物流是指物品从供应地向接收地的实体流动过程,根据实际需要,将运输、储存、装卸、搬运、包装、流通加工、配送、信息处理等基本功能有机结合,形成完整的供应链,为用户提供多功能、一体化的综合性

服务。我国国家标准(GB/T18354—2001)

2. 物流管理的主要目标:快速响应、最小变异、最低库存、整合资源、质量保证。

第 二 章

思考题

5. 结合实际分析包装合理化的概念及实现包装合理化的途径。

包装合理化是指在包装过程中使用适当的材料和技术,制成与物品相适应的容器,既要满足包装保护物品、便利流通、促进销售的要求,又要提高包装经济效益的包装综合管理活动。

包装合理化的途径有:包装的轻薄化、包装的环保化、包装的单纯化、包装的模数化、包装的机械化与自动化、包装与其他环节的系统化、包装的低成本化。

练习题

一、单选题

1. D 2. B 3. C 4. A 5. A 6. C

二、多选题

1. ACE 2. ACDE 3. ABE 4. CD 5. CD 6. BE

三、是非题(A 为正确,B 为错误)

1. A 2. B 3. A 4. A 5. B 6. A

导引案例

提示:

1. 包装在物流运作过程中属于起点阶段。

2. 该公司的包装问题属于保护物品的功能,主要是应该防止污染、雨水浸泡。

3. (1)木箱(运输包装,抗冲击,保护内装无不变形) (2)纸板箱(中包装,方便印刷包装标志) (3)塑料袋(防潮、防湿)。

第 三 章

思考题

4. 结合实际说明运输合理化的含义以及影响运输合理化的因素。

所谓合理运输,就是按照物品流通规律、交通运输条件、货物合理流向、市场供需情况,走最少的里程,经最少的环节,用最少的运力,花最少的费用,用最短的时间,把物品从生产地运到消费地。

运输合理化的影响因素:运输距离、运输工具、运输环节、运输时间、运输费用。

练习题

一、单选题

1. A 2. B 3. B 4. C 5. C 6. C

二、多选题

1. ABCD 2. ABCDE 3. ABCE 4. CDE 5. AB 6. ABC

三、是非题(A 为正确,B 为错误)

1. A 2. A 3. A 4. B 5. A 6. A

案例分析题

提示:

1. 改革前的鲜花运输过程中存在的问题:

(1) 起运时间不稳定,运量不保证。刚刚收割的玫瑰花在运输过程中可能会遇到飞机脱班、晚点,飞机舱容不够,装不下全部鲜花集装箱等难题。

(2) 入关手续繁杂,效率低。收割好的鲜花,运往其他国家,机场的办理手续繁琐,耽误时间,到达国际机场后可能在机场仓库耽搁不少时间。

(3) 设备不能满足需求。冷藏装箱的温控设备失灵,箱内温度升到华氏 60 度,严重影响玫瑰花的保鲜质量。

(4) 公路运输环节不规范。一些花卉批发商,把玫瑰花箱子装在客机的底部货舱内,那里的条件最差,飞机在高空飞行时,货舱的气温很低,玫瑰花很容易被冻坏。

2. 直达运输的好处:通过直达运输,可以提高运输速度、节约装卸费用、降低中转货损,是追求运输合理化的重要形式。

3. 社会化的运输体系的益处:运输社会化是指发展运输的大生产优势,实行专业分工,打破一家一户自成体系的运输状况,统一安排运输工具,避免空驶、对流、倒流、运力不当等多种不合理形式,不但可以追求组织效益,而且可以追求规模效益。

第 四 章

思考题

1. 什么是仓储?仓储管理的主要作用有哪些?

仓储的作用主要体现在:仓储是物流的主要功能要素之一;仓储是社会物质生产的必要条件之一;仓储可以创造"时间效用";仓储是"第三个利润源"的重要源泉之一。

练习题

一、单选题

1. D 2. D 3. A 4. A 5. A 6. D

二、多选题

1. ABCDE 2. ABC 3. BCDE 4. BCD 5. ABCD 6. ABD

三、是非题(A 为正确,B 为错误)

1. B 2. A 3. B 4. A 5. A 6. B

案例分析题

第二题提示:

1. 该公司采用了自营仓储和营业仓储两种类型的仓储。
2. 充分利用社会资源,节约公司仓库建设费用。

第 五 章

思考题

1. 结合实际说明流通加工的含义及作用。

　　流通加工是指物品在从生产地到使用地的过程中,根据需要实施包装、分割、计量、分拣、刷标志、栓标签、组装等简单作业的总称。

　　流通加工的作用包括:增加收益、方便用户、降低成本、提高物资利用率、提高设备利用率、发挥输送最高效率。

练习题

一、单选题

1. A　2. B　3. D　4. A　5. C　6. A

二、多选题

1. BCD　2. ABCDE　3. ABCDE　4. ABCDE　5. ACE
6. ABC

三、是非题(A 为正确,B 为错误)

1. B　2. A　3. B　4. B　5. B　6. A

导引案例

提示:

1. 属于供应配送中心,同时也属于专业配送中心。

2. 具体措施表现为:流通加工与配送相结合、流通加工与商流相结合、绿色流通加工。

3. 进货作业、保管作业、分拣作业、配装作业、送货作业。

第 六 章

思考题

4. 结合实际说明物流信息主要有哪些技术? 各有什么用途。

　　(1) 条形码技术:商品信息扫描及处理

　　(2) 电子数据交换技术(EDI):格式化文件传输,电子化贸易工具。

(3) 电子订货系统(EOS)：电子订货系统将批发、零售场所发生的订货数据输入计算机，并即可通过计算机通信网络连接的方式将资料传送至总公司、批发商、商品供货商或制造商处。

(4) 地理信息系统(GIS)：车辆路线模型；网络物流模型；分配集合模型；设施定位模型。

(5) 全球定位系统(GPS)：主要用于车辆的实时定位监控。

练习题

一、单选题

1. A 2. C 3. D 4. B 5. B 6. B

二、多选题

1. ABCD 2. ABCDE 3. AB 4. ABCDE 5. ABCDE

6. ABCDE

三、是非题(A 为正确，B 为错误)

1. A 2. B 3. A 4. B 5. B 6. B

导引案例

提示：

1. 物流信息：2006 年《中华人民共和国国家标准物流术语》将物流信息定义为：反映物流各种活动内容的知识、资料、图像、数据、文件的总称。

2. 物流信息特点：信息量大、适时性强、种类多、信息标准化。

3. 启示：请你根据你的理解具体回答，要求言之有理、有据。

第 七 章

思考题

4. 结合实际说明第三方物流企业的类型有哪些。

(1) 资产型第三方物流企业

(2) 管理型第三方物流企业

(3) 优化型三种第三方物流企业

练习题

一、单选题

1. C 2. D 3. D 4. B 5. A 6. C

二、多选题

1. ABCD 2. BCDE 3. ABCD 4. BCDE 5. ABCDE
6. CDE

三、是非题（A 为正确，B 为错误）

1. A 2. B 3. A 4. B 5. B 6. B

导引案例

提示：

1. 物流外包的含义：即生产或销售等企业为增强核心竞争能力，将其物流业务以合同的方式委托于专业的第三方物流公司（3PL）运作。

物流外包的优势：

(1) 集中精力发展核心业务

(2) 减少投资，降低风险

(3) 降低成本

(4) 提升企业形象

(5) 提高企业的运作柔性

2. (1) 合同风险 (2) 管理风险 (3) 信息风险

第 八 章

思考题

3. 结合实际说明应急物流的保障机制。

(1) 政府协调机制

(2) 全民动员机制

(3) 法律保障机制

(4) "绿色通道"机制

4. 绿色物流的概念和内涵。

(1) 绿色物流的最终目标是可持续发展

(2) 绿色物流的活动范围涵盖产品的全生命周期

(3) 绿色物流的行为主体包括公众、政府及供应链上的全体成员

练习题

一、单选题

1. A 2. C 3. C 4. B 5. D 6. C

二、多选题

1. ABCD 2. ABCDE 3. ABC 4. ABCD 5. ABC

6. ABCDE

三、是非题(A 为正确,B 为错误)

1. A 2. B 3. A 4. B 5. B 6. B

导引案例

提示:

1. 主要有三方面的原因:

(1) 经济的驱动 (2) 环境的压力 (3) 法律的压力

2. 具体到企业,该项逆向物流主要形成原因是报废产品的回收问题。

案例分析题

第二题提示:

1. 食品冷链是指易腐食品从产地收购或捕捞之后,在产品加工、贮藏、运输、分销、零售,直到转入到消费者手中,其各个环节始终处于产品所必需的低温环境下,以保证食品质量安全、减少损耗,防止污染的特殊供应链系统。

2. 食品冷链主要构成要素包括:

(1) 冷冻加工 (2) 冷冻贮藏 (3) 冷藏运输 (4) 冷冻销售

第 九 章

思考题

7. 结合实际说明物流金融的产生背景。
(1) 第三方物流服务的革命
(2) 中小企业融资困境
(3) 供应链管理的发展
(4) 金融机构创新意识增强

练习题

一、单选题
1. A 2. D 3. C 4. D 5. B 6. C

二、多选题
1. ABCDE 2. ABCD 3. BC 4. DE 5. AE 6. ABC

三、是非题（A 为正确，B 为错误）
1. B 2. B 3. A 4. B 5. B 6. A

案例分析题

提示：
1. 流动货物质押模式
2. 这种物流金融模式提供了：
(1) 结算业务
(2) 短期融资贷款担保任务
3. 在提供这些服务的同时，各方分别承担着：
(1) 质押品市场变动风险
(2) 汇率风险

图书在版编目(CIP)数据

物流学概论/张书源,张文杰主编. —2 版. —上海:复旦大学出版社,2015.6(2022.1 重印)
现代物流管理系列教材
ISBN 978-7-309-11482-9

Ⅰ. 物… Ⅱ. ①张…②张… Ⅲ. 物流-高等职业教育-教材 Ⅳ. F252

中国版本图书馆 CIP 数据核字(2015)第 108829 号

物流学概论(第二版)
张书源　张文杰　主编
责任编辑/姜作达　岑品杰

复旦大学出版社有限公司出版发行
上海市国权路 579 号　邮编:200433
网址:fupnet@fudanpress.com　http://www.fudanpress.com
门市零售:86-21-65102580　团体订购:86-21-65104505
出版部电话:86-21-65642845
常熟市华顺印刷有限公司

开本 787×960　1/16　印张 21.5　字数 295 千
2022 年 1 月第 2 版第 3 次印刷
印数 8 201—9 210

ISBN 978-7-309-11482-9/F・2150
定价:43.00 元

如有印装质量问题,请向复旦大学出版社有限公司出版部调换。
版权所有　侵权必究